ZHONGGUO QUJI CAICHAN BAOQUAN CHENGXU
FALÜ ZHIDU YANJIU

中国区际财产保全程序法律制度研究

何志允　著

法律出版社
LAW PRESS·CHINA
北京

图书在版编目(CIP)数据

中国区际财产保全程序法律制度研究 / 何志允著
. -- 北京 : 法律出版社, 2024
ISBN 978 - 7 - 5197 - 9161 - 2

Ⅰ. ①中… Ⅱ. ①何… Ⅲ. ①法院 - 执行(法律) - 研究 - 中国 Ⅳ. ①D926.2

中国国家版本馆 CIP 数据核字(2024)第 098493 号

中国区际财产保全程序法律制度研究
ZHONGGUO QUJI CAICHAN BAOQUAN CHENGXU FALÜ ZHIDU YANJIU

何志允 著

策划编辑 徐 菲
责任编辑 徐 菲
装帧设计 李 瞻

出版发行 法律出版社
编辑统筹 法律出版社
责任校对 王晓萍
责任印制 胡晓雅
经　　销 新华书店

开本 710 毫米×1000 毫米 1/16
印张 20.5 **字数** 270 千
版本 2024 年 6 月第 1 版
印次 2024 年 6 月第 1 次印刷
印刷 北京新生代彩印制版有限公司

地址:北京市丰台区莲花池西里 7 号(100073)
网址:www.lawpress.com.cn
投稿邮箱:info@lawpress.com.cn
举报盗版邮箱:jbwq@lawpress.com.cn

销售电话:010 - 83938349
客服电话:010 - 83938350
咨询电话:010 - 63939796

书号:ISBN 978 - 7 - 5197 - 9161 - 2　　**定价**:86.00 元

序　言

本书暂不述及我国台湾地区的相关制度规定，主要论述我国内地人民法院、香港特别行政区法院、澳门特别行政区法院（以下简称中国三法域的法院），在区际民事案件和区际民事司法协助之中，如何适用财产保全程序的法律制度比较研究。本书的理论基础是区际私法，同时本书还融入了实体管辖权、执行管辖权、财产保全程序管辖权三权分离的理论，以及扣押管辖权理论。在论证前述理论的过程中，本书将民事案件实体判决程序的管辖法院称为实体判决法院，把执行民事判决、仲裁裁决以及其他法律文书的管辖法院称为执行法院，把财产保全裁决程序的管辖法院称为财产保全裁决法院，把行使扣押管辖权的法院称为扣押法院。

现阶段中国三法域的法院之间，已经实现区际民事判决（部分）和区际仲裁裁决的相互认可和执行，区际民事司法文书的相互委托送达和区际民事证据的相互委托调查取证，甚至实现在区际仲裁程序中相互协助财产保全；但是，中国三法域的法院之间不能实现区际民事案件中的相互协助财产保全，也不能实现区际相互认可和执行财产保全的裁决和命令。当中有两个关键问题:第一个问题是域内财产保全裁决法院在协助域外实体判决法院采取财产保全措施之后,被协助的域外实体判决法院作出的生效判决,将来能否获得域内财产保全裁决法院的认可和执行?第二个问题是域内实体判决法院对被告或被保全人在域外的财产采取财产保全措施,在得到域外法院协助执行财产保全之后,该域内实体判决法院作出的生效判决,将来能否获得域外保全裁决法院的认可和执行?答案是不确定的。因此,现阶段中国三法域的法院之间,既不能实现区际财产保全裁决和命令自由流动,又不能实现在区际民事案件中相互协助财产保全,也不能全面达成相互协助财产保全程序的区际民事司法协助安排。

为了找出解决方案,本书比较研究了中国三法域的法院所适用的区际财产保全程序,得出的结论是内地法院属于保守型,香港特别行政区法院属于开放型,澳门特别行政区法院属于相对开放型。区际法律冲突因素导致中国三法域的法院之间,存在区际民事管辖权的冲突、区际财产保全审批程序的冲突、区际财产保全执行程序的冲突、区际财产保全异议程序的冲突。同时,本书考察英国、美国、欧盟(European Union,EU)、海牙国际私法会议(Hague Conference on Private International Law,HCCH)、联合国国际贸易法委员会(United Nations Commission on International Trade Law,UNCITRAL)、国际海事委员会(Comite Maritime International,CMI)和国际海事组织(International Maritime Organization,IMO)等多法域国家、区域一体化组织、国际组织,研究它们解决区际财产保全程序冲突的具体做法,以及研究它们解决跨法域财产保全程序冲突的具体做法,从中提炼汲取经验作为解决中国区际财产保全程序冲突的参考。

本书中提出了解决中国区际财产保全程序冲突的方案,并试图填补财产保全程序区际民事司法协助安排的空白。本书认为要遵循统筹兼顾的指导思想,先易后难和循序渐进地逐步落实。既要将国际私法原则变通适用在区际私法领域,又要主动服务国家改革开放、"一带一路"倡议、粤港澳大湾区建设和"两个一百年"奋斗目标的大局。为此,本书提出的方案设计,包括:中国三法域的法院都认可区际财产保全程序管辖权是相对独立的程序性管辖权;中国三法域的法院采取财产保全措施都必须公平适用法院地法;中国三法域的法院都要统一财产保全措施域外执行力的审查判断标准;中国三法域的法院都要统一认可扣押管辖权。在实现上述目标的前提下,中国三法域可以分两步推进区际仲裁案件和当事人协议管辖的区际民事案件两大领域的案件,达成跨法域相互协助财产保全的区际民事司法协助安排;然后促成中国三法域的法院达成综合性财产保全程序的区际民事司法协助安排。这些目标都成功实现之后,本书提出更长远的目标就是在区际私法领域和区际司法协助领域,由中央立法机关即全国人大常委会制定一部综合性区际司法协助的立法解释,从源头上解决区际法律冲突的问题。如果得以实现,可以为区际财产保全的裁决和命令在中国三法域之间自由流动铺平道路,推进中国三法域之间相互认可和执行全部民商事案件判决、仲裁裁决、保全的裁决和命令以及其他有强制执行效力的法律文书的远景目标。在更远的将来,随着中国倡导的人类命运共同体价值观得到越来越多国家和地区的认同,特别是《区域全面经济伙伴关系协定》(Regional Comprehensive Economic Partnership,RCEP)的实施,期待有一天,中国三法域的法院采取财产保全的裁决和命令,也有机会在RCEP成员之间自由流动,推进各成员法院之间相互承认与执行,或许其中就有本书发挥的作用。

术语表

序号	术语	释义
1	法域	法律适用的地域,通俗来说就是某个地域具有特定的法律体系、立法权和司法终审权,一个国家可以是一个法域,一个国家内部也可以分成多个法域,例如联邦制国家美国或多法域国家中国
2	中国三法域	内地、香港特别行政区、澳门特别行政区三个法域
3	中国三法域的法院	内地人民法院、香港特别行政区法院和澳门特别行政区法院
4	内地人民法院	最高人民法院和地方各级人民法院(高级、中级、基层)以及军事法院、海事法院、铁路运输法院、知识产权法院、互联网法院、金融法院等专门法院
5	香港特别行政区法院	香港特别行政区终审法院、高等法院、区域法院和裁判署法庭以及审理专门案件的各类审裁处等
6	澳门特别行政区法院	澳门特别行政区终审法院、中级法院和第一审法院,第一审法院包括初级法院和行政法院

续表

序号	术语	释义
7	司法管辖区	法院的司法管辖权发生法律效力的区域范围
8	本地	在司法管辖区内
9	域内	本法域之内
10	外地	在司法管辖区外
11	域外	另一个法域
12	本地法院	域内法院
13	外地法院	域外法院
14	本地法律	法院地法
15	区际私法	一个主权国家内部不同法域之间的区际冲突法律规范,在本书中区际私法与区际冲突法律规范为同义词
16	区际民商事关系	当事人一方或者双方是另一个法域的自然人、法人或者其他组织的;当事人一方或者双方的经常居所地在另一个法域的;诉讼标的物在另一个法域的;产生、变更或者消灭民事关系的法律事实发生在另一个法域的;涉及另一个法域的其他民商事关系
17	区际民事案件	中国三法域的法院审理的涉及区际民商事关系的民事案件
18	区际民事管辖权	区际民事案件的实体管辖权
19	区际民事司法协助	区际民事判决的相互认可和执行、区际仲裁裁决的相互认可和执行、区际民事司法文书的相互委托送达、区际民事证据的相互委托调查取证、区际相互协助财产保全、区际相互认可和执行财产保全的裁决和命令等
20	案由	具体民事案件性质、内容的概括提要
21	事宜	案件或事件
22	诉讼因由	提起诉讼的事实依据和法律依据
23	区际财产保全措施	中国三法域的法院在区际民事案件和区际民事司法协助之中,采取的财产保全措施
24	区际相互协助财产保全	在区际民事司法协助之中,域内法院接纳域外保全申请人的财产保全请求,对被保全人位于司法管辖区内的财产采取财产保全措施

续表

序号	术语	释义
25	区际相互认可和执行财产保全的裁决和命令	在区际民事司法协助之中，一个有实体管辖权的域内法院对被告或被保全人位于域外的财产采取财产保全措施，并请求域外法院认可和执行财产保全的裁决和命令
26	区际财产保全程序	中国三法域的法院在区际民事案件和区际民事司法协助之中适用的财产保全程序
27	跨区财产保全程序	英国法院、美国法院适用的跨法域财产保全程序
28	跨国财产保全程序	欧盟、海牙国际私法会议、联合国国际贸易法委员会、国际海事委员会和国际海事组织等国际组织的成员适用的跨国财产保全程序
29	跨法域财产保全程序	一国之内不同法域之间的跨司法管辖区或跨法域财产保全程序，以及国家与国家之间的跨国财产保全程序
30	自由流动	具有执行内容的生效民事判决、仲裁裁决、财产保全的裁决和命令等司法文书，可以在一国内部的不同法域之间得到相互认可和执行，或者在同一国际组织的不同成员之间得到相互承认与执行
31	实体管辖权	法院对民事案件当事人提起的诉讼请求、申索或请求、诉之利益或诉讼因由等实体权益作出判决的司法管辖权
32	实体判决程序	法院对民事案件当事人提起的实体诉讼请求作出判决的程序
33	实体判决法院	民事案件实体判决程序的管辖法院
34	程序管辖权	法院对民事案件当事人提起的财产保全、证据保全、行为保全、管辖权异议、公示或公告、司法鉴定等非实体请求或程序性请求作出裁决的司法管辖权
35	非实体裁决程序	法院对民事案件当事人提起的非实体请求或程序性请求作出裁决的程序
36	民事保全管辖权	法院对民事案件当事人提起的民事保全请求作出裁决的司法管辖权
37	民事保全裁决程序	法院对原告或保全申请人提起的民事保全请求作出裁决的程序
38	民事保全裁决法院	民事保全裁决程序的管辖法院
39	临时措施管辖权	法院对民事案件当事人提起的民事临时措施请求作出裁决的司法管辖权

续表

序号	术语	释义
40	临时措施裁决程序	法院对原告或临时措施申请人提起的民事临时措施作出裁决的程序
41	临时措施裁决法院	民事临时措施裁决程序的管辖法院
42	实质司法程序	普通法系法院的实体判决程序和执行程序
43	实质司法程序管辖权	普通法系法院的实体管辖权和执行管辖权
44	财产保全程序管辖权	法院对民事案件当事人提起的财产保全请求作出裁决的司法管辖权
45	财产保全裁决程序	法院对原告或保全申请人提起的财产保全请求作出裁决的程序
46	财产保全裁决法院	财产保全裁决程序的管辖法院
47	执行管辖权	法院对生效民事判决、仲裁裁决以及其他有执行内容的法律文书采取强制执行措施的司法管辖权
48	执行程序	法院对生效民事判决、仲裁裁决以及其他有执行内容的法律文书采取强制执行措施的程序
49	执行法院	执行程序的管辖法院或被请求执行的法院
50	扣押管辖权	法院有司法管辖权接纳扣押申请人之请求,对被扣押人的财产采取扣押措施,不以扣押法院享有该民事案件实体管辖权为前提,也不受当事人之前的诉讼管辖协议或仲裁协议的约束;扣押法院成功对被扣押人的财产采取扣押措施后,即获得该民事案件实体管辖权,扣押法院作出的实体判决生效后可以执行扣押的财产,也可以获得域外法院的认可和执行
51	扣押法院	接纳扣押申请人的扣押请求,对被扣押人的财产采取扣押措施的法院
52	正当程序原则	任何一个法域的法院接纳原告或保全申请人的请求后,在正式采取一项财产保全措施前,应当将与财产保全程序有关的法律文件依法有效地送达被告或被保全人,并给予其合理的通知和答辩机会;必须经过审案法庭的聆讯、听审、听证或开庭审理,核心是审案法庭必须听取被告或被保全人充分陈述和答辩,不得在缺席审判的情况下采取财产保全措施,因为对席审判得到的结果更加公正合理

续表

序号	术语	释义
53	相同结果原则	一个有实体管辖权的法院或仲裁机构采取临时保全措施，想要获得一个域外法院的认可和执行，除了该跨法域案件的实体管辖权无争议外，被请求执行的法院依据同样的案件、同样的事实和同样的理由，可以作出同样的临时保全措施，那么该临时保全措施就可以在这个域外法院得到认可和执行
54	主办财产保全模式	实体判决法院和财产保全裁决法院是同一法院，或者执行法院和财产保全裁决法院是同一法院
55	协办财产保全模式	一个域内财产保全裁决法院跨法域协助一个域外实体判决法院、一个域外执行法院或一个域外仲裁机构采取财产保全措施
56	扣押管辖权模式	扣押法院变成实体判决法院或者扣押法院变成执行法院
57	《纽约公约》	1958 年在纽约召开的联合国国际商业仲裁会议上签署的《承认及执行外国仲裁裁决公约》
58	《海牙规则》	1924 年《统一提单的若干法律规则的国际公约》
59	《汉堡规则》	1978 年《联合国海上货物运输公约》
60	《鹿特丹规则》	2008 年《联合国全程或者部分海上国际货物运输合同公约》
61	布鲁塞尔体系	欧盟为协调跨国民商事案件管辖权方面的冲突，形成了一整套以《布鲁塞尔公约》为核心的公约、条例、指令、司法解释和判例等具有法律约束力的欧盟法律体系
62	《布鲁塞尔公约》	1968 年《布鲁塞尔关于民商事案件管辖权及判决执行的公约》
63	《卢加诺公约》	1988 年《关于民商事案件管辖权及判决执行的卢加诺公约》
64	2001 年《布鲁塞尔条例 I》	欧盟 2001 年第 44 号条例《关于民商事案件管辖权与判决承认及执行条例》
65	2012 年《布鲁塞尔条例 I（重订）》	欧盟 2012 年第 1215 号条例《关于民商事案件管辖权与判决承认及执行条例（重订）》
66	英国模式	英国解决区际财产保全程序冲突的模式
67	英国三法域	英国的英格兰及威尔士、苏格兰和北爱尔兰三个法域

续表

序号	术语	释义
68	美国模式	美国解决区际财产保全程序冲突的模式
69	欧盟模式	欧盟解决跨国财产保全程序冲突的模式
70	海牙国际私法会议模式	海牙国际私法会议解决跨国财产保全程序冲突的模式
71	联合国国际贸易法委员会模式	联合国国际贸易法委员会解决跨国财产保全程序冲突的模式
72	国际海事委员会和国际海事组织模式	国际海事委员会和国际海事组织解决跨国财产保全程序冲突的模式

目录

第一章 民事保全程序概述

第二章 中国区际财产保全程序的基本内容

第三章　中国区际财产保全程序的冲突

第四章 国际经验的启示

第五章　中国区际财产保全程序冲突的解决方案

第一章　民事保全程序概述

民事保全程序作为整体民事诉讼程序的一个重要组成部分，其概念及内涵是研究本书主题的逻辑起点。从世界范围来看，民事保全程序被普遍视为一项民事临时措施程序或者称为民事非讼程序，其法律概念在不同时空与法律语境下有各自不同的内涵和外延，亦表现出在不同国家或者是一国之内不同法域，存在不同的立法例和价值追求。[1] 本书以中国内地学者赋予民事保全程序之定义为开篇概念，分析研究并且引入其他法域民事保全程序的法律概念。中国内地赋予民事保全程序的概念，是指维持民事诉讼标的物之现状，以保全将来终局裁判之执行，或者为避免权利人遭受无法弥补之损害而给予预先救济。[2] 顾名思义，民事保全程序在民事诉讼程序中，发挥着两项基本功能：一是担保生效实体判决的执行；二是为权利人提供临时救济。因此在不同的国家或法域中，无论采取何种法律概念对

---

〔1〕 参见李仕春：《民事保全程序基本问题研究》，载《中外法学》2005年第1期。

〔2〕 参见冀宗儒、徐辉：《论民事诉讼保全制度功能的最大化》，载《当代法学》2013年第1期。

民事保全程序进行命名,其功能和目的始终都是避免生效实体判决在将来难以执行,或者避免民事案件当事人遭受难以弥补的损害。从民事权利救济意义上来说,民事保全程序是有效实现民事权利公力救济的一种司法保障手段。[1] 本书先让读者概括性地了解世界各主要法系关于民事保全程序的立法例,以便读者充分理解民事保全程序的法律概念、内涵、外延和相关措施等内容,而后才可以更好地深入浅出、由表及里地阐述后文关于中国三法域[2]的区际财产保全程序的相关内容。

第一节　民事保全程序的一般含义

世界大多数国家和地区的民事保全程序立法例,除我国的立法例外,还有两种类型:一种类型是以德国、法国为代表的大陆法系模式的立法例;另一种类型是以英国、美国为代表的普通法系模式的立法例。[3]

一、民事保全程序的特点

无论是哪种法系,它们的民事保全程序或民事临时措施程序都具有5个特点:紧急性、临时性、辅助性、强制性、贯穿性。[4] 紧急性是指法院必须按照紧急事件来处理原告或保全申请人关于采取民事保全措施的请求,如果法院不及时依申请或依职权采取民事保全措施,则会给原告或保全申请人带来难以弥补的损失。临时性是指法院采取的民事保全措施是一项临时措施,它不具有终局法律效力,如果在规定期限届满前,原告或

[1] 参见江伟、王国征:《完善我国财产保全制度的设想》,载《中国法学》1993年第5期。

[2] 本书主要论述我国内地、香港特别行政区、澳门特别行政区三个法域之间区际财产保全程序,实际上包括台湾地区,我国拥有四个法域。

[3] 参见黄文艺:《比较法视域下我国民事保全制度的修改与完善》,载《比较法研究》2012年第5期。

[4] 参见范毅强:《民事保全程序要论》,西南政法大学2008年博士学位论文,第22~27页。

保全申请人没有申请延长保全期限,或者法院没有批准延长保全期限,则民事保全措施将因过期而自动失效。辅助性是指民事保全程序服务于实体判决程序和执行程序,是为了配合法院对民事案件的实体诉讼请求作出判决而设立的一项辅助性程序。强制性是指法院在依申请或依职权采取民事保全措施后立即强制执行,如果被告或被保全人拒绝配合或违反保全措施,将面临法院给予的制裁或惩戒。贯穿性是指民事保全程序可以贯穿于整个民事诉讼程序当中的任何一个阶段,既可以是在诉前阶段,又可以是在诉中阶段,还可以是在执行阶段以及协助仲裁保全阶段。

二、民事保全程序的子程序

民事保全程序亦可根据不同的情况细分诸多子程序,例如根据保全程序出现在民事诉讼程序中的不同阶段,可分为诉前保全、诉中保全、执行保全和协助仲裁保全;而根据保全之标的物的不同,可分为财产保全、行为保全和证据保全。顾名思义,财产保全是指法院依法对当事人争议的财产,以及被告或被保全人自己所有,但在诉讼请求范围内的财产采取保全措施,以确保终局判决得以执行。[1] 行为保全是指法院为了阻止不法行为的继续,防止损失进一步扩大或者维持当时的状态,而责令被告或被保全人作为或不作为。[2] 证据保全是指法院在民事诉讼过程中,在证据可能灭失或以后难以取得的情况下,依申请或依职权采取固定和保存证据的法律措施。[3] 因为各种细分的子保全程序保全的标的物不一样,所以,法院采取的保全措施亦不一样。财产保全措施主要是对保全标的物查封、扣押、冻结等措施;[4]行为保全措施主要是对被告或被保全人的

---

〔1〕 参见北京市高级人民法院课题组:《关于财产保全工作中存在的问题及对策的调查研究》,载《中国审判》2011 年第 2 期。

〔2〕 参见张淑隽、刘园园:《论行为保全兼谈我国民诉法设立行为保全制度的必要性》,载《法律适用》2006 年第 10 期。

〔3〕 参见许少波:《证据保全制度的功能及其扩大化》,载《法学研究》2009 年第 1 期。

〔4〕 参见沈杨、朱业明:《财产保全的法律性质辨析》,载《法律适用》2001 年第 4 期。

行为作出强制性、限制性或禁止性的规定;[1]证据保全措施主要是采取查封、扣押、录音、录像、复制、鉴定、勘验等方法进行证据保全,并制作笔录。由此可见,民事保全程序和民事保全措施是两个完全不同的法律概念:前者是一个在民事诉讼程序中,用以裁决程序性请求或者非实体请求的民事非讼程序;后者是为了实现该民事保全程序而采取的一种民事强制手段。

第二节 中国区际民事保全程序概述

1949年中华人民共和国成立,实现了中国从几千年封建专制制度向人民民主制度的伟大跨越,彻底结束了旧中国半殖民地半封建社会的历史,人民成为国家、社会和自己命运的主人。一直以来,中国共产党领导中国人民制定宪法和法律,经过各方面坚持不懈的共同努力,一个立足中国国情和实际、适应改革开放和社会主义现代化建设需要、集中体现中国共产党和中国人民意志,以宪法为统帅,以宪法相关法、民法商法等多个法律部门的法律为主干,由法律、行政法规、地方性法规等多个层次法律规范构成的中国特色社会主义法律体系已经形成。在我国民事诉讼法领域,区际私法学界一般认为,中华人民共和国是"一国两制三法系四法域"的多法域国家。本书的研究范围集中于其中的三个法域,即我国内地、香港特别行政区、澳门特别行政区,我国台湾地区暂不述及。为缓解我国区际间的法律冲突,中央政府与香港特别行政区政府、澳门特别行政区政府不断推动各法域间的融合发展,努力地推进人员、商品、服务、资金、技术等要素的自由流动,法域间的区际民商事关系已经从传统的婚姻、家事、收养、继承、遗嘱等民事私法领域,逐步向经贸投资商事私法领域拓展。[2] 其中,内地人民法院采取民事保全措施,必须遵循《中华人民

[1] 参见张淑隽、刘园园:《论行为保全兼谈我国民诉法设立行为保全制度的必要性》,载《法律适用》2006年第10期。

[2] 参见蔡春林:《广东自贸区建设的基本思路和建议》,载《国际贸易》2015年第1期。

共和国民事诉讼法》(以下简称《民事诉讼法》)以及最高人民法院制定的相关司法解释规定的民事保全程序规则。因此,下文论述时主要参考《民事诉讼法》中涉及民事保全程序的相关规定,来介绍内地的民事保全程序的概况。最高人民法院有权通过制定司法解释对具体适用《民事诉讼法》或其他相关法律作出司法解释,全国各级人民法院都必须遵循最高人民法院司法解释的相关规定。同时,《中华人民共和国人民法院组织法》(以下简称《人民法院组织法》)统一规定地方各级法院和专门法院的设置和司法管辖权。地方各级法院和专门法院,依法都有各自的民事司法管辖权。内地人民法院管辖一审民事案件的时候,一般情况下实体判决法院、执行法院同时也是民事保全裁决法院;特殊情况下实体判决法院、执行法院与民事保全裁决法院不是同一法院。我国香港特别行政区与澳门特别行政区分属于大陆法系和普通法系,本部分将针对我国区际财产保全程序进行一一介绍。

一、中国内地民事保全程序

(一)中国内地人民法院的组织体系

根据《人民法院组织法》的相关规定,中国内地有民事司法管辖权的人民法院,从高级向低级排列,分别是:最高人民法院、地方各级人民法院、专门人民法院。地方各级人民法院再细分为三级:高级人民法院包括省、自治区、直辖市高级人民法院;中级人民法院包括省辖市、自治区辖市的中级人民法院,在直辖市内设立的中级人民法院,自治州中级人民法院,在省、自治区内按地区设立的中级人民法院;基层人民法院包括县、自治县人民法院,不设区的市人民法院,市辖区人民法院。专门人民法院包括军事法院、海事法院、知识产权法院、金融法院、互联网法院、铁路运输法院等。最高人民法院、地方各级人民法院和专门人民法院行使民事司法管辖权实行二审终审制,但是允许再审和检察监督。本书认为民事诉讼程序以二审终审为原则,以再审及检察监督为例外。民事诉讼提起上诉时,当事人无须取得上诉许可,但是申请再审及检察监督在受理前必须获得许可。内地多数涉及民事诉讼法学理论的文献都已述及,同时在《民事诉讼法》中也规定了保全和先予执行的法律概念。[1]

(二)中国内地的民事保全程序

《民事诉讼法》(2023年)第一编"总则"的第九章"保全和先予执行"的第103条第1款规定:"人民法院对于可能因当事人一方的行为或者其他原因,使判决难以执行或者造成当事人其他损害的案件,根据对方当事人的申请,可以裁定对其财产进行保全、责令其作出一定行为或者禁止其作出一定行为;当事人没有提出申请的,人民法院在必要时也可以裁定采取保全措施。"内地人民法院既可依申请,又可依职权采取民事保全措施,这种做法与大多数国家或地区的法院只可依当事人申请采取民事保全措施不同;但是在司法实践中,只有民事案件进入执行阶段时,内地人民法院才会依职权采取民事保全措施。虽然《民事诉讼法》规定了民事保全程序包括财产保全和行为保全,但是却没有规定具体有哪些民事保全措施。为此,最高人民法院《关于适用〈中华人民共和国民事诉讼法〉的解释》(以下简称《民事诉讼法解释》)这部司法解释中,对保全与先予执行的具体措施作出了具体规定。《民事诉讼法解释》规定的财产保全主要措施包括:责令当事人及时处理易腐易烂物品或由人民法院变卖,价款由人民法院保存;对财产(含动产与不动产)查封、扣押、冻结;指定财产保管人;对担保财产(含抵押物、质押物、留置物)查封、扣押、冻结;对债务人到期应得收益限制支取或者责令债权人不得清偿,或者由人民法院提存;其他法律和司法解释规定的保全措施。此外,内地人民法院的行为保全主要措施是责令被申请人为一定行为或禁止被申请人为一定行为。还

[1] 参见丁小巍、汪毅:《我国民事诉讼保全制度的现状及发展》,载《政法学刊》2006年第1期。

有,内地人民法院对于三类案件可裁定先予执行:第一类是追索赡养费、扶养费、抚养费、抚恤金、医疗费用的案件;第二类是追索劳动报酬的案件;第三类是因情况紧急需要先予执行的案件。关于证据保全的内容,《民事诉讼法》(2023 年)第一编“总则”的第六章“证据”的第 84 条第 1 款规定:“在证据可能灭失或者以后难以取得的情况下,当事人可以在诉讼过程中向人民法院申请保全证据,人民法院也可以主动采取保全措施。”由此可见,内地人民法院可以适用的民事保全措施包括财产保全、行为保全、证据保全、先予执行等(见图 1),既可适用于民事诉讼程序,又可适用于民事执行程序,基本上可以实现民事保全程序中的全部诉讼功能,与其他国家(地区)的民事保全程序无异,只是具体措施更加体现出中国特色社会主义法律体系的特征。

- 内地民事保全程序
  - 财产保全
    - 责令当事人及时处理易腐易烂物品
    - 对财产查封、扣押、冻结
    - 指定财产保管人
    - 对担保财产查封、扣押、冻结
    - 对债务人到期应得收益限制支取或者责令债权人不得清偿
    - 其他法律和司法解释规定的保全措施
  - 行为保全
    - 责令被申请人为一定行为
    - 禁止被申请人为一定行为
  - 证据保全
  - 先予执行
    - 追索赡养费、扶养费、抚养费、抚恤金、医疗费用
    - 追索劳动报酬
    - 因情况紧急需要先予执行

图 1　内地民事保全程序

二、香港特别行政区民事临时措施程序

香港特别行政区属于普通法系区域,香港特别行政区的管辖区域范围包括香港岛、九龙、新界和周围 262 个岛屿,陆地总面积 1106.34 平方千米,海域面积 1648.69 平方千米。由于众所周知的原因,香港特别行政区普通法起源于英国普通法,所以,香港特别行政区法院适用的民事程序

规则与英国法院适用的民事程序规则大同小异。香港特别行政区的既没有民事诉讼法典,也没有类似法院组织法或司法组织法的法律来规定香港特别行政区的法院组织体系。那么香港特别行政区的法院组织体系最重要的宪法性法律依据就是《中华人民共和国香港特别行政区基本法》(以下简称《香港特别行政区基本法》)。该基本法第四章"政治体制"的第四节"司法机关"的第 81 条规定:香港特别行政区设立终审法院、高等法院、区域法院、裁判署法庭和其他专门法庭。高等法院设上诉法庭和原讼法庭。原在香港实行的司法体制,除因设立香港特别行政区终审法院而产生变化外,予以保留。香港特别行政区的立法机构按照"一机构一立法"和"一事一授权"的立法原则,为各级法院和各类审裁处都制定了本级法院的法院条例或审裁处条例以及配套的法院法令、规则、实务指示等成文法,规定法官职权、司法管辖权和临时措施管辖权等内容。在香港特别行政区的法院组织体系中,有民事司法管辖权的法院从高级到低级排列,分别是终审法院、高等法院(含上诉法庭和原讼法庭)、区域法院(含家事法庭)、竞争事务审裁处、土地审裁处、劳资审裁处、小额钱债审裁处等。香港特别行政区法院沿袭普通法系法院的民事案件三审终审制,但是受理民事上诉案件受到上诉许可的限制,普通法系的上诉审通常是法律审而不是事实审,也不是全部民事上诉案件都能够上诉到香港特别行政区终审法院。[1] 本书以《香港特别行政区高等法院规则》为例,说明香港特别行政区法院适用民事临时措施程序的相关规则。例如香港特别行政区高等法院在管辖民事案件过程中,可以采取的民事临时措施包括:针对债务人的禁止令或称为禁止债务人离开香港令和临时扣押被告财产令(包括动产和不动产);但在司法实践中香港特别行政区高等法院可采取的民事临时措施不只对人和对物两种民事临时措施,还包括向法院缴纳存款项令、文件透露及查阅令、其他非正审强制令、争议标的物的暂时保存令、抽取样本令、出售易毁消的财产令、对财产进行检查令、采取临时济助令、中期付款令、委托接管人,就人身损害作出暂定临时损害赔偿令、人身保护令状等;在民事实体判决生效后进入执行阶段时,法院还可以作出押记令、交付羁押令、管有令等(见图 2)。从上述规则内容可以看出,香港特别行政区法院可采取的民事临时措施多种多样,既可适用于民事诉

〔1〕 参见王艺璇:《香港特别行政区司法权研究》,武汉大学 2015 年博士学位论文,第 15~23 页。

讼程序,又可适用于民事执行程序,其实现的诉讼功能与其他国家或地区的民事保全程序中的财产保全、行为保全、证据保全、临时给付、先予执行等民事保全的诉讼功能无异,只是具体措施更香港本地化,更贴近香港特别行政区司法环境。

香港特别行政区民事临时措施:
- 禁止债务人离开香港令
- 对财产进行检查令
- 临时扣押被告财产令
- 采取临时济助令
- 向法院缴纳存款项令
- 中期付款令
- 文件透露及查阅令
- 委托接管人
- 其他非正审强制令
- 就人身损害作出暂定临时损害赔偿令
- 争议标的物的暂时保存令
- 人身保护令状
- 抽取样本令
- 押记令
- 出售易毁消的财产令
- 交付羁押令
- 管有令

图2 香港特别行政区民事临时措施

三、澳门特别行政区民事保全程序

澳门特别行政区属于大陆法系区域,澳门特别行政区的管辖区域范围包括澳门半岛和氹仔、路环二岛,陆地面积33.3平方千米,以及2015年中央人民政府明确澳门特别行政区的海域面积为85平方千米。在回归祖国之前,澳门地区的法院审理民事案件适用《葡萄牙民事诉讼法典》,在澳门回归前的过渡时期,澳葡当局启动了法律本地化进程,澳门立法机关制定了中葡双语版的《澳门民事诉讼法典》。该法典继承了葡萄牙法律的特色以及大陆法系在民事诉讼法方面的传统特征,[1]即强调法典的系统化、抽象化和篇章结构之间的逻辑联系。在中文版《澳门民事诉讼法典》的字里行间,仍然存在对原葡萄牙文法律术语生搬硬套、机械翻译的问题。为了与澳门特别行政区的管理体制相适应,澳门特别行政区法院的组织体系最重要的宪法性法律依据就是《中华人民共和国澳门特别行政区基本法》(以下简称《澳门特别行政区基本法》)。该基本法第四章"政治体制"的第四节"司法机关"的第84条第1、2款规定:"澳门特别行政区设立初级法院、中级法院和终审法院。澳门特别行政区终审权属于澳门特别行政区终审法院。"同时,《澳门特别行政区司法组织纲要法》对澳门特别行政区法院的组织、职权和运作作出了具体规定。根据《澳门特别行政区司法组织纲要法》第10条的规定:澳门特别行政区设有第一审法院、中级法院及终审法院;第一审法院包括初级法院和行政法院。同时规定了澳门特别行政区初级法院、中级法院和终审法院均有权管辖民事案件。澳门特别行政区法院对民事案件的审级制度实行三级三审制,根据诉讼标的金额和案件性质,民事案件有可能是一审终审,亦有可能是二审终审或三审终审,而第三审通常是法律审。我国多数涉及澳门特别行政区民事诉讼法学理论的文献都已述及,澳门特别行政区的民事诉讼法学理论中是有民事保全的学术概念的,同时在《澳门民事诉讼法典》中,也明确规定了保全程序的法律概念。该法典在篇章结构的编排方面,将保全程序放在第二卷诉讼程序一般规定之中,并把保全程序列为第二卷的第三编。由此可见,澳门特别行政区的保全程序既可适用于宣告之诉(民事实体判决程序),又可适用于执行之诉(民事执行程序)。同时,该法典将宣告之诉再分为普通程序和特定程序,在普通程序和特定程序之中均可适用保全程序。无独有偶,该法典第二卷第三编的保全程序亦分为两章,第一章是普通保全程序,第二章是特定保全程序。普通保全程序主要规定了保全程序的申请条件、范围、听审、批准、失效、责任和保障

---

[1] 参见黄进:《澳门法律本地化之我见》,载《法制与社会发展》1999年第2期。

等内容,共有法律条文12条。特定保全程序又细分为七节,分别是:第一节占有之临时返还;第二节法人决议之中止执行;第三节临时抚养;第四节裁定给予临时弥补;第五节假扣押;第六节新工程之禁制;第七节制作清单;共有法律条文31条。由此可见,澳门特别行政区民事保全程序比较完备和复杂,既有普通保全程序又有特定保全程序(见图3);既有针对财产的保全程序,又有针对行为的保全程序;还包含了临时禁止措施和临时给付措施。总体来说,《澳门民事诉讼法典》规定的民事保全措施,既可适用于民事诉讼程序,又可适用于民事执行程序,基本上涵盖了临时给付、先予执行、财产保全、行为保全、证据保全等民事保全功能,与其他国家或地区的民事保全程序相类似。但是澳门特别行政区民事保全程序更加明确细化和有针对性,可操作性更强,维护当事人的民事诉讼权利的力度更大。

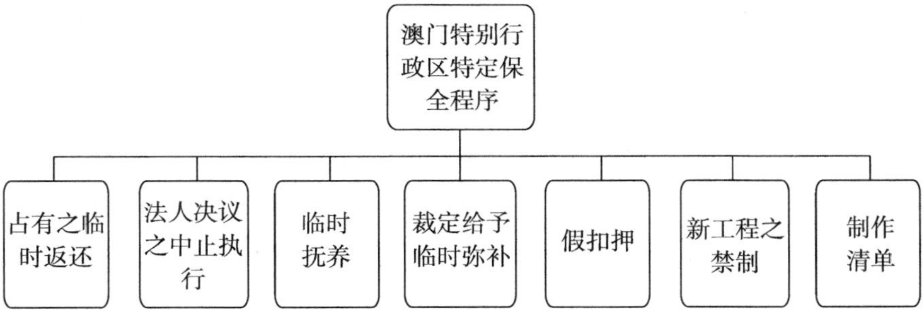

图3　澳门特别行政区特定保全程序

第三节　大陆法系民事保全程序概述

民事诉讼法学界一般认为民事保全程序属于大陆法系的法律概念,德国法律、法国法律属于大陆法系,它们的共同特征就是它们都拥有本法域的民事诉讼法典。另外就是在大陆法系的民事诉讼法学理论之中,都有民事保全程序的法学理论。大陆法系的法院在采取一项民事保全措施的时候,必须遵循民事诉讼法典规定的民事保全程序规则,或者是遵循与民事保全功能类似的程序规则。[1] 下文主要参考《德国民事诉讼法典》、1975年《法国民事诉讼法典》两部法典当中关于民事保全程序的相关规定,来介绍大陆法系的法院适用民事保全程序的概况。上述两部大陆法系的民事诉讼法典的法条非常详尽完备,充分体现出法典编纂者对民事诉讼涉及的所有问题,都按照内在逻辑关系编排并作出明确具体的规定,这也是大陆法系国家或地区长期以来的民事审判经验的结晶。总的来说,两部民事诉讼法典的特点是篇章宏大、内容丰富和可操作性强。另外,大陆法系的国家或地区通常会配套制定一部法院组织法或司法组织法的法律,来统一规定本国或本地区的各级普通法院和各类专门法院的设置,体现出一元化的法院组织体系,并对各级普通法院和各类专门法院的民事司法管辖权作出具体规定。大陆法系的法院管辖一审民事案件的时候,一般情况下实体判决法院、执行法院同时也是民事保全裁决法院,特殊情况下实体判决法院、执行法院与民事保全裁决法院不是同一法院。

一、德国民事保全程序

作为大陆法系的代表性国家之一,德国1862年集中了当时全国法学界的精英人物,花了15年的时间制定了在世界民事诉讼法发展史上也可以称为里程碑的近代民事诉讼法典即《德国民事诉讼法典》。该法典于1877年颁布,嗣后,该法典处于不断修订完善之中。[2] 德国是一个拥有16个州的联邦制资本主义国家,联邦和各州相互依赖并相互制约,各联邦州都认可联邦拥有一定的权力和职能;反过来,联邦也承认各联邦州的独立职能和权力。[3] 为了与联邦制相适应,德国的法院组织体系中有民

---

〔1〕 参见汤维建:《两大法系民事诉讼制度比较研究——以美、德为中心》,载陈光中、江伟主编:《诉讼法论丛》第1卷,法律出版社1998年版。

〔2〕 参见张卫平:《大陆法系民事诉讼与英美法系民事诉讼——两种诉讼体制的比较分析(上)》,载《法学评论》1996年第4期。

〔3〕 参见[德]伊诺斯·赫尔特:《德国联邦制的历史、基础和发展》,任雪丽译,载南京大学-哥廷根大学中德法学研究所编:《中德法学论坛》第6辑,南京大学出版社2008年版。

事司法管辖权的普通法院，从低级向高级分为初级法院、州法院、州高等法院和联邦最高法院共四级法院，而民事案件的审级制度则实行四级三审制。根据具体的诉讼标的金额和案件性质，德国法院管辖的民事案件有可能是一审终审，亦有可能二审终审或三审终审，但是第三审通常是法律审。首部《德国民事诉讼法典》颁行至今，历经多次修订以不断地适应新的社会需要。[1] 我国内地多数涉及德国民事诉讼法学理论的文献都已述及，德国的民事诉讼法学理论之中是有民事保全的学术概念的，但是在《德国民事诉讼法典》的中译版当中却没有发现民事保全程序的法律概念，与之相对应的是假执行、假扣押和假处分程序，本书分析其原因也许是我国内地学者在翻译德国文献时的表述存在差异。假执行、假扣押、假处分当中的"假"字，按照德国法的含义就是临时授予的意思，而且在《德国民事诉讼法典》的篇章结构中，假执行、假扣押、假处分没有被放在民事诉讼程序中，而是被编排在民事执行程序中。假执行在第八编"强制执行"的第一章"通则"中，宣告假执行的判决也是具有执行力的终局判决，设立假执行之目的主要是初审法院防止败诉当事人利用上诉（控诉、上告、抗告）[2]、异议、复议等程序，过分拖延判决生效时间而给权利人造成不可弥补的损害。德国法院按照假执行判决在将来被推翻的可能性大小，将其分为必须提供担保的假执行、有条件不提供担保的假执行和无须担保的假执行，同时赋予对方当事人提供担保或提存以免除假执行的权利。[3] 假扣押、假处分则规定在第八编的第五章"假扣押与假处分"中，两者之目的都是保全判决之执行，但是有一定的区别。前者的条件是，如果不实行假扣押，判决即无法执行或极难执行，可实施对物之假扣押和限制债务人的人身自由；后者的条件是如果现状变更将使当事人的权利不能实现或极难实现，准许对争议标的物实施假处分。因此，假扣押的内容

---

〔1〕 参见丁启明：《德国民事诉讼法百年发展述评》，载齐树洁主编：《东南司法评论》总第 8 卷，厦门大学出版社 2015 年版。

〔2〕 参见郑世保：《大陆法系附带上诉制度研究——兼论我国附带上诉合法要件的构建》，载《现代法学》2008 年第 4 期。

〔3〕 参见丁启明：《德国民事诉讼法典》，厦门大学出版社 2016 年版，第 147 ~ 150 页。

包括对物之假扣押和对人之假扣押;假处分的内容包括对争议标的物指定保管人,命令当事人为一定行为或不为一定行为以及禁止对土地、船舶进行转让,设定抵押、担保等内容,例如迁出房屋、嘱托登记是假处分的常见形式(见图4)。由此可见,德国法院的假执行、假扣押、假处分在民事诉讼程序和民事执行程序中所起的作用,与其他国家或地区的临时给付、先予执行、财产保全、行为保全等民事保全的诉讼功能无异。

- 德国民事保全程序
  - 假执行
    - 必须提供担保的假执行
    - 有条件不提供担保的假执行
    - 无须担保的假执行
  - 假扣押
    - 对物之假扣押
    - 对人之假扣押
  - 假处分
    - 对争议标的物指定保管人
    - 命令当事人作为或不作为,例如迁出房屋
    - 禁止处分土地或船舶,例如嘱托登记

图4　德国民事保全程序

二、法国民事保全程序

法国是非常有代表性的大陆法系国家,1806年《法国民事诉讼法典》后被1975年《法国民事诉讼法典》取代。[1] 法国是实行大行政区制的资本主义国家,原来的省是法国最基本的行政区域。但是,随着社会发展,省的区域太小而不能适应现代行政的要求,因此,法国逐步建立综合性大行政区体制。法国早期分为20个大行政区,1966年巴黎成为法国第21个大行政区,2014年法国议会通过改革法案,从2016年起将法国本土区合并为13个大行政区,[2] 但是法国仍然保留设置海外省的体制。为了与大行政区体制相适应,法国的法院组织体系中有民事司法管辖权的普

[1] 参见[法]洛伊克·卡迪耶:《法国民事诉讼的法典化》,周建华译,载韩波执行主编:《民事程序法研究》第15辑,厦门大学出版社2016年版。

[2] 参见崔爽:《论法国大区制度对京津冀一体化的启示》,载《法制与社会》2016年第19期。

通法院分为三级，从高级向低级排列，分别是最高法院、上诉法院和初审法院；初审法院进一步细分为大审法院、小审法院、商事法院、劳动法院、农事租赁法院、社会保障法院等，这些初审法院根据民事案件的诉讼标的金额和案件类型，管辖第一审民事案件，当事人对初审法院的裁判不服，再上诉至上诉法院及最高法院。法国民事案件的审级制度实行三级三审制，根据诉讼标的金额和案件性质，民事案件有可能是一审终审，亦有可能是二审终审或三审终审，而第三审通常是法律审。[1] 中国内地多数涉及法国民事诉讼法学理论的文献都已述及，法国的民事诉讼法学理论中是有民事保全程序的学术概念的，但是在1975年《法国民事诉讼法典》的中译版当中，却并无民事保全程序的法律概念，与民事保全类似功能的法律条款分散在该法典的"通则"、"各法院特别规定"和"强制执行程序"的篇章中，本书分析其原因也许是各地学者们在翻译法国文献时的表述存在差异。法国法院在管辖民事案件的过程中，如果需要采取民事保全措施，是以作出特别判决的方式来采取民事保全措施。法国法院采取的这些特别判决包括中间判决、紧急审理裁定、依申请作出裁定等。中间判决是指法国法院针对证据保全措施或临时措施作出的一种特别判决；紧急审理裁定是指根据该法典的规定，赋予非审理实体诉讼的法官应一方当事人的请求，传唤另一方当事人到场后，立即作出采取临时措施裁定的权力；依申请作出裁定是指法国法院有权在申请人有正当理由不传唤对方当事人的情况下，缺席作出采取临时措施的裁定。以法国的大审法院为例进行说明，大审法院的院长有权依紧急审理程序或依申请作出裁定程序，批准采取临时措施，这些临时措施包括证据保全、批准仲裁保全、指定临时保管人、保全争讼物、指定调解人、缓期执行某行为、中止执行某项决定、给予预付款以及实施《法国民法典》中规定的离婚、继承案件中的保全措施等。紧急审理裁定与依申请作出裁定的区别，在于法院是否给予被告或被保全人听证抗辩的机会。前者主要是发生在起诉前，审理

---

[1] 参见曾涛、梁成意：《法国法院组织体系探微》，载《法国研究》2002年第2期。

非实体诉讼的法官依原告或申请人的申请，在传唤被告或被保全人对席审理的情况下，作出采取临时措施的裁定；后者主要是发生在起诉后，审理实体诉讼的法官依原告或申请人的申请，在不传唤被告或被保全人而进行缺席审理的情况下，作出采取临时措施的裁定。上述的中间判决、紧急审理裁定、依申请作出裁定都没有终局既判力，但是依法可以先予执行。[1] 此外，该法典规定的强制执行程序中也有保全扣押的条款，主要是法院的执行官在生效实体判决的民事执行阶段，针对有形财产（动产与不动产）和无形财产（债权、股权、知识产权）的扣押（见图5）。[2]由此可见，法国法院的中间判决、紧急审理裁定、依申请作出裁定在民事诉讼程序和民事执行程序中所起的作用，与其他国家或地区的临时给付、先予执行、财产保全、行为保全、证据保全等民事保全的诉讼功能无异。

- 法国民事保全程序
  - 诉讼阶段保全（可先予执行）
    - 中间判决
      - 证据保全
      - 临时措施
    - 起诉前紧急审理裁定（对席审理）
      - 财产保全
      - 临时措施
    - 起诉后依申请作出裁定（缺席审理）
      - 财产保全
      - 临时措施
    - 法院依《法国民法典》之规定采取的离婚、继承案件的保全措施
  - 执行阶段保全扣押
    - 保全扣押有形财产
      - 动产
      - 不动产
    - 保全扣押无形财产
      - 债权
      - 股权
      - 知识产权

图5　法国民事保全程序

---

〔1〕 参见《法国新民事诉讼法典》（上册），罗结珍译，法律出版社2008年版，第509～526页。

〔2〕 参见《法国新民事诉讼法典》（下册），罗结珍译，法律出版社2008年版，第1364～1371页。

第四节 普通法系民事临时措施程序概述

民事诉讼法学界一般认为普通法系是没有民事保全程序的法律概念的,与其类似的民事临时措施程序主要是由临时禁令、临时救济、证据开示、中期付款等措施来实现民事保全功能。英国法律、美国法律都属于普通法系,它们的共同特征之一就是没有民事诉讼法典,普通法系的民事程序规则之渊源主要是成文法(statutes)及判例法(case law)。[1] 在普通法系的民事诉讼法学理论中,对应的是民事临时措施的学术概念,即普通法系的法院在采取一项民事临时措施的时候,应当遵循包含民事程序规则的成文法以及受到判例法的约束。下文主要参考英国民事程序规则、美国民事程序规则中关于民事临时措施程序的相关规则,来介绍普通法系关于民事临时措施程序的概况。在本书中,普通法系语境下的民事程序规则等同于大陆法系语境下的民事诉讼法;普通法系语境下的民事临时措施程序等同于大陆法系语境下的民事保全程序。一般而言,普通法系的民事程序规则分散在诸多成文法中,按照普通法的位阶,从高至低排列分别是:各级法院的法院法案(court acts)、法院法令(court orders)、规则(rules or regulations)、实务指示(practice directions)等。普通法系国家或地区的立法机构的立法原则是"一机构一立法"和"一事一授权",本国或本地区需要设置几级法院和几类专门法庭,立法机构就会制定几部法院法案以及配套的法院法令、规则、实务指示等成文法。[2] 同时遵循先例(to follow the precedent)也是普通法系的基本原则之一,普通法系法院在采取民事临时措施的时候亦会遵循先例。普通法系国家(地区)的法院

---

[1] 参见张卫平:《大陆法系民事诉讼与英美法系民事诉讼——两种诉讼体制的比较分析(下)》,载《法学评论》1996年第5期。

[2] 参见孙晓楼:《两大法系法院组织之比较》,载南京大学 - 哥廷根大学中德法学研究所编:《中德法学论坛》第6辑,南京大学出版社2008年版。

管辖一审民事案件的时候,一般情况下实体判决法院、执行法院同时也是临时措施裁决法院;特殊情况下实体判决法院、执行法院与临时措施裁决法院不是同一法院。

一、英国民事临时措施程序

工业革命的发源地英国在最鼎盛的时期号称"日不落帝国",英国法律随着英国在全世界殖民贸易扩张的发展过程,也是普通法系的发展过程。英国法律要么通过直接将殖民地纳入普通法系的领地,要么通过蚕食并改造其他国家或地区的法系使之成为普通法系的成员。到目前为止,普通法系的成员遍及世界,是当今世界的主要法系之一。在普通法系中,英国普通法是基础,英美两国的法律是核心,因此普通法系亦称为英美法系。[1] 英国是君主立宪制的资本主义国家,其本土有英格兰及威尔士、苏格兰、北爱尔兰共3个法域以及14处海外领地。英国本土3个法域的地方议会(政府)体制和法院组织体系很复杂,处于不断的改革演进之中。英格兰及威尔士法域的地方议会(政府)是三级制,从高至低排列即郡、区、教区或社区。苏格兰法域的地方议会(政府)是三级制和两级制并存,从高至低排列即相当于郡级的大陆行政区(含岛区)、区、社区。北爱尔兰法域的地方议会(政府)是两级制,从高至低排列即郡、区。[2] 英国各个法域的法院组织自成体系,并不是与英国各个法域的地方议会(政府)相对应,而是按照普通法系传统设置各级法院和各类专门法庭。英国立法机构按照"一机构一立法"和"一事一授权"的立法原则,为各级法院和各类法庭都制定了本级法院的法院法案以及配套的法院法令、规则、实务指示等成文法,规定法官职权、司法管辖权和临时措施管辖权等内容。在英国各个法域的法院组织体系中,有民事司法管辖权的法院都

〔1〕 参见高鸿钧:《英国法的域外移植——兼论普通法系形成和发展的特点》,载《比较法研究》1990年第3期。

〔2〕 参见苏祖安:《英国地方政府体制和职权研究》,载《科技创业月刊》2013年第10期。

有所不同，例如英格兰及威尔士、北爱尔兰两个法域的法院，从低级到高级排列的民事法院有专门法庭（tribunal）、郡法院（county court）、高等法院（high court）、上诉法院（court of appeal）等；苏格兰法域的法院，从低级到高级排列的民事法院有专门法庭（tribunal）、郡法院（sheriff court）、郡长（sheriff principal）、最高民事法院（court of session）等；当然英国各个法域的民事案件最终都可以上诉到英国最高法院。英国法院对民事案件一般实行三审终审制，但是受理民事上诉案件受到上诉许可（permission of appeal）的限制，普通法系的上诉审通常是法律审而不是事实审，也不是全部民事上诉案件都能够上诉到英国最高法院的第三审。英国民事程序规则的多元化特征，导致英国的民事程序非常复杂和烦琐，英国诉讼因为过程迟延和费用昂贵而饱受诟病。[1] 英国在司法改革后推出了1998年《英国民事程序规则》，[2] 意图统一英格兰及威尔士、北爱尔兰（苏格兰除外）各级法院通用的民事程序规则。下文以1998年《英国民事程序规则》的相关内容为例，论述英国法院适用民事临时措施程序规则。英国各级法院适用的民事临时措施和命令的规则，基本上集中在1998年《英国民事程序规则》的第25部分（Part 25）临时救济（Interim Remedies）当中，[3] 涵盖了英国法院可以采取的全部民事临时措施。根据该规则的相关规定，英国各级法院采取的民事临时措施包括：临时禁令、临时公告、扣押保管和保全财产令、对相关财产检查和取样测试令、出售易腐和易坏货物令、授权进入他人土地和房屋令、交付货物令、资产冻结令、报告资产令、保全证据令、披露和检查文件令、临时（中期）付款令、要求证人提供证明文件令，以及其他可由法院依职权作出的临时措施令（见图6）。为了维护英国法院采取民事临时措施的司法权威，对于拒不履行或遵守民事临时措施的义务人，英国法院将以藐视法庭为由处以罚款或监禁（committal）。从英国法院适用的民事临时措施程序来看，各种民事临时

---

〔1〕 参见齐树洁、冷根源：《英国〈民事诉讼规则（1998）〉述评》，载《法学家》2001年第2期。

〔2〕 参见吴杰：《英国新〈民事诉讼规则〉实施后的反馈与评价》，载《法律适用》2003年第8期。

〔3〕 参见齐树洁、冷根源：《英国〈民事诉讼规则（1998）〉述评》，载《法学家》2001年第2期。

措施所实现的诉讼功能，既可适用于民事诉讼程序，又可适用于民事执行程序，与其他国家和地区的民事保全程序中的财产保全、行为保全、证据保全、临时给付、先予执行等诉讼功能无异，只是更多地带有普通法系的特征，具体措施更加细化，可操作性比较强。

英国民事临时措施
- 临时禁令
- 临时公告
- 扣押保管和保全财产令
- 对相关财产检查和取样测试令
- 出售易腐和易坏货物令
- 授权进入他人土地和房屋令
- 交付货物令
- 资产冻结令
- 报告资产令
- 保全证据令
- 披露和检查文件令
- 临时(中期)付款令
- 要求证人提供证明文件令
- 其他可由法院依职权作出的临时措施令

图 6　英国民事临时措施

二、美国民事临时措施程序

美国法律是普通法系的核心，否则法学界不会把普通法系称为英美法系。但美国普通法并不是对英国普通法的照搬照抄，而是在继承普通法精髓的基础上，对普通法做了适合本国国情的改造，即美国化的普通法，其也是美国文明的“拱心石”(keystone)。[1] 美国是典型的联邦制资本主义国家，其以双轨制法律体系闻名于世，美国联邦和 50 个州都有自己的法律体系并且形成了各自的法域。[2] 美国的双轨制法院组织体系

〔1〕 参见白雪峰:《论美国法形成的历史轨迹》，载《史学月刊》2001 年第 3 期。

〔2〕 参见金月蓉:《美国的二元立法体制及其对我国的借鉴意义》，载《甘肃政法学院学报》2004 年第 2 期。

与美国的双轨制法律体系相适应，美国分别设立了联邦法院组织体系和各州法院组织体系。[1] 美国联邦立法机构和各州立法机构均按照“一机构一立法”和“一事一授权”的立法原则，为联邦法院和各州法院制定了本级法院的法院法案以及配套的法院法令、规则、实务指示等成文法，规定法官职权、司法管辖权和临时措施管辖权等内容。在美国联邦法院组织体系中，有民事司法管辖权的法院从高级向低级排列，分别是联邦最高法院（US Supreme Court）、联邦上诉法院（US Court of Appeal）、联邦地区法院（US District Court）和联邦专门法院（US Special Court）等组成；在各州法院组织体系中，有民事司法管辖权的法院从高级向低级排列，分别是州最高法院或州终审法院（supreme court or court of last resort）、上诉法院（court of appeal or appellate court of high court）、高等法院（superior court）、县法院（county court）或地区法院（district court）以及各类专门法庭等。美国联邦法院和各州法院一般都实行三审终审制，但是受理民事上诉案件受到上诉许可（permission of appeal）的限制，普通法系的上诉审通常是法律审而不是事实审，也不是全部民事上诉案件都能够上诉到美国联邦最高法院和各州的最高法院或终审法院。因为美国法院组织体系是双轨制，美国联邦法院和各州法院都有自己的民事程序规则，所以，美国联邦法院和各州法院的民事程序规则比英国法院更加多元化，更加复杂。但是，普通法系强调遵循先例，虽然许多民事程序规则的表现形式不同，但是本质相同，美国联邦法院和各州法院在适用普通法时无任何障碍。美国普通法的特征之一就是没有统一的联邦民事诉讼法典，例外之处是美国国内有若干的州制定了本州的民事诉讼法典。美国法院相关的民事程序规则包括民事临时措施程序规则都分散在各法院的法案和该法院配套的法院法令、规则、实务指示等中。本书以美国联邦地区法院所适用的《美国联邦民事程序规则》（Rules of Civil Procedure for the United

---

[1] 参见章晶：《美国司法辖区与行政区划之关系——兼论中国跨行政区划法院改革》，载《清华法律评论》编委会编：《清华法律评论》第8卷·第2辑，清华大学出版社2015年版。

States District Courts)为例,来说明美国法院适用民事临时措施程序的相关规则。《美国联邦民事程序规则》自 1938 年颁行后,一直处于不断修订、更新、完善中。[1] 该规则的第八编"临时和终局救济"(Provisional and Final Remedies)中的规则 64 - 67(Rules 64 - 67),对美国联邦地区法院可采取的民事临时措施作出概括性规定。根据该规则,美国联邦地区法院管辖民事案件的过程中,既可适用本法院驻在州的州法规定,采取对人扣押或者对财产扣押(seizing a person or property)的临时措施,又可以适用联邦法律的规定,采用拘捕、扣押争议物、扣押债务人财产、扣押债权和其他相应的民事临时措施。此外,联邦地区法院还可以采取其他民事临时措施,例如与财产相关的临时措施,包括法院指定接管人或要求存款入法院;如与行为保全相关的临时措施,有法院初步禁令和限制令两种。初步禁令和限制令两者之区别在于,初步禁令必须通知对方当事人听取其抗辩,而限制令则无须通知对方当事人而是由法官直接作出命令。例如与证据保全相关的临时措施,包括在审前以动议(motion)的形式向法院申请披露文件、准许进入某人土地、准许检查财产和文件等(见图 7)。总的来看,尽管美国法院适用的民事临时措施是多种多样的,既可适用于民事诉讼程序,又可适用于民事执行程序,但其实现的诉讼功能与其他国家和地区的民事保全程序中的财产保全、行为保全、证据保全、临时给付、先予执行等诉讼功能无异,只是更多地带有美国普通法双轨制的特征,具体措施更加细化,可操作性比较强。

---

[1] 参见陈桂明、吴如巧:《美国联邦民事诉讼程序的新发展及其启示》,载《甘肃政法学院学报》2011 年第 1 期。

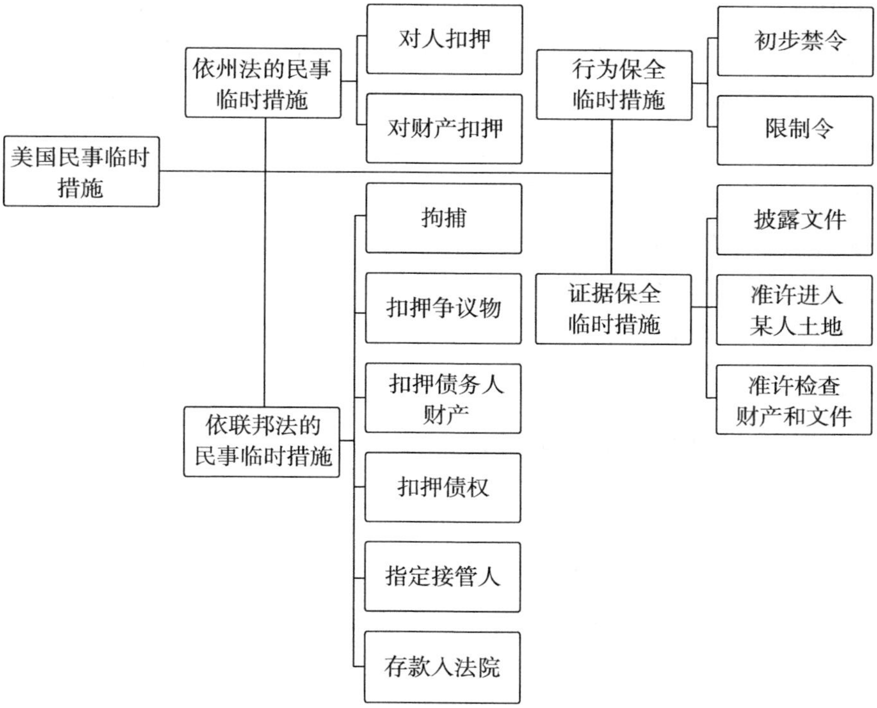

图 7　美国民事临时措施

第五节　民事保全程序的评述

在本章中，本书论述了民事保全程序的一般含义和相关概念，通过一系列的研究，总结出以下结论。

一、民事保全程序的诉讼功能基本相同

民事保全程序尽管在不同的法律体系、不同的国家或地区、不同的法域语境下，其学术概念和法律概念存在许多差别，不同国家或地区的法院

采取的具体民事保全措施或民事临时措施也存在诸多差异,但是总体来说,它们实现的诉讼功能和作用是基本相同的,都是服务于民事程序。其既可适用于民事诉讼阶段,又可适用于民事执行阶段,目的是确保民事判决以及其他有执行内容的法律文书生效后得到有效执行,从而保障当事人的实体权益。本书认为可以将民事保全程序定义为一项裁决非实体请求或程序性请求的民事非讼程序,其既可以与判决实体请求的民事实体判决程序相对分离出来,也可以与执行生效法律文书的民事执行程序相对分离出来,作为一项具有独立性的民事非讼程序。

二、民事保全程序具有相对独立性

正是因为民事保全程序具有相对独立性,所以,它可以存在于民事程序的任何阶段。例如在民事诉讼阶段它可以是诉前保全和诉中保全;在民事执行阶段它可以是执行前保全和执行保全;在仲裁程序中它可以是仲裁前保全和仲裁保全,所以,在任何国家或地区的法院,民事保全程序管辖权都可以被视为一项对非实体请求或程序性请求裁决的司法管辖权。尽管我们承认民事保全程序的管辖权是一项相对独立的程序管辖权,但是,程序管辖权对应的法律概念是实体管辖权。在全部的民事诉讼程序中,程序管辖权的外延要大于民事保全程序管辖权。因为程序管辖权的适用范围不但包括财产保全、证据保全、行为保全、先予执行、临时给付等,还包括管辖权异议、公示或公告、司法鉴定等民事非讼程序的管辖权。另外,实体管辖权是指一个国家或地区的法院对民事案件当事人的诉讼请求、申索或请求、诉之利益或诉讼因由等实体权益作出判决的司法管辖权。将程序管辖权与实体管辖权区分开来,也是为了更好地保障实体判决生效后进入民事执行程序并得到有效执行,从而有效保障当事人的实体权益。

三、民事保全程序的子程序多元化

民事保全程序涉及财产保全、行为保全、证据保全、先予执行、临时给付等诸多标的。保全标的的多样性,决定了民事保全程序的子程序具有多元化的法律特征,所以,民事保全程序涉及的范围非常复杂和广泛。由于本书篇幅有限,无法面面俱到,所以在本书中为了更清晰地论证实体管辖权、执行管辖权与财产保全程序管辖权三权相分离的理论,将民事案件实体判决程序的管辖法院称为实体判决法院,把执行生效民事判决、仲裁裁决以及其他有执行内容的法律文书的管辖法院称为执行法院,把财产保全裁决程序的管辖法院称为财产保全裁决法院。

第二章　中国区际财产保全程序的基本内容

如前所述，我国三个法域之间的区际民商事关系已经从传统的婚姻、家事、收养、继承、遗嘱等民事私法领域，逐步向经贸投资商事私法领域拓展。区际商事私法领域包括：跨境货物和服务贸易；跨境租赁；跨境承包工程；银行、证券、保险、外汇、期货等跨境金融；独资、合资、合营、合伙等形式的跨境投资；公路、海运、航空、铁路等跨境运输；跨境知识产权贸易；跨境劳务；等等。[1] 区际民商事关系日益增多，使法域间的区际民事案件与区际民事司法协助案件数量呈上升走势。内地人民法院每年审理的区际民事案件和区际民事司法协助案件达万件之多，这也是区际私法受到越来越多专家学者重视的原因之一。[2] 对法院在区际民事案件和区际民事司法协助之中，如何适用区际财产保全程序进行比较研究，作

〔1〕 参见毛艳华、荣健欣：《粤港澳大湾区的战略定位与协同发展》，载《华南师范大学学报（社会科学版）》2018 年第 4 期。

〔2〕 参见涂广建：《港、澳回归后的我国区际私法：成就、反思与展望》，载《国际法研究》2021 年第 2 期。

者已在第一章对民事保全程序作了概述，并将法域之间的区际财产保全程序作为论述的主要内容。为了在本书中更清晰地论证实体管辖权、执行管辖权与财产保全程序管辖权三权相分离的理论，本书将民事案件实体判决程序的管辖法院称为实体判决法院，把执行生效民事判决、仲裁裁决以及其他有执行内容的法律文书的管辖法院称为执行法院，把财产保全裁决程序的管辖法院称为财产保全裁决法院。那么实体判决法院行使的管辖权就是实体管辖权，执行法院行使的管辖权就是执行管辖权，财产保全裁决法院行使的管辖权就是财产保全程序管辖权。

第一节　中国区际财产保全程序概述

本书在上文论证了财产保全裁决程序服务于实体判决程序和执行程序，从而提出三权相分离的理论，也就是财产保全程序管辖权与实体管辖权、执行管辖权三权可以相对分离的理论。财产保全程序是指法院对原告或保全申请人提起的财产保全请求作出裁决的民事非讼程序，如果从系统论的角度来说，财产保全程序是民事保全程序系统下的一项子系统，属于民事保全程序的组成部分。[1] 区际财产保全程序并不是独立存在的一种民事保全程序，它只是带有区际因素或者跨法域因素的财产保全程序，服务于区际民事案件的实体判决程序、执行程序以及区际民事司法协助程序。在本书导言和第一章中，本书已经充分阐述将区际财产保全程序设为研究对象的理由和依据，在此不再赘述。为了让读者更好地从财产保全程序管辖权与实体管辖权、执行管辖权可以三权相分离的角度来理解区际财产保全程序，本书将具体阐述区际民事案件、区际民事司法协助和区际财产保全程序的概念、含义、外延以及区际民事案件与涉外民事案件之间的关联性等内容。

[1] 参见钟君：《财产保全制度实践问题思考》，载《上海政法学院学报》2014 年第 5 期。

一、区际民事案件的含义

在中国三法域的全部法律渊源中,任何一个法域的法律都未明文规定区际民事案件的法律概念。在司法实践中,区际民事案件只是学界创设的一个学术概念,用于开展区际私法专业的研究。为了更好地阐明区际民事案件的概念、含义、外延,以及区际民事案件与涉外民事案件的关联性,本书以我国内地相关司法解释对涉外民事案件和涉外民事关系的法律定义为依据开展论述,从而对我国三法域之间的区际民事案件作出一个界定。

(一)司法解释对涉外民事案件的定义

涉外民事案件的定义,根据《民事诉讼法解释》(2022 年)第 520 条的规定,有下列 5 类情形之一,人民法院可以认定某个民事案件是涉外民事案件,这 5 类情形是:(1)当事人一方或者双方是外国人、无国籍人、外国企业或者组织;(2)当事人一方或者双方的经常居所地在中华人民共和国领域外;(3)标的物在中华人民共和国领域外;(4)产生、变更或者消灭民事关系的法律事实发生在中华人民共和国领域外;(5)可以认定为涉外民事案件的其他情形。与此同时,《民事诉讼法解释》(2022 年)第 549 条也规定:"人民法院审理涉及香港、澳门特别行政区和台湾地区的民事诉讼案件,可以参照适用涉外民事诉讼程序的特别规定。"

(二)司法解释对涉外民事关系的定义

涉外民事关系的定义,根据最高人民法院《关于适用〈中华人民共和国涉外民事关系法律适用法〉若干问题的解释(一)》(2020 年)第 1 条的规定,民事关系具有下列 5 类情形之一的,人民法院可以认定为涉外民事关系,这 5 类情形是:(1)当事人一方或双方是外国公民、外国法人或者其他组织、无国籍人;(2)当事人一方或双方的经常居所地在中华人民共和国领域外;(3)标的物在中华人民共和国领域外;(4)产生、变更或者消灭民事关系的法律事实发生在中华人民共和国领域外;(5)可以认定为涉外民事关系的其他情形。与此同时,最高人民法院《关于适用〈中华人民共和国涉外民事关系法律适用法〉若干问题的解释(一)》(2020年)第17条规定:"涉及香港特别行政区、澳门特别行政区的民事关系的法律适用问题,参照适用本规定。"

(三)区际民事案件的学术定义

《民事诉讼法解释》和最高人民法院《关于适用〈中华人民共和国涉外民事关系法律适用法〉若干问题的解释(一)》对涉外民事案件和涉外民事关系的认定标准,其实没有实质区别,用一句话概括,就是含有涉外民事关系的民事案件就是涉外民事案件。因此,按照上述法律逻辑,根据司法解释对涉外民事案件和涉外民事关系的法律定义,引申出区际民事案件包含以下5类因素的民事案件,这5类因素分别是:(1)当事人一方或者双方是另一个法域的自然人、法人或者其他组织的;(2)当事人一方或者双方的经常居所地在另一个法域的;(3)诉讼标的物在另一个法域的;(4)产生、变更或者消灭民事关系的法律事实发生在另一个法域的;(5)可以认定涉及另一个法域的其他情形。按照这个法律定义,区际民事案件在不同法域有不同的区际因素或者跨法域因素:从内地法域来看,区际民事案件是指涉香港特别行政区民事案件和涉澳门特别行政区民事案件;从香港特别行政区法域来看,区际民事案件是指涉内地民事案件和涉澳门特别行政区民事案件;从澳门特别行政区法域来看,区际民事案件是指涉内地民事案件和涉香港特别行政区民事案件。区际民事案件可以定义为中国三法域之间,带有区际因素或者跨法域因素的民事案件。

(四)香港特别行政区法域和澳门特别行政区法域没有区际民事案件的定义

相较于内地的司法解释而言,普通法系的香港特别行政区民事程序规则并未对涉外民事案件和区际民事案件作出特别规定;[1] 无独有偶,大陆法系的《澳门民事诉讼法典》也未对涉外民事案件和区际民事案件作出特别规定。[2] 中国三法域中,只有内地人民法院对区际民事案件参照适用涉外民事诉讼程序的特别规定并且实行集中管辖作出了规定。香港特别行政区法院和澳门特别行政区法院对区际民事案件,既没有参照适用涉外民事诉讼程序的特别规定,又没有集中管辖,适用与审理本地民事案件相同的法律规则,给予另一个法域的当事人无差别待遇。

(五)区际民事案件与涉外民事案件的区别

由于中国三法域之间的区际民事案件并不是国际民事案件,所以,认为区际民事案件参照适用涉外民事案件的法律规则是不恰当的。具体理由有三:第一,产生区际民事案件的法律关系是中国三法域之间的区际民商事关系,不涉及国家司法主权问题;而产生国际民事案件的法律关系则是各国之间或各国与国际组织之间的国际民商事关系,涉及国家司法主权的问题。第二,区际民事案件的法律适用涉及区际私法以及可以少量参照适用国际惯例,但不可以适用国际条约或国际公约;国际民事案件的法律适用除了适用国际私法之外,还要优先适用国际条约或国际公约。第三,解决区际民事案件产生的法律冲突,主要是中国三法域之间通过区际民事司法协助来解决;解决国际民事案件产生的法律冲突,主要是各国通过国际民事司法协助以及相互给予互惠待遇或者通过外交途径来解决。

---

[1] 参见朱志晟:《我国内地与香港特别行政区关于涉外民事管辖权的比较》,载《当代法学》2001 年第 2 期。

[2] 参见李涛、张莹:《浅析内地与澳门民事管辖权的冲突与协调》,载《北京航空航天大学学报(社会科学版)》2005 年第 1 期。

二、区际民事司法协助的含义

上文提到现阶段中国三法域之间,解决区际民事案件产生的法律冲突的途径,主要是通过区际民事司法协助的途径。因此,要明确区际民事司法协助的含义是什么。按照区际私法的一般理论,区际民事司法协助是指域内法院或域内主管机关,应一个域外法院或者域外主管机关的请求,根据互惠原则以共同签订的区际民事司法协助安排或约定为基础,代为或者协助送达文书、调查取证以及进行其他民事诉讼行为。开展区际民事司法协助行为依照域内法律规定的民事执行程序进行,因此,区际民事司法协助程序也属于民事执行程序范围,是带有区际因素或者跨法域因素的民事执行程序。如果域外法院或者域外主管机关请求采取特殊方式,则可以按其请求的特殊方式进行,但以不违背域内法律为限。如果域外法院或者域外主管机关请求民事司法协助的事项违反域内法律、有损社会公共利益或者违背公序良俗,则域内法院可以拒绝协助执行。[1]

(一)区际民事司法协助的范围

区际民事司法协助的范围一般包括区际民事判决的相互认可和执行、区际仲裁裁决的相互认可和执行、区际民事司法文书的相互委托送达、区际民事证据的相互委托调查取证、区际仲裁程序的相互协助保全等领域。比较复杂的领域是区际民事判决的相互认可和执行,需要一个域内的执行法院认可一个域外实体判决法院的实体管辖权,同时,域内的执行法院必须对区际民事司法协助的事项具有执行管辖权。

(二)区际相互认可和执行民事判决

按照区际私法理论,一般而言,符合下列 8 类情形之一的,一个域外

---

〔1〕 参见任际:《中国区际司法协助范围结构分析》,载《中国司法》2007 年第 4 期。

的实体判决法院对该区际民事案件具有实体管辖权:(1)起诉时,被告在该法院的司法管辖区内有住所或者惯常居所的;(2)被告因其商事活动引起民事诉讼时,在该法院的司法管辖区内设有代表机构,或者被告在该法院的司法管辖区内设有分支机构,而该民事诉讼是由其代表机构或者分支机构的商事活动引起的;(3)在合同纠纷的案件中,被告以书面方式明示接受该法院的管辖,或者在提起民事诉讼后,被告自愿出庭应诉并就争议的实体问题进行答辩,且未就管辖权提出异议的;(4)在合同纠纷案件中,合同是在该法院的司法管辖区内签订,已经或者应当在该法院的司法管辖区内履行的;(5)有形财产的物权纠纷的诉讼标的物,或者为债权作担保的动产或者不动产,在起诉时位于该法院的司法管辖区内的;(6)侵权纠纷案件中,侵权行为地或者侵权结果地在该法院的司法管辖区内的;(7)继承纠纷案件中,被继承人死亡时的住所地、惯常居所地或者遗产所在地位于该法院的司法管辖区内的;(8)在反诉案件中,该法院对本诉有实体管辖权的。域外法院的实体管辖权一般不能对抗域内法院的专属管辖权,除非双方当事人约定了仲裁协议。

(三)区际不予认可与执行民事判决的情形

如果一个域外法院作出的实体判决,有下列6类情形之一,域内法院将不予认可和执行:(1)该域外法院对区际民事案件无实体管辖权的;(2)依据该域外法院地法,需予认可和执行的实体判决尚未发生法律效力,或者已发生法律效力,但不具有执行内容的;(3)在实体判决程序中,败诉的被告未经合法传唤,或者无民事行为能力的被告未得到适当代理的;(4)域内法院对相同当事人之间基于相同事实就同一标的进行审理的区际民事案件已经作出生效实体判决,或者已经认可另一个法域的法院对同一案件作出的生效实体判决的;(5)域内法院对于相同当事人之间,基于相同事实就同一标的产生纠纷的区际民事案件已经立案并审理的;(6)需予认可和执行的实体判决违反域内法律、有损社会公共利益或者违背公序良俗的。被请求执行的域内法院只对拟申请认可和执行的域外实体判决进行形式审查,不对该实体判决的事实认定和法律适用进行实质审查,但是给予被申请人或者利害关系人提出异议的权利。如果经过审查判断,域内法院认为可以认可和执行,则发出执行令,按照域内法院的民事执行程序予以执行;否则,裁定不予执行。

(四)区际相互认可和执行仲裁裁决

相对不复杂的是区际仲裁裁决的相互认可和执行这个领域,因为仲裁领域的国际公约——1958 年在纽约召开的联合国国际商业仲裁会议上签署的《承认及执行外国仲裁裁决公约》(以下简称《纽约公约》),得到世界上 157 个国家和地区的认可,区际仲裁当事人申请域内法院认可和执行域外仲裁裁决,参照《纽约公约》订立的法律原则以及按照双边签订的区际民事司法协助安排或约定办理。一般而言,有下列 7 类情形之一的,域内法院可以不予认可:(1)订立仲裁协议时一方当事人无民事行为能力,或依准据法认定该仲裁协议无效的;(2)未通知被申请人参加仲裁,或者缺席作出仲裁裁决的;(3)裁决内容超出仲裁协议范围的;(4)仲裁庭的组成或者仲裁程序违反了当事人的约定或者仲裁地法律的;(5)裁决对当事人尚无约束力,或者已经仲裁地的法院撤销或者拒绝执行的;(6)依执行地法律规定,争议事项不能以仲裁解决的;(7)该仲裁裁决违反执行地法律、违背社会公共利益或者公共秩序的。除此之外,域内法院应当认可和执行一个域外仲裁裁决,但也会给予被申请人提出异议的权利,如果被申请人没有证据证明存在不予认可和执行的情形,域内法院应当准许认可和执行,并发出执行令,按照域内法院执行国内仲裁裁决的民事执行程序予以执行。

(五)其他区际民事司法协助行为

比较简单的是区际民事司法文书的相互委托送达,区际民事证据的相互委托调查取证,区际仲裁程序的相互协助保全等领域,只要被请求执行的法院认可提出请求的法院对区际民事案件具有实体管辖权,而且民事司法协助行为不违反被请求执行法院地的法律,不损害社会公共利益,不违背公序良俗,原则上被请求执行的法院都会给予民事司法协助。上述这些内容都是区际民事司法协助的主要内容,在本书中要论证将区际相互协助财产保全及区际相互认可和执行财产保全的裁决和命令这两个领域,纳入区际民事司法协助范围的可行性。

三、区际财产保全程序的含义

在中国三法域的全部法律渊源中,没有区际财产保全程序的法律概念。事实上,区际财产保全程序只是本书为开展区际私法研究而创设的一个学术概念。因此,区际民事案件与区际财产保全程序都是学术概念,两者之间的法律逻辑关系就是实体管辖权与程序管辖权的关系。

(一)区际财产保全程序的范围

区际财产保全程序服务于区际民事案件的实体判决程序、执行程序以及区际民事司法协助程序,而区际民事司法协助程序也属于民事执行程序的范围,是带有区际因素或者跨法域因素的民事执行程序。区际财产保全程序也可以说是保全裁决法院对原告或保全申请人提起的财产保全请求作出裁决的一项民事非讼程序。如果从中国三法域的角度来定义区际财产保全程序,它是指中国三法域的法院在区际民事案件和区际民事司法协助中,对原告或保全申请人提起的财产保全请求作出裁决时,所适用的民事诉讼法律和民事程序规则的总称。但是又区分两种情形:第一种情形是在区际民事案件中适用区际财产保全程序,通常财产保全裁决法院与实体判决法院是同一法院;第二种情形是在区际民事司法协助中适用区际财产保全程序,通常财产保全裁决法院与实体判决法院分属两个不同的法域,财产保全裁决法院极有可能成为实体判决生效后的执行法院。

(二)区际财产保全程序的法律渊源

在司法实践中,中国三法域没有任何一部专门适用于区际财产保全程序的法律、条例、司法解释、判例、规则、实务指示等法律规范。在本书中所言的区际财产保全程序的相关内容,是将分散在中国三法域之中,与区际财产保全程序相关的法律、条例、司法解释、判例、规则、实务指示等法律规范,分析、整理、提炼、归纳出来,并且以一种看得见的方式呈现在读者面前。区际财产保全程序在中国三法域的法院,所具体适用的民事诉讼法律和民事程序规则也不尽相同。内地人民法院主要适用的是民事非讼程序(civil noncontentious procedures)的相关法律规则;香港特别行政区法院主要适用的是民事临时措施程序(civil interim relief procedures)的相关法律规则;澳门特别行政区法院主要适用的是民事附随事项程序(civil incidental matters procedures)的相关法律规则。当然,区际财产保全程序还涉及区际私法的理论知识和区际民事司法协助安排等相关内容。在司法实践中,中国三法域的法院是如何具体适用区际财产保全程序的法律规则的?本书将在下文进行详细论述和探讨。

第二节　内地区际财产保全程序

内地人民法院将民事保全程序归类为民事非讼程序(civil special procedures)的其中一类。因为民事非讼程序主要是指人民法院对当事人提起的非讼请求作出裁决的程序,但是当事人在民事非讼程序中提起的各类非讼请求,有部分非讼请求是当事人的实体权益请求,也有部分非讼请求是当事人的程序性请求,所以,不能把民事非讼程序与民事案件的实体判决程序完全对立起来,民事非讼程序与民事案件实体判决程序既有区别又有交叉。[1]

一、内地民事非讼程序

根据内地的民事诉讼法学理论，民事案件当事人在向人民法院起诉时，必须明确提出解决实体权益的诉讼请求，人民法院针对当事人的诉讼请求作出实体判决的程序就是民事案件的实体判决程序。在司法实践中，实体判决程序多数是两造诉讼。然而，在民事案件的全部审判过程中，还涉及许多非讼请求需要人民法院作出裁决；非讼请求当中既有实体性请求又有程序性请求，在司法实践中民事非讼程序多数是一造诉讼。[2] 例如财产保全请求就是其中一项程序性请求，审案法庭通常适用一造诉讼对原告或保全申请人提起的财产保全请求作出裁决，不传唤被保全人也不开庭审理财产保全案件，因此财产保全程序既属于民事保全程序的一项子程序，又可归类于民事非讼程序。但是，民事非讼程序还包括宣告失踪、宣告死亡、宣告财产无主、公示催告、破产等各类非讼案件的裁决程序。[3] 因此民事非讼程序不仅仅只有民事保全程序，财产保全程序只是众多民事非讼程序中的一种，在此不予过多论述。

(一)财产保全程序管辖权与实体管辖权相对分离

本书将民事案件的实体判决程序、执行程序与财产保全裁决程序进行区分的理论依据，就是程序管辖权与实体管辖权相对分离的理论，该理论从民事诉讼法学理论上来说也可以成立；程序管辖权与实体管辖权相对分离的理论还有另一个佐证，就是其体现在人民法院的裁判文书格式当中。人民法院一般以民事判决书对当事人的诉讼请求作出实体判决结果，一般以民事裁定书对当事人的非实体请求或程序性请求作出裁决结

---

〔1〕 参见舒瑶芝：《非讼程序机理及立法发展》，载《法学杂志》2014 年第 12 期。
〔2〕 参见章恒筑：《关于民事诉讼结构理论的考察和反思》，载《现代法学》2005 年第 6 期。
〔3〕 参见章武生：《非讼程序的反思与重构》，载《中国法学》2011 年第 3 期。

果。根据《民事诉讼法》(2023 年)第 157 条第 1 款第 4 项的规定,裁定适用于保全和先予执行。因此该法条的规定,一方面说明了人民法院的裁判文书区分了实体判决文书和程序裁决文书,另一方面说明了人民法院采取财产保全措施的裁判文书是民事裁决书。上文论证了人民法院的区际财产保全程序,实际上适用的是民事保全程序相关的法律和司法解释的规定,这也体现在区际财产保全程序对应的民事案件的案由当中。

(二)内地财产保全程序的案由

无论是实体请求的案由,还是程序性请求的案由,人民法院受理财产保全案件都要有与之对应的案由。原告或保全申请人向人民法院提起财产保全请求时,必须遵循 2020 年修订的最高人民法院《民事案件案由规定》中规定的具体案由。最高人民法院《民事案件案由规定》是以民法理论对民事法律关系的分类为基础,结合现行立法及审判经验,将民事案件起诉或申请的案由,按照逻辑关系编排成体系,划分为 11 个部分和 54 项一级案由。这 11 个部分的案由是:(1)人格权纠纷;(2)婚姻家庭、继承纠纷;(3)物权纠纷;(4)合同、准合同纠纷;(5)知识产权与竞争纠纷;(6)劳动争议、人事争议;(7)海事海商纠纷;(8)与公司、证券、保险、票据等有关的民事纠纷;(9)侵权责任纠纷;(10)非讼程序案件案由;(11)特殊诉讼程序案件案由。其中第 10 部分是非讼程序案件案由,在该第 10 部分项下有 2 个一级案由与财产保全相关。第一个一级案由是申请保全案件,该一级案由下面有 4 个二级案由与财产保全有关:(1)申请诉前财产保全;(2)申请仲裁前财产保全;(3)仲裁程序中的财产保全;(4)申请执行前财产保全。第二个一级案由是海事诉讼特别程序案件,该一级案由包含 1 个二级案由与财产保全有关,即申请海事请求保全;然而,申请海事请求保全虽然是二级案由,但其下面却有 3 个三级案由与财产保全有关:(1)申请扣押船舶;(2)申请扣押船载货物;(3)申请扣押船用燃油及船用物料。因此,前述共有 2 个一级案由,5 个二级案由,3 个三级案由与财产保全相关,它们都可以作为向人民法院提起财产保全请求的案由。

(三)内地有区际财产保全程序管辖权的人民法院

从最高人民法院《民事案件案由规定》这部司法解释的相关规定来看,其印证了本书主张的观点,即区际财产保全程序的相关案由,属于非讼程序案件的案由。在司法实践中,人民法院对区际民事案件实行集中管辖,一般具有区际民事管辖权的人民法院,可以在管辖区际民事案件的时候,依申请采取财产保全措施。然而,只有中级人民法院以及与中级人民法院同级的专门法院(例如海事法院),才具有区际民事司法协助的执行管辖权,可以作为被请求执行的人民法院开展区际民事司法协助活动。[1] 下文将通过考察内地相关的法律、司法解释以及内地签订的区际民事司法协助安排,找出人民法院在区际民事案件的实体判决程序、执行程序以及区际民事司法协助程序中,具体适用的区际财产保全程序是什么法律规则,让读者更充分地了解人民法院适用区际财产保全程序的司法实务操作。

二、内地区际民事案件适用的区际财产保全程序

从人民法院的角度来看,区际民事案件可以被理解为涉香港特别行政区和涉澳门特别行政区的民事案件。虽说人民法院审理区际民事案件参照涉外民事诉讼程序的特别规定,但是涉外民事诉讼程序的特别规定中,并没有涉及区际财产保全程序的内容。

(一)内地区际财产保全程序适用的法律和司法解释

人民法院在管辖区际民事案件过程中适用的区际财产保全程序,主

---

〔1〕 参见袁古洁:《内地与港澳相互承认与执行民商事判决的发展趋势》,载《法学家》2005 年第 2 期。

要分散在三个领域的法律和司法解释中。第一个领域是《民事诉讼法》以及《民事诉讼法解释》的相关规定。主要是涉及普通民事案件的财产保全程序,上文也提到人民法院的区际财产保全程序适用普通民事案件财产保全程序的相关法律和司法解释的规定。第二个领域是《中华人民共和国海事诉讼特别程序法》(以下简称《海事诉讼特别程序法》)及其司法解释的相关规定。主要内容是涉及海事请求保全的相关程序,内地海事法院在管辖区际海事案件时所适用的海事请求保全程序,也属于区际财产保全程序的组成部分。第三个领域是最高人民法院制定的其他与区际财产保全程序相关的司法解释。主要内容是人民法院在民事执行程序和民事实体判决程序中适用的财产保全程序,也适用于区际民事案件。无论是普通民事案件还是区际民事案件,财产保全程序都可以适用于实体判决程序和执行程序。所以,上述相关法律和司法解释规定的区际财产保全程序规则,与普通民事案件适用的财产保全程序规则是一样的,只不过区际财产保全程序规则带有区际因素或者跨法域因素。

(二)《民事诉讼法》及其司法解释的相关规定

1.《民事诉讼法》规定的涉外民事诉讼程序

本书在上文多次提及人民法院审理区际民事案件参照适用涉外民事诉讼程序的特别规定,所以本书先要考察《民事诉讼法》规定的涉外民事诉讼程序的特别规定的具体内容是什么,以及当中是否有涉及区际财产保全程序的内容。首先看《民事诉讼法》(2023 年)第四编涉外民事诉讼程序的特别规定中的内容。该编一共由五章构成,分别是:第二十三章一般原则,第二十四章管辖,第二十五章送达、调查取证、期间,第二十六章仲裁和第二十七章司法协助。在涉外民事诉讼程序的特别规定整一编当中,没有任何涉及区际财产保全程序的规定,只是笼统地在第二十三章一般原则的第 270 条规定了一项兜底条款:“在中华人民共和国领域内进行涉外民事诉讼,适用本编规定。本编没有规定的,适用本法其他有关规定。”从该兜底条款的含义来看,区际财产保全程序应当适用《民事诉讼法》规定的普通民事案件财产保全程序。当然这个做法无可厚非,毕竟程序问题适用法院地法也是一项公认的法律适用原则。[1]

2.《民事诉讼法》规定的财产保全程序

接下来看《民事诉讼法》第一编总则的第九章保全和先予执行的相关内容。其笼统地规定:"人民法院对于可能因当事人一方的行为或者其他原因,使判决难以执行或者造成当事人其他损害的案件,根据对方当事人的申请,可以裁定对其财产进行保全、责令其作出一定行为或者禁止其作出一定行为;当事人没有提出申请的,人民法院在必要时也可以裁定采取保全措施。人民法院采取保全措施,可以责令申请人提供担保,申请人不提供担保的,裁定驳回申请。一般人民法院接受申请后,对情况紧急的,必须在四十八小时内作出裁定;裁定采取保全措施的,应当立即开始执行。"如果是诉前财产保全或者仲裁前财产保全,当事人可以向被保全财产所在地、被申请人住所地或者对案件有管辖权的人民法院申请采取保全措施,而且申请人应当提供担保,如果不提供担保则会被裁定驳回申请。财产保全限于当事人诉讼请求的范围,或者与本案有关的财物;财产保全措施包括采取查封、扣押、冻结或者法律规定的其他方法。上述内容是普通民事案件适用的财产保全程序的规定,也适用于区际民事案件。《民事诉讼法》规定的保全申请人向人民法院提起诉前财产保全请求和仲裁前财产保全请求的时候,可以选择被保全财产所在地人民法院、被申请人住所地人民法院或者对案件有管辖权的人民法院,证明财产保全裁决法院与实体判决法院可以是不同的法院,也证明程序管辖权和实体管辖权相对分离的理论,在司法实践中得到人民法院的认可。

3. 司法解释规定的涉外民事诉讼程序

现行《民事诉讼法解释》是最高人民法院多年民事审判经验总结之

[1] 参见翟中鞠、屈广清:《"程序法适用法院地法"原则之局限与克服》,载《法商研究(中南政法学院学报)》1998 年第 4 期。

集大成者。[1] 这部经过多次修正的司法解释进一步细化了涉外民事诉讼程序的特别规定和普通民事案件财产保全程序的相关规定，但仍然没有任何针对区际财产保全程序的专门规定。《民事诉讼法解释》（2022年）的第二十二部分涉外民事诉讼程序的特别规定中，仅仅对涉外民事诉讼程序的特别规定的一般原则、管辖、送达和期间、仲裁、司法协助等内容作出了具体的解释，唯一提及财产保全的是第540条第1款的规定："……中华人民共和国涉外仲裁机构将当事人的保全申请提交人民法院裁定的，人民法院可以进行审查，裁定是否进行保全。裁定保全的，应当责令申请人提供担保，申请人不提供担保的，裁定驳回申请。"

4. 司法解释规定的财产保全程序

《民事诉讼法解释》（2022年）第七部分保全和先予执行对财产保全作了进一步细化规定。这些细化的内容包括：规定了普通民事案件财产保全程序中的担保条件和财产保全范围；规定了人民法院可以采取查封、扣押、冻结等财产保全措施；规定了诉前财产保全的财产保全裁决法院与实体判决法院之间如何衔接；规定了一审人民法院的财产保全措施与二审人民法院的财产保全措施如何衔接；规定了民事诉讼阶段的财产保全措施与民事执行阶段的财产保全措施如何衔接；规定了解除财产保全措施的条件、置换财产保全标的物的条件等内容。这些都是《民事诉讼法解释》中规定的普通民事案件财产保全程序的通用条款，全部可以适用于区际民事案件。需要特别指出的是，根据《民事诉讼法解释》（2022年）第160条的规定，当事人向采取诉前保全措施以外的其他有管辖权的人民法院起诉的，采取诉前保全措施的人民法院应当将保全手续移送受理案件的人民法院。诉前保全的裁定视为受移送人民法院作出的裁定。该规定再次证明人民法院认可财产保全程序是一项相对独立的民事非讼程序，财产保全裁决程序与实体判决程序、执行程序三者可以相

---

[1] 参见吴兆祥、陈龙业：《坚持公开公正　提高诉讼效率——民事诉讼法司法解释解读》，载《人民司法》2015年第9期。

对分离,财产保全裁决法院与实体判决法院、执行法院也可以是不同的法院。

(三)《海事诉讼特别程序法》及其司法解释的相关规定

内地设立了专门的海事法院,依据《海事诉讼特别程序法》的相关规定,海事法院专属管辖海事海商案件。海事海商案件专业性非常强,世界上大多数国家和地区均有设立海事法院或海事法庭专属管辖海事海商案件。海事海商案件主要集中在海上交通安全事故纠纷、海洋环境污染纠纷、海上运输合同纠纷、船舶经营管理纠纷、船务代理纠纷、海员劳动纠纷、海难救助纠纷、港口作业纠纷、海损理赔纠纷、船舶物权纠纷和海上保险纠纷等领域。[1] 如果这些案件带有区际因素或者跨法域因素,就会成为区际海事案件,同样归内地海事法院专属管辖。当然区际海事案件也是区际民事案件的组成部分,但是却不适用集中管辖的规定,因为集中管辖不得对抗专属管辖。

1.《海事诉讼特别程序法》规定的海事请求保全程序

《海事诉讼特别程序法》是特别法,按照特别法优于一般法的原则,内地海事法院管辖区际海事案件的时候采取海事请求保全措施,应当优先适用《海事诉讼特别程序法》的特别规定。《海事诉讼特别程序法》第三章海事请求保全的第 12 条明确规定了海事请求保全是指海事法院根据海事请求人的申请,为保障其海事请求的实现,对被请求人的财产所采取的强制措施(主要是扣押船舶及船载货物)。此外,《海事诉讼特别程序法》还规定了海事法院可扣押船舶的四种情形:第一种情形是符合该法第 21 条列举的 22 种可以提起海事诉讼的情形,海事请求人可以申请海事法院扣押船舶;第二种情形是海事法院为执行判决、仲裁裁决以及其他

---

[1] 参见张勇健、王淑梅、余晓汉:《〈关于海事法院受理案件范围的规定〉的理解与适用》,载《人民司法(应用)》2016 年第 10 期。

法律文件可以扣押船舶；第三种情形是海事法院可以扣押对海事请求负有责任的船舶所有人、光船承租人、定期租船人或者航次租船人在实施扣押时所有的除与船舶所有权或者占有有关的其他船舶；第四种情形是海事请求人为保障其海事请求的实现，可以申请扣押属于被请求人所有的船载货物。内地海事法院根据前述四种情形扣押被请求人的船舶和船载货物后，在扣押期间届满后，被请求人拒不提供担保，而且船舶和船载货物不宜继续扣押的，海事请求人可以在提起诉讼或者申请仲裁后，向扣押船舶的海事法院申请拍卖船舶和船载货物。由此可见，海事请求保全程序也属于广义的财产保全程序中的一类，同理区际海事案件适用海事请求保全程序也属于广义的区际财产保全程序中的一类。《海事诉讼特别程序法》第 14 条还明确规定："海事请求保全不受当事人之间关于该海事请求的诉讼管辖协议或者仲裁协议的约束。"根据该法律条文的规定，海事法院无论在普通海事案件还是区际海事案件中采取海事请求保全措施，都无须考虑本院是否享有实体管辖权，即使无海事案件的实体管辖权，也可以采取海事请求保全措施，由此也证明区际海事请求保全程序管辖权与海事案件实体管辖权可以相对分离。[1]

2. 司法解释规定的海事请求保全程序

最高人民法院《关于适用〈中华人民共和国海事诉讼特别程序法〉若干问题的解释》（以下简称《海事诉讼特别程序法解释》）对海事法院如何适用《海事诉讼特别程序法》作出了具体解释。根据《海事诉讼特别程序法解释》第 18 条的规定，海事法院在采取海事请求保全措施与采取普通财产保全措施时的法律依据是有区别的，同时海事请求保全措施的标的物和普通财产保全措施的标的物也是有区别的。根据《海事诉讼特别程序法解释》第 18 条的规定，海事法院采取海事请求保全措施时，可以扣押被请求人的财产包括船舶、船载货物、船用燃油以及船用物料共四类。也就是海事法院对这四类与船舶相关的财产进行扣押，适用

〔1〕 参见向明华：《海事诉讼管辖权国际冲突问题研究》，载《河北法学》2012 年第 8 期。

海事请求保全程序的规定。如果海事法院扣押财产范围超出前述四类的范围,还要扣押被请求人的其他财产,则应当适用《民事诉讼法》规定的普通财产保全程序的规定。两者的标的物是不同的,海事请求保全措施只针对被请求人的船舶、船载货物、船用燃油以及船用物料共四类特殊财产;而普通财产保全措施针对的是被保全人的名下可供扣押的其他全部类型的财产。此外,《海事诉讼特别程序法解释》明确规定,海事法院可以协助外国法院或者仲裁机构采取跨法域海事请求保全措施。

3. 司法解释规定的涉外海事请求保全程序

《海事诉讼特别程序法解释》第 21 条第 2 款规定:“外国法院已受理相关海事案件或者有关纠纷已经提交仲裁,但涉案财产在中华人民共和国领域内,当事人向财产所在地的海事法院提出海事请求保全申请的,海事法院应当受理。”虽然该条司法解释规定海事法院可以协助外国法院受理的海事案件采取海事请求保全措施,但令人遗憾的是,其没有规定海事法院可以协助香港特别行政区法院和澳门特别行政区法院受理的区际海事案件采取海事请求保全措施。人民法院审理区际民事案件一向参照适用涉外民事诉讼程序的特别规定,但是在海事法院能否协助香港特别行政区法院和澳门特别行政区法院受理的区际海事案件采取海事请求保全措施的问题上,却不明示可以参照协助外国法院采取跨法域海事请求保全措施的做法。这样做的结果就是香港特别行政区法院和澳门特别行政区法院,在请求内地海事法院协助采取跨法域海事请求保全措施时的待遇还低于外国法院。

4. 内地海事法院有扣押管辖权

在司法实践中,内地海事法院协助域外的仲裁机构采取海事请求保全措施也是有先例可循的。《海事诉讼特别程序法解释》第 21 条第 2 款的规定强调仲裁机构管辖的海事仲裁案件,如果涉案财产在中华人民共和国领域内,海事法院可以协助仲裁机构采取海事请求保全措施,可见海事法院考虑的首要因素是被请求人有船舶及船载货物等财产在其司法管辖区内。[1]《海事诉讼特别程序法解释》的上述规定，为海事法院协助外国法院或仲裁机构采取跨法域海事请求保全措施扫清了法律障碍。从法律逻辑关系来看，即使是在没有相关区际民事司法协助安排的前提下，海事法院也可以依据《海事诉讼特别程序法解释》的授权，协助香港特别行政区仲裁机构和澳门特别行政区仲裁机构采取跨法域海事请求保全措施，但是不能协助香港特别行政区法院和澳门特别行政区法院采取跨法域海事请求保全措施。综上所述，内地海事法院默认扣押管辖权，[2]理由是海事法院在接纳海事请求保全的申请时，不考虑本院是否享有海事案件实体管辖权，只需要成功扣押被申请人名下的船舶及船载货物等财产，便可迫使被申请人主动与对方当事人达成诉讼管辖协议，优先选择采取海事请求保全措施的海事法院（扣押法院）作为海事案件的实体判决法院。双方当事人签订诉讼管辖协议选择扣押法院作为实体判决法院，使扣押法院名正言顺成为管辖权无争议的实体判决法院。退一步来说，即使双方当事人不选择扣押法院作为实体判决法院，而是选择其他法院甚至是一个域外法院作为实体判决法院，或者选择仲裁机构进行海事仲裁，被申请人（被扣押人）仍然要向扣押法院缴纳担保金才可解除扣押。在该海事案件审理期间，该担保金由扣押法院保存，当事人在海事案件实体判决或海事仲裁裁决生效后，仍然可以申请该扣押法院执行海事实体判决或海事仲裁裁决，这种情形下扣押法院转变为被请求执行的法院。

（四）其他与区际财产保全程序相关的司法解释

长期以来，最高人民法院都没有制定专门针对财产保全程序的司法解释，更别说制定专门针对区际财产保全程序的司法解释。在上文多次提及，区际民事案件均适用普通民事案件财产保全程序的相关规定，而普

---

〔1〕 参见厦门海事法院民事裁定书，(2016)闽72财保11号。

〔2〕 参见马得懿：《海事请求类型化下船舶扣押管辖权审视》，载《上海大学学报（社会科学版）》2017年第4期。

通民事案件财产保全程序的相关规定,都分散在相关的多部司法解释之中。直至 2016 年 11 月 7 日,最高人民法院才颁布了一部对财产保全程序作出最全面规定的司法解释,就是最高人民法院《关于人民法院办理财产保全案件若干问题的规定》(2016 年)。在最高人民法院《关于人民法院办理财产保全案件若干问题的规定》颁布之前,人民法院在普通民事案件或区际民事案件中采取财产保全措施的时候,很多情况下都要援引关于民事执行程序的司法解释。有两部民事执行程序的司法解释中涉及财产保全程序的内容,这两部司法解释分别是最高人民法院《关于人民法院执行工作若干问题的规定(试行)》和最高人民法院《关于人民法院民事执行中查封、扣押、冻结财产的规定》。这两部民事执行程序的司法解释,主要是针对生效民事判决、仲裁裁决以及其他有执行内容的法律文书的执行程序,只是笼统地提及法院在采取财产保全措施之后,可以适用民事执行程序的相关规定来执行财产保全措施,并没有针对法院如何裁决财产保全措施作出任何规定。最全面的专门司法解释最高人民法院《关于人民法院办理财产保全案件若干问题的规定》,其实是对分散在众多司法解释中的财产保全程序规定进行了总结归纳,然后集中到最高人民法院《关于人民法院办理财产保全案件若干问题的规定》当中。最高人民法院《关于人民法院办理财产保全案件若干问题的规定》主要是将《民事诉讼法》中关于普通民事案件财产保全程序的条款予以了细化,许多内容也是重复《民事诉讼法解释》中的规定,同样没有针对区际财产保全程序作出任何特别规定。不过最高人民法院《关于人民法院办理财产保全案件若干问题的规定》针对财产保全裁决、执行、担保、置换、异议等内容作出了具体的规定,这些内容全部适用于普通民事案件,本书将在下文第四章中详细论述。上文已提出区际财产保全程序是一个学术概念,所以,在涉及普通财产保全程序的全部法律和司法解释中,都没有找出任何专门针对区际财产保全程序的相关规定。当然,从中也可以看出人民法院对待区际民事案件适用的财产保全程序,与普通民事案件的财产保全程序没有什么不同。人民法院认为财产保全程序不可以跨法域适用,也不具有域外执行力,所以,人民法院没有必要区分域内财产保全程序、区际财产保全程序和跨法域财产保全程序。因此,人民法院受理当事人提起的财产保全请求,全部统一按照普通财产保全程序的规则进行裁决处理,体现了程序问题适用法院地法的法律适用原则

三、内地区际民事司法协助适用的区际财产保全程序

人民法院在区际民事司法协助程序中,亦需要适用区际财产保全程序。在区际民事司法协助程序中,被请求执行的法院实际上履行的是执行法院的执行管辖权,是按照法院地的民事执行程序开展区际民事司法协助活动。因此区际民事司法协助程序是一种带有区际因素或者跨法域因素的民事执行程序,被请求执行的法院在区际民事司法协助中采取财产保全措施,属于民事执行阶段的财产保全措施,应当按照法院地的财产保全程序规则办理。

(一)内地相关的区际民事司法协助安排

接下来考察相关的区际民事司法协助安排,有没有对人民法院适用的区际财产保全程序作出相关规定。香港与澳门回归祖国后,根据《香港特别行政区基本法》第95条“香港特别行政区可与全国其他地区的司法机关通过协商依法进行司法方面的联系和相互提供协助”,以及《澳门特别行政区基本法》第93条“澳门特别行政区可与全国其他地区的司法机关通过协商依法进行司法方面的联系和相互提供协助”两条宪法性法律条文,最高人民法院与香港特别行政区政府、澳门特别行政区政府达成了多项区际民商事司法协助安排。当前,最高人民法院与香港特别行政区政府已签订了8项区际民事司法协助安排,最高人民法院与澳门特别行政区政府已签订了3项区际民事司法协助安排,初步构成了内地人民法院与香港特别行政区法院、澳门特别行政区法院之间区际民事司法协助安排的框架。本书从这些区际民事司法协助安排中,考察其是否涉及区

际财产保全程序的相关内容。

(二)内地与香港特别行政区之间的区际民事司法协助安排

1. 最高人民法院与香港特别行政区政府签订8项区际民事司法协助安排

香港回归祖国以来,最高人民法院与香港特别行政区政府先后签订了8项区际民事司法协助安排,[1]初步形成内地人民法院与香港特别行政区法院之间的区际民事司法协助制度体系(见表1)。这8项区际民事司法协助安排分别是:(1)1999年3月29日公布的最高人民法院与香港特别行政区代表签订的《关于内地与香港特别行政区法院相互委托送达民商事司法文书的安排》;(2)2000年1月24日公布的最高人民法院与香港特别行政区政府签订的《关于内地与香港特别行政区相互执行仲裁裁决的安排》;(3)2008年7月3日公布的最高人民法院与香港特别行政区政府签订的《关于内地与香港特别行政区法院相互认可和执行当事人协议管辖的民商事案件判决的安排》;(4)2017年2月27日公布的最高人民法院与香港特别行政区政府签订的《关于内地与香港特别行政区法院就民商事案件相互委托提取证据的安排》;(5)2022年2月14日公布的最高人民法院与香港特别行政区政府签订的《关于内地与香港特别行政区法院相互认可和执行婚姻家庭民事案件判决的安排》;(6)2024年1月25日公布的最高人民法院与香港特别行政区政府签订的《关于内地与香港特别行政区法院相互认可和执行民商事案件判决的安排》;(7)2019年9月26日公布的最高人民法院和香港特别行政区政府签订的《关于内地与香港特别行政区法院就仲裁程序相互协助保全的安排》;(8)2020年11月26日公布的最高人民法院和香港特别行政区政府签订的《关于内

[1] 参见张淑钿:《粤港澳大湾区民商事司法协助的现状与未来发展》,载《中国应用法学》2019年第6期。

地与香港特别行政区相互执行仲裁裁决的补充安排》。[1]

表1　内地与香港特别行政区签订的区际民事司法协助安排

序号	司法协助安排名称	公布日期	实施日期
1	《关于内地与香港特别行政区法院相互委托送达民商事司法文书的安排》	1999－03－29	1999－03－30
2	《关于内地与香港特别行政区相互执行仲裁裁决的安排》	2000－01－24	2000－02－01
3	《关于内地与香港特别行政区法院相互认可和执行当事人协议管辖的民商事案件判决的安排》	2008－07－03	2008－08－01
4	《关于内地与香港特别行政区法院就民商事案件相互委托提取证据的安排》	2017－02－27	2017－03－01
5	《关于内地与香港特别行政区法院相互认可和执行婚姻家庭民事案件判决的安排》	2022－02－14	2022－02－15
6	《关于内地与香港特别行政区法院相互认可和执行民商事案件判决的安排》	2024－01－25	2024－01－29
7	《关于内地与香港特别行政区法院就仲裁程序相互协助保全的安排》	2019－09－26	2019－10－01
8	《关于内地与香港特别行政区相互执行仲裁裁决的补充安排》	2020－11－26	2020－11－27

2. 内地与香港特别行政区之间区际财产保全程序的内容

经逐一具体考察上述8项区际民事司法协助安排是否包含区际财产保全程序的相关内容，查明有3项区际民事司法协助安排即《关于内地与香港特别行政区法院相互委托送达民商事司法文书的安排》、《关于内地与香港特别行政区相互执行仲裁裁决的安排》和《关于内地与香港特别行政区法院就民商事案件相互委托提取证据的安排》，完全没有涉及区际财产保全程序的内容，因此本书无须展开阐述。另外5项区际民事司法协助安排中的个别条款对被请求执行的法院适用财产保全程序作了非常

〔1〕本司法解释第1条、第4条自2020年11月27日起施行，第2条、第3条在香港特别行政区完成有关程序后，由最高人民法院公布施行日期。现香港特别行政区已完成有关程序，本司法解释第2条、第3条自2021年5月19日起施行。

笼统的规定,下面逐一进行介绍。

(1)《关于内地与香港特别行政区法院相互认可和执行当事人协议管辖的民商事案件判决的安排》第 14 条规定:“法院受理认可和执行判决的申请之前或者之后,可以按照执行地法律关于财产保全或者禁制资产转移的规定,根据申请人的申请,对被申请人的财产采取保全或强制措施。”从该安排的该条内容来看,内地人民法院作为被请求执行的法院的时候采取财产保全措施,发生在已经受理申请人的请求,认可和执行一个域外法院的生效实体判决的民事执行阶段,所以,适用民事执行阶段的财产保全程序。

(2)《关于内地与香港特别行政区法院相互认可和执行婚姻家庭民事案件判决的安排》第 18 条规定:“被请求方法院在受理认可和执行判决的申请之前或者之后,可以依据其法律规定采取保全或者强制措施。”从该安排的该条内容来看,内地人民法院作为被请求执行的法院的时候采取财产保全措施,发生在被请求执行的法院已经受理申请人的请求,认可和执行一个域外法院的生效实体判决的民事执行阶段,所以,适用民事执行阶段的财产保全程序。

(3)《关于内地与香港特别行政区法院相互认可和执行民商事案件判决的安排》第 4 条第 1 款规定:“本安排所称‘判决’,在内地包括判决、裁定、调解书、支付令,不包括保全裁定;在香港特别行政区包括判决、命令、判令、讼费评定证明书,不包括禁诉令、临时济助命令。”从该安排的该条内容来看,其直接排除了内地人民法院和香港特别行政区法院之间相互认可和执行财产保全措施的可能性。此外,该安排的第 24 条还规定:“申请认可和执行判决的,被请求方法院在受理申请之前或者之后,可以依据被请求方法律规定采取保全或者强制措施。”从该安排的该条内容来看,内地人民法院作为被请求执行的法院的时候采取财产保全措施,发生在被请求执行的法院已经受理申请人的请求,认可和执行一个域外法院的生效实体判决的民事执行阶段,所以,适用民事执行阶段的财产保全程序。

(4)《关于内地与香港特别行政区法院就仲裁程序相互协助保全的安排》第 3 条规定:“香港仲裁程序的当事人,在仲裁裁决作出前,可以参照《中华人民共和国民事诉讼法》《中华人民共和国仲裁法》以及相关司法解释的规定，向被申请人住所地、财产所在地或者证据所在地的内地中级人民法院申请保全……”同时该安排第 6 条规定：“内地仲裁机构管理的仲裁程序的当事人，在仲裁裁决作出前，可以依据香港特别行政区《仲裁条例》《高等法院条例》，向香港特别行政区高等法院申请保全。”从该安排这两条规定的内容来看，内地人民法院可以协助香港特别行政区仲裁机构采取财产保全措施，内地人民法院接纳香港特别行政区仲裁案件当事人的财产保全请求，单独行使财产保全程序管辖权之后成为财产保全裁决法院，在这种情况下内地人民法院适用仲裁程序财产保全程序。这是区际民事司法协助领域的一项制度创新，可惜只局限在区际仲裁案件领域，并不适用于区际民事案件领域和民事执行领域。

(5)《关于内地与香港特别行政区相互执行仲裁裁决的补充安排》第 4 条规定，在《关于内地与香港特别行政区相互执行仲裁裁决的安排》第 6 条中增加一款作为第 2 款：“有关法院在受理执行仲裁裁决申请之前或者之后，可以依申请并按照执行地法律规定采取保全或者强制措施。”从该补充安排的该条内容来看，内地人民法院作为被请求执行的法院的时候采取财产保全措施，发生在被请求执行的法院已经受理申请人的请求，认可和执行一个域外仲裁机构的生效仲裁裁决的民事执行阶段，所以，适用民事执行阶段的财产保全程序。综上所述，内地与香港特别行政区达成的区际民事司法协助安排中，被请求执行的法院基本上是按照民事执行阶段的财产保全程序来采取财产保全措施，只有在区际仲裁案件领域协助采取财产保全措施的时候，才适用仲裁程序财产保全程序。就上述区际民事司法协助安排中所指的内地人民法院而言，只有内地的中级人民法院才有权力管辖区际民事司法协助案件。

(三)内地与澳门特别行政区之间的区际民事司法协助安排

1. 最高人民法院与澳门特别行政区政府签订 3 项区际民事司法协助安排

澳门回归祖国以来，最高人民法院与澳门特别行政区政府先后签订了3项区际民事司法协助安排,初步形成内地人民法院与澳门特别行政区法院之间的区际民事司法协助制度体系(见表2)。内地和澳门特别行政区之间的区际民事司法协助模式,与内地和香港特别行政区之间的区际民事司法协助模式既有联系又有区别。两者相互联系的方面是它们共同构成了中国特色的区际司法协助制度体系;两者的区别表现在澳门特别行政区属于大陆法系的《澳门民事诉讼法典》与内地的《民事诉讼法》有更多相似之处,而香港特别行政区属于普通法系的民事程序规则与内地的《民事诉讼法》差异很大。所以,澳门特别行政区政府与最高人民法院之间达成区际民事司法协助安排更早、更快,更广泛。上述3项区际民事司法协助安排是:(1)2001年8月27日公布的最高人民法院与澳门特别行政区政府签订的《关于内地与澳门特别行政区法院就民商事案件相互委托送达司法文书和调取证据的安排》;(2)2006年3月21日公布的最高人民法院与澳门特别行政区政府签订的《关于内地与澳门特别行政区相互认可和执行民商事判决的安排》;(3)2007年12月12日公布的最高人民法院与澳门特别行政区政府签订的《关于内地与澳门特别行政区相互认可和执行仲裁裁决的安排》。

表2　内地与澳门特别行政区签订的区际民事司法协助安排

序号	司法协助安排名称	公布日期	实施日期
1	《关于内地与澳门特别行政区法院就民商事案件相互委托送达司法文书和调取证据的安排》	2001-08-27	2001-09-15
2	《关于内地与澳门特别行政区相互认可和执行民商事判决的安排》	2006-03-21	2006-04-01
3	《关于内地与澳门特别行政区相互认可和执行仲裁裁决的安排》	2007-12-12	2008-01-01

2. 内地与澳门特别行政区之间区际财产保全程序的内容

上述3项区际民事司法协助安排中,《关于内地与澳门特别行政区法院就民商事案件相互委托送达司法文书和调取证据的安排》没有任何条款涉及区际财产保全程序的内容。[1]《关于内地与澳门特别行政区相互认可和执行民商事判决的安排》第5条规定:“被申请人在内地和澳门特别行政区均有可供执行财产的,申请人可以向一地法院提出执行申请。申请人向一地法院提出执行申请的同时,可以向另一地法院申请查封、扣押或者冻结被执行人的财产……”从该安排的该条内容来看,内地人民法院作为被请求执行的法院的时候,可以在民事执行阶段协助一个域外法院采取财产保全措施,所以,适用民事执行阶段的财产保全程序。另外,该安排第15条规定:“法院受理认可和执行判决的申请之前或者之后,可以按照被请求方法律关于财产保全的规定,根据申请人的申请,对被申请人的财产采取保全措施。”从该安排的该条内容来看,内地人民法院作为被请求执行的法院的时候采取财产保全措施,发生在被请求执行的法院已经受理申请人的请求,认可和执行一个域外法院的生效实体判决的民事执行阶段,所以,适用民事执行阶段的财产保全程序。《关于内地与澳门特别行政区相互认可和执行仲裁裁决的安排》第11条规定:“法院在受理认可和执行仲裁裁决申请之前或者之后,可以依当事人的申请,按照法院地法律规定,对被申请人的财产采取保全措施。”从该安排的该条内容来看,内地人民法院作为被请求执行的法院的时候采取财产保全措施,发生在被请求执行的法院已经受理申请人的请求,认可和执行一个域外仲裁机构的生效仲裁裁决的民事执行阶段,所以,适用民事执行阶段的财产保全程序。综上所述,内地与澳门特别行政区达成的区际民事司法协助安排中,被请求执行的法院基本上按照民事执行阶段的财产保全程序来采取财产保全措施。就上述区际民事司法协助安排中所指的内地人民法院而言,只有内地的中级人民法院才有权力管辖区际民事司法协助案件。

---

〔1〕 参见宋锡祥:《中国内地与澳门区际民商事司法协助的成效、问题及其完善建议》,载《政治与法律》2011年第8期。

第三节 香港特别行政区的区际财产保全程序

香港特别行政区的普通法中没有民事保全程序的法律概念,香港特别行政区法院将民事保全程序归类为民事临时措施程序。[1] 香港特别行政区法院采取财产保全措施的时候,适用普通法系的民事临时措施程序规则。这些相关的民事程序规则都分散在各类法院(含审裁处)的条例、法院(含审裁处)规则、法院命令、实务指示等香港特别行政区的法律之中。

一、香港特别行政区民事临时措施程序

根据普通法系民事程序法学理论和司法实践,民事程序(civil proceeding)与民事诉讼(civil action)不是同义词,当事人基于不同的诉讼因由(causes of action),以不同的令状、传票或申索书向法院(审裁处)提起或申请民事程序或民事诉讼是不同的。有的民事诉讼或民事程序可凭借传讯令状(writ of summons)、原诉传票(originating summons)、动议(motion)和呈请书(petition)向法院(审裁处)提起;有的民事诉讼或民事程序以申索书(statement of claim)向审裁处(tribunal)提起。原告或申索人的实体诉讼请求体现在他们的申索(claim)中,当然被告或被申索人也可以提起反申索(counterclaim)。[2]

(一)非正审程序与实质司法程序相对分离

香港特别行政区法院聆讯实体诉讼请求的程序,通常被称为对讼案

---

[1] 参见杨剑:《论民事诉讼的临时措施》,载《广州大学学报(社会科学版)》2007 年第 7 期。

[2] 参见齐树洁、周一颜:《香港民事诉讼制度改革之回顾与前瞻》,载《现代法学》2013 年第 3 期。

(cause)开展的实质司法程序;而聆讯民事临时措施请求的程序,通常被称为对事宜(matter)开展的非正审程序(interlocutory application),也可被称为临时措施裁决程序。但是非正审程序的范围要大于临时措施裁决程序,临时措施裁决程序属于非正审程序。香港特别行政区法院一般以判决(judgment)对讼案的实质司法程序作出裁判结果,一般以命令(order)或令状(writ)、手令(warrant)对民事临时措施的请求作出裁决结果。[1] 香港特别行政区高等法院和区域法院在聆讯民事案件过程中,还分为法庭聆讯及裁定(hearing and determination in court)和内庭聆讯及裁定(hearing and determination in chamber)。一般情况下,审案法庭对讼案的实质司法程序进行聆讯及裁定,由法官(judge)在法庭主持聆讯及裁定;而对事宜的非正审程序进行聆讯及裁定,可由法官、司法常务官(registrar)和聆案官(master)在内庭主持聆讯及裁定。普通法规定香港特别行政区法院可采用的与财产保全相关的临时措施主要包括强制令(injunction)及其他临时济助(interim relief),都属于民事程序中的事宜,既有非正审命令,又有最终命令。当事人需要使用誓章(affidavit)加传票(summons)的方式,向法院提起非正审程序的申请。非正审程序既可以由法官、司法常务官或聆案官在内庭进行聆讯及裁定,又可以由法官在法庭进行聆讯及裁定。

(二)香港特别行政区适用民事临时措施程序的类别

香港特别行政区法院没有按照诉讼因由或案由对民事临时措施进行分类,所以不像内地人民法院有相应的案由适用于财产保全程序。当然,普通法系有它约定俗成的做法,香港特别行政区按照不同的诉讼事宜,以不同的命令、令状和手令适用于不同的民事临时措施,通常有 9 类民事临时措施:(1)强制令,适用于禁止被告或债务人转移财产;(2)对财产的扣押、保管、保存(detention, custody, preservation of property),适用于争议的

---

〔1〕 参见迟爱敏、李光禄:《香港的法院制度》,载《法学论坛》1997 年第 3 期。

标的物;(3)扣押债务人的财产(writ of fieri facias);(4)暂时扣押令状(writ of sequestration);(5)扣押第三债务人命令(garnishee order);(6)指令委托接管人传票同时授予强制令的命令(order directing summons for appointment of receiver and granting injunction meanwhile);(7)命令执达主任召唤被告提供保证以交出财产的手令(warrant for bailiff to call upon defendant to give security to produce property)等。从上文可以看出,香港特别行政区法院可采取的民事临时措施灵活多样,可以适应法官、司法常务官或聆案官根据个案的需要行使自由裁量权(discretion)。

(三)香港特别行政区有区际财产保全程序管辖权的法院

一般来说,具有民事案件一审管辖权的香港特别行政区高等法院原讼法庭、区域法院和各类审裁处,在管辖区际民事案件的时候,都可以采取民事临时措施;然而,只有香港特别行政区高等法院原讼法庭才具有执行管辖权,可以作为被请求执行的法院开展区际民事司法协助活动。[1]下面本书通过考察香港特别行政区各类法院(含审裁处)相关条例、规则、实务指示和香港特别行政区签订的区际民事司法协助安排,找出香港特别行政区法院在区际民事案件的实体判决程序、执行程序以及区际民事司法协助程序中,适用的区际财产保全程序法律规则,从而让读者更充分地了解香港特别行政区法院适用区际财产保全程序的司法实务操作。

二、香港特别行政区区际民事案件适用的区际财产保全程序

作者在上文已经多次提及,香港特别行政区法律中没有涉外民事案件和区际民事案件这两个法律概念,所以,香港特别行政区法院也没有针对区际民事案件的特别程序规则。香港特别行政区法院审理的所有民事

---

〔1〕 参见汪祖兴:《也论内地和香港相互承认和执行法院判决》,载《河北法学》2005年第9期。

案件，均适用普通法的民事程序规则。站在香港特别行政区法院的角度来看，区际民事案件可以理解为涉内地和涉澳门特别行政区的民事案件。那么在区际民事案件中，香港特别行政区法院如何适用区际财产保全程序呢？由于本书篇幅有限，不可能将香港特别行政区法律中全部的法院（含审裁处）条例（ordinances）、法院（含审裁处）规则、实务指示等成文法和判例法逐一展开论述，只能选取最具有代表性的香港特别行政区区域法院、高等法院原讼法庭以及相关的审裁处作为参照物，因为它们管辖的民事案件最多也最具有说服力。本书以它们的法院条例、法院规则、实务指示等内容，来考察它们管辖区际民事案件的时候如何采取民事临时措施。

（一）香港特别行政区法院对区际民事案件的管辖权

在展开论述之前，先厘清香港特别行政区各类法院（含审裁处）中，有权管辖一审民事案件的法院（含审裁处）有哪些？首先，排除香港特别行政区终审法院和高等法院上诉法庭，它们只管辖上诉民事案件。[1] 其次，排除香港特别行政区裁判法院（含少年法庭），它们只管辖一审刑事案件。[2] 最后，排除香港特别行政区淫亵物品审裁处和死因裁判法庭，它们管辖的是类似刑事案件和死亡司法鉴定案件的案件，以及非讼事件，它们也不管辖民事案件。所以，只有香港特别行政区区域法院、高等法院原讼法庭管辖一审民事案件；此外，在香港特别行政区各类审裁处中，香港特别行政区竞争事务审裁处是高级纪录法庭，其在管辖一审竞争事务案件时，享有与香港特别行政区高等法院原讼法庭同等的司法权力；香港特别行政区土地审裁处、劳资审裁处、小额钱债审裁处都是纪录法庭，该三所审裁处在管辖一审土地案件、一审劳资案件、一审小额钱债案件时，享有与普通法纪录法庭同等的司法权力。香港特别行政区区域法院、高

〔1〕 参见任万兴：《简论香港特别行政区的法院系统》，载《河北法学》1997 年第 5 期。

〔2〕 参见朱世海：《香港司法制度的形成、演变与改革》，载《国家行政学院学报》2017 年第 3 期。

等法院原讼法庭、竞争事务审裁处、土地审裁处、劳资审裁处、小额钱债审裁处管辖的一审民事案件也包括一审区际民事案件,因此,它们是拥有区际民事案件管辖权的香港特别行政区法院(含审裁处)。下文主要考察它们在管辖一审区际民事案件过程中,采取民事临时措施的相关程序规则。

(二)香港特别行政区区域法院适用的区际财产保全程序

香港特别行政区区域法院是民事及刑事司法管辖权均有限的纪录法庭,其司法管辖权来源于《香港特别行政区区域法院条例》和相关成文法的授权。它的民事司法管辖权来源不是按照民事案件的案由划分的,而是按照诉讼因由划分的,通常有三类诉讼因由:第一类是因合约、准合约及侵权行为等事项产生的一般民事司法管辖权;第二类是由于成文法赋予当事人申索权而产生的民事司法管辖权;第三类是因衡平法产生的民事司法管辖权。全香港特别行政区范围内只设立了1所区域法院[1],因此,香港特别行政区区域法院的地理管辖范围是全香港特别行政区领域范围。香港特别行政区区域法院有限的民事司法管辖权体现在它管辖民事申索案件的诉讼标的金额上限为300万港元,如果属于收地诉讼或诉讼涉及土地权益的业权问题,相关涉案土地的每年租金或应课差饷租值或年值的上限是32万港元。如果是超过诉讼标的金额的上限的民事案件,则归香港特别行政区高等法院原讼法庭管辖;当然香港特别行政区区域法院管辖的诉讼标的金额也不是无限低,其下限是7.5万港元,低于7.5万港元的民事申索案件则归香港特别行政区小额钱债审裁处管辖。

1. 香港特别行政区区域法院适用的民事临时措施

香港特别行政区区域法院在聆讯民事案件的过程中,有权采取7类民事临时措施,分别是:(1)在命令披露文件和检查财产的程序中,依该

---

[1] 作者按:区域法院依照《香港特别行政区基本法》设立,区域法院在回归前被称为地方法院,曾设4所。回归后只设有1所区域法院(含家事法庭),区域法院分别在香港湾仔、九龙深水埗、新界荃湾设有3所法庭。

民事程序的一方当事人申请,有权命令对有关财产进行检查、拍照、保存、保管及扣留;(2)在有民事司法管辖权的情况下,可授予任何性质及个别案件所需的强制令,但强制令影响的财产价值金额不得超过香港特别行政区区域法院的民事司法管辖权;(3)在民事诉讼或民事程序中,如果认为授予强制令或委任接管人是公正或适宜的,可凭借命令(不论是非正审命令还是最终命令)采取;(4)可授予非正审强制令,以禁制任何民事程序的一方当事人将位于香港特别行政区区域法院司法管辖区内的资产移离该范围,或以其他方式处理该等资产,不论该方是否居于或身在该范围内,或其居籍是否在该范围内;(5)对债项作扣押以履行支付款项的判决或命令;(6)为对某人须缴付一笔指明款额的款项的判决作强制执行、保证或追索时,有司法管辖权作出逮捕或监禁的命令;(7)具有司法管辖权作出禁止某人离开香港的命令(禁止令),以便作强制执行、保证或追索一笔指明款额的款项、交付任何财产或作出任何其他作为。如果不遵守或服从香港特别行政区区域法院发出的命令、令状或手令,则构成藐视法庭,香港特别行政区区域法院法官具有香港特别行政区高等法院原讼法庭法官的权力,可以针对藐视法庭不服从香港特别行政区区域法院的判决或命令的某人,或者违反承诺的某人施加罚款或监禁的惩戒。

2. 香港特别行政区区域法院没有区际民事司法协助管辖权

上文所述香港特别行政区区域法院可采取的民事临时措施,既可以适用于实体判决程序,又可以适用于民事执行程序,由此可见,香港特别行政区普通法中的民事临时措施,也区分民事诉讼阶段的临时措施和民事执行阶段的临时措施。根据《香港特别行政区区域法院条例》的相关规定,香港特别行政区区域法院对某区际民事案件具有实质司法程序管辖权的时候,它可以采取或授予民事临时措施,但是普通法亦授予香港特别行政区区域法院执行生效判决的执行管辖权。因此,本书认为普通法系语境下的实质司法程序管辖权,应当包含实体管辖权和执行管辖权。据此推导出,香港特别行政区区域法院在没有实质司法程序管辖权的情况下,是不可以采取民事临时措施的。因此,香港特别行政区区域法院没有做到民事临时措施管辖权与实质司法程序管辖权相对分离,而且香港特别行政区区域法院不具有开展区际民事司法协助的执行管辖权,香港特别行政区区域法院既不能成为被请求执行的法院,也不能成为协助一个域外法院采取跨法域财产保全措施的财产保全裁决法院。但是,香港特别行政区区域法院有权向司法管辖区外的被告或被保全人送达香港特别行政区区域法院采取民事临时措施的命令、令状或手令等司法文书;成功给域外的被告或被保全人送达司法文书之后,域外的被告或被保全人仍有义务配合执行,否则,其将面临香港特别行政区区域法院以藐视法庭罪处以罚款或监禁的惩戒。所以,从这个意义上说,香港特别行政区区域法院在区际民事案件中采取的民事临时措施,会间接产生域外影响力。因为藐视法庭罪足以对一个域外被告或被保全人产生法律威慑力,作为认为这是普通法系民事临时措施的对人效力,而不是对物效力。

(三)香港特别行政区高等法院原讼法庭适用的区际财产保全程序

香港特别行政区高等法院原讼法庭是一所民事及刑事司法管辖权均无限的高级纪录法庭,香港特别行政区高等法院原讼法庭的民事司法管辖权来源也不是按照民事案件的案由划分的,而是按照普通法系的诉讼因由划分的,通常由三类诉讼因由组成:第一类是香港特别行政区高等法院原讼法庭行使与英格兰高等司法院内设的大法官法庭(the chancery)、家事法庭(family court)和皇座法庭(queen's bench division),所具有并行使的原讼司法管辖权及权限的性质及范围相类的原讼司法管辖权及权限;第二类是《香港特别行政区高等法院条例》和任何相关法律赋予香港特别行政区高等法院原讼法庭的民事司法管辖权;第三类是香港特别行政区高等法院原讼法庭具有海事司法管辖权,并且海事司法管辖权的范围由船舶扩展到了航空器。在香港特别行政区范围内只设置了一所香港特别行政区高等法院原讼法庭,因此,香港特别行政区高等法院原讼法庭的地理管辖范围是全香港特别行政区范围。香港特别行政区高等法院原讼法庭管辖民事案件的诉讼标的金额无上限,除了竞争领域的民事案件由香港特别行政区竞争事务审裁处管辖之外，凡是超过香港特别行政区区域法院管辖诉讼标的金额的民事案件都归香港特别行政区高等法院原讼法庭管辖。

1. 香港特别行政区高等法院原讼法庭适用的民事临时措施

香港特别行政区高等法院原讼法庭在开展民事诉讼或民事程序过程中，有权采取 7 类民事临时措施：(1) 对债项作扣押以履行支付款项的判决或命令；(2) 为对某人须缴付一笔指明款额的款项的判决作强制执行、保证或追索时，有司法管辖权作出逮捕或监禁的命令；(3) 具有司法管辖权作出禁止某人离开香港的命令（禁止令），以便作强制执行、保证或追索一笔指明款额的款项、交付任何财产或作出任何其他作为；(4) 对其有司法管辖权的各类案件作出履行义务令、禁止令及移审令等命令；(5) 在民事诉讼或民事程序中，如果认为授予强制令或委任接管人是公正或适宜的，可凭借命令（不论是非正审命令还是最终命令）采取；(6) 可授予非正审强制令，以禁制任何民事程序的一方将位于香港特别行政区高等法院原讼法庭司法管辖区内的资产移离该范围，或以其他方式处理该等资产，不论该方是否居于或身在该范围内，或其居籍是否在该范围内；(7) 在命令披露文件和检查财产的程序中，依该民事程序的一方当事人申请，有权命令对有关财产的检查、拍照、保存、保管及扣留。如果不遵守或服从香港特别行政区高等法院原讼法庭发出的命令、令状或手令，则构成藐视法庭，香港特别行政区高等法院原讼法庭的法官有权针对藐视法庭不服从香港特别行政区高等法院原讼法庭的判决或命令的某人，或者违反承诺的某人施加罚款或监禁的惩戒。

2. 香港特别行政区高等法院原讼法庭具有区际民事司法协助管辖权

上文述及的香港特别行政区高等法院原讼法庭可采取的民事临时措施，既可以适用于实体判决程序，又可以适用于民事执行程序，由此可见，香港特别行政区高等法院原讼法庭可适用的民事临时措施，也区分为民事诉讼阶段的临时措施和民事执行阶段的临时措施。但是，香港特别行政区高等法院原讼法庭与香港特别行政区区域法院适用区际财产保全程序的区别在于，香港特别行政区高等法院原讼法庭采取民事临时措施不以实体管辖权为前提，香港特别行政区高等法院原讼法庭可以协助一个域外法院采取跨法域财产保全措施成为财产保全裁决法院，同时香港特别行政区高等法院原讼法庭也认可扣押管辖权。根据《香港特别行政区高等法院条例》的相关规定，香港特别行政区高等法院原讼法庭有权在没有开展实质司法程序的情况下，采取命令委任接管人或采取临时济助，但是应当符合以下 8 项条件：(1) 该实质司法程序已在或将会在香港特别行政区以外的地方(外地)展开；(2) 该外地展开的实质司法程序，能产生一项可根据任何条例或普通法，得以在香港特别行政区强制执行的实体判决；(3) 香港特别行政区高等法院原讼法庭采取临时济助的命令，既可无条件地作出，又可按香港特别行政区高等法院原讼法庭认为公正的条款及条件作出；(4) 如果香港特别行政区高等法院原讼法庭不采取临时济助，有关民事诉讼的标的事项不会产生香港特别行政区高等法院原讼法庭对之具有司法管辖权的诉讼因由；(5) 委任接管人或所寻求的临时济助并非附属于或附带于任何在香港特别行政区(本地)进行的民事诉讼或民事程序；(6) 如果香港特别行政区高等法院原讼法庭认为，若不采取临时济助，则香港特别行政区高等法院原讼法庭就有关民事诉讼或民事程序的标的事项并无司法管辖权此一事实，使香港特别行政区高等法院原讼法庭若批准临时济助的申请即属不公正，或者香港特别行政区高等法院原讼法庭不方便批准该项申请，则香港特别行政区高等法院原讼法庭可拒绝批准该项申请；(7) 香港特别行政区高等法院原讼法庭可向司法管辖区外送达委任接管人或临时济助的申请或命令；(8) 香港特别行政区高等法院原讼法庭采取的临时济助包括非正审强制令。以上内容可归纳为，香港特别行政区高等法院原讼法庭可以接纳已经或者将要在域外法院起诉的当事人的申请，协助域外法院采取跨法域民事临时措施，条件是该域外法院作出的生效实体判决，将来可以在香港特别行政区高等法院原讼法庭申请强制执行。本书认为这种做法是以普通法系交互强制执行判决为前提的跨法域相互协助财产保全的模式，证明香港特别行政区高等法院原讼法庭认可财产保全程序管辖权与实体管辖权、执行管辖权相对分离。但是,目前香港特别行政区高等法院原讼法庭无法协助内地人民法院和澳门特别行政区法院采取跨法域财产保全措施;还有就是香港特别行政区高等法院原讼法庭在没有开展实质司法程序的情况下,采取临时济助(民事临时措施)之后,对有关民事诉讼的标的事项产生了司法管辖权。普通法认可香港特别行政区高等法院原讼法庭获得的司法管辖权有两种解释:第一种解释是扣押管辖权,即香港特别行政区高等法院原讼法庭扣押了被告或被保全人在本地的财产,从而获得了对该民事案件的实体管辖权;第二种解释是执行管辖权,即香港特别行政区高等法院原讼法庭扣押了被告或被保全人在本地的财产,在将来域外法院的实体判决生效后,执行请求人可以向香港特别行政区高等法院原讼法庭申请强制执行,香港特别行政区高等法院原讼法庭成为被请求执行的法院。

3. 香港特别行政区高等法院原讼法庭的资产冻结令具有域外执行力

香港特别行政区高等法院原讼法庭还有权采取一项具有域外执行力的民事临时措施即资产冻结令,英文名称是 mareva injunctions,国内许多文献将其翻译为马利华禁令或玛瑞瓦禁令,但是香港特别行政区法院订明的正式中文名称是资产冻结令。香港特别行政区终审法院还专门发布了实务指示《PD 11.2 资产冻结令(mareva injunctions)及容许查察令(anton piller orders)》[1]。根据该实务指示的相关规定,香港特别行政区高等法院原讼法庭有权根据原告的申请,向被告发出具有域外执行力的资产冻结令,禁止被告处置在全球范围内的资产。当然,香港特别行政区高等法院原讼法庭的资产冻结令必须注明禁止被告处理资产的最高金额,被告不服资产冻结令也有权要求香港特别行政区高等法院原讼法庭更改或撤销本禁令。但被告如果不作抗辩,又违抗资产冻结令,香港特别

---

〔1〕 实务指示 PD11.2:《资产冻结令及容许查察令》,载香港司法机构官网 2016 年 11 月 22 日,https://legalref.judiciary.hk/lrs/common/pd/pdcontent.jsp?pdn=PD11.2.htm&lang=CH。

行政区高等法院原讼法庭可裁定被告构成藐视法庭罪,处被告以监禁或罚款或扣押其资产。资产冻结令的具体禁令内容包括 4 个方面:(1)明确限制被告处置资产的价值金额上限,以及指明禁止处置的具体资产,例如物业、商号、银行存款等。(2)被告有义务向原告披露资产,被告必须立即将自己的资产以书面形式通知原告,无论被告的这些资产是在香港特别行政区境内或境外、是否在其名下以及是否与他人共有或联权拥有都在此之列,除非披露资产会令被告负上刑事责任,否则被告不能拒绝提供资产数据。(3)必须为被告保留必要的资产,被告的日常生活费用、被告业务一般正常开支以及合理金额的咨询费用及聘请律师的费用;同时禁令会载明允许被告与原告协商,就冻结资产的限额以及应否更改本禁令的其他内容达成协议。(4)如果被告向法庭缴存港元作为保证金,又或与原告的律师达成协议或获法庭批准,安排其他方法作为与该笔款项等值的保证,则本禁令的效力即告终止。任何人如明知有本禁令而协助或容许他人违反资产冻结令,即属犯藐视法庭罪,香港特别行政区高等法院原讼法庭可处以监禁、罚款,或扣押其资产。资产冻结令并不自动对香港特别行政区境外的香港籍人或者非香港籍人发生法律效力,但如果另一个司法管辖区的法院宣布该资产冻结令可以执行或实时执行,则该资产冻结令对域外法院司法管辖区内的香港籍人或非香港籍人产生法律效力,但效力范围只限于该法院宣布可以执行的部分或已经执行的部分。由此可见,香港特别行政区高等法院原讼法庭的资产冻结令是可以得到另一个司法管辖区的法院的承认与执行的,具有域外执行力。但是,其目前无法对内地和澳门特别行政区适用,香港特别行政区高等法院原讼法庭发布的资产冻结令不能得到内地人民法院和澳门特别行政区法院的认可和执行。[1]

---

〔1〕 参见郭玉军、陈文璨:《国际商事争议解决视域下全球资产冻结令的执行问题研究》,载《求是学刊》2018 年第 5 期。

(四)香港特别行政区海事案件适用的区际财产保全程序

海事案件专业性强而且多数带有区际因素或者跨法域因素,香港特别行政区没有设立专门的海事法庭,根据《香港特别行政区高等法院条例》的相关规定,由香港特别行政区高等法院原讼法庭行使海事司法管辖权,其他的法院或审裁处无海事司法管辖权。香港特别行政区高等法院原讼法庭按照普通法系的传统行使海事司法管辖权,分为对人诉讼(action in personam)与对物诉讼(action in rem)两种模式。[1] 如果对人诉讼和对物诉讼带有区际因素或者跨法域因素,则会成为区际海事案件。香港特别行政区高等法院原讼法庭按照对人诉讼管辖海事案件,必须符合以下三个条件:第一个条件是被告的惯常居住地是香港特别行政区或有营业地点在香港特别行政区;第二个条件是海事案件的诉讼因由是在香港特别行政区水域内产生的;第三个条件是一宗因同一事件或同一系列事件引致的海事案件,现正在香港特别行政区高等法院原讼法庭进行聆讯或已在香港特别行政区高等法院原讼法庭聆讯并予以裁定。香港特别行政区高等法院原讼法庭按照对物诉讼管辖海事案件,必须符合的条件是:在任何海事案件中,如果原告或申索人针对的是与该申索或问题相关联的船舶、航空器或财产,包括在任何船舶、航空器或其他财产上有海上留置权或其他押记的,则可在香港特别行政区高等法院原讼法庭针对该船舶、航空器或财产提出对物诉讼。

1. 香港特别行政区高等法院原讼法庭的海事案件扣押令

无论是按照对人诉讼还是对物诉讼,香港特别行政区高等法院原讼法庭在管辖海事案件时,可以采取的民事临时措施就是发出扣押令(warrant of arrest)对船舶等财产进行扣押。但是在对物诉讼海事案件中,香港特别行政区高等法院原讼法庭采取扣押令还须遵循以下6项程序规则:(1)在

---

〔1〕 参见方建华:《英美法对物诉讼制度及其借鉴意义》,载《福建政法管理干部学院学报》2001年第1期。

对物诉讼海事案件中发出传讯令状(writ of summons in action in rem)后，香港特别行政区高等法院原讼法庭可应原告或被告(视属何情况而定)的申请发出扣押令，以扣押该宗海事诉讼或者反申索所针对的财产。(2)申请扣押令的一方当事人必须将一份要求发出扣押令的誓章送交香港特别行政区高等法院原讼法庭存档，否则香港特别行政区高等法院原讼法庭不得发出扣押令。(3)对一艘船舶所属国在香港特别行政区设有领事馆的外国船舶的管有或者就工资提出的对物诉讼中，经香港特别行政区高等法院原讼法庭许可，将该宗海事案件已经受理的通知书送达该国驻港领事后，才可以对该船舶发出扣押令。(4)凡根据香港特别行政区适用的国际公约或条约，香港特别行政区已承诺尽量减低扣押另一国家船舶的可能性，在对物诉讼中必须先向该国家驻香港特别行政区领事办事处的官员送达通知书，才可以针对该国家所拥有的船舶发出扣押令。(5)扣押令必须述明扣押财产的性质，如果该财产是一艘船舶，则必须述明该船舶的名称及其船籍港；扣押令的有效期为 12 个月，从发出的日期起计，扣押令只可由执达主任或其替代人执行。(6)被扣押的船舶或财产可以被保释、发还，也可以被香港特别行政区高等法院原讼法庭命令出售，出售款项用作执行。

2. 香港特别行政区高等法院原讼法庭有扣押管辖权

香港特别行政区高等法院原讼法庭在海事案件中行使对物诉讼管辖权，发出的扣押令称为“扣船令”更为贴切，理由是根据普通法系对物诉讼管辖权的理论，诉讼标的物在扣押法院的实际控制下是行使对物诉讼管辖权的前提。香港特别行政区高等法院原讼法庭在扣押船舶后，对该海事案件的诉讼标的物享有实际控制权，以便于实体判决生效后，执行被扣押的船舶。值得一提的是，香港回归祖国前，港英当局跟随英国加入了 1952 年 5 月 10 日签订于布鲁塞尔的 1952 年《统一海船扣押某些规定的国际公约》。[1] 该公约是认可扣押管辖权的，即缔约方法院通过扣押船

---

〔1〕《适用于香港特别行政区的协定列表》，载香港律政司官网 2024 年 1 月 18 日，https://www.doj.gov.hk/tc/external/treaties.html#interlawTbl。

舶而获得海事案件的实体管辖权,该扣押管辖权的做法与普通法系对物诉讼管辖权相类似。

(五)香港特别行政区有关审裁处适用的区际财产保全程序

上文提及香港特别行政区只有四所审裁处具有民事司法管辖权,分别是香港特别行政区竞争事务审裁处、土地审裁处、劳资审裁处、小额钱债审裁处。这四所审裁处根据成文法律管辖专门的民事案件,但是,这四所审裁处管辖专门民事案件或多或少又带有行政诉讼或行政管理的成分,下文对其逐一阐述。

1. 香港特别行政区竞争事务审裁处

香港特别行政区竞争事务审裁处是一所高级纪录法庭,其在管辖竞争事务案件时,享有与香港特别行政区高等法院原讼法庭同等的司法权力。根据《香港特别行政区竞争条例》的规定,香港特别行政区竞争事务审裁处具有聆讯及裁定以下 7 类民事案件(事宜)的司法管辖权:(1)竞委会就指称违反或指称牵涉入违反竞争守则而提出的申请;(2)要求复核可复核裁定的申请;(3)就违反或牵涉入违反行为守则而提起的私人诉讼;(4)某方提出违反或牵涉入违反行为守则的指称作为免责辩护;(5)要求处置财产的申请;(6)要求强制执行承诺的申请;(7)其他与上述六方面述及的事宜有关的任何事宜,但只限于引致该等事宜的事实均属相同或实质上相同的情况。香港特别行政区竞争事务审裁处在行使其司法管辖权时,享有批予衡平法上或法律上的补救及济助的司法管辖权,等同于香港特别行政区高等法院原讼法庭。

2. 香港特别行政区土地审裁处

香港特别行政区土地审裁处是一所纪录法庭,该审裁处对《香港特别行政区土地审裁处条例》附表载明的 23 部条例内指明的任何申索都具有司法管辖权,这些申索都与土地和房产有关。香港特别行政区土地审裁处可在它认为合适的范围内,沿用香港特别行政区高等法院原讼法庭行使民事司法管辖权时,所采用的常规及程序。香港特别行政区土地审裁处就该等常规及程序，具有与香港特别行政区高等法院原讼法庭相同的司法管辖权、权力及责任。这些司法权力有2项：(1)香港特别行政区土地审裁处在对犯藐视罪者施加处罚方面，具有与香港特别行政区高等法院原讼法庭相同的司法管辖权、权力及责任；(2)香港特别行政区土地审裁处可应任何一方的申请或主动下令让任何一方向土地审裁处披露文件，连同在其席前进行民事程序的各方及任何一方的专家证人，进入并视察与在其席前进行的民事程序有关的土地、处所或地方，或进入并视察与该等土地、处所或地方相连或毗邻的土地、处所或地方。

3. 香港特别行政区劳资审裁处

香港特别行政区劳资审裁处是一所纪录法庭，香港特别行政区劳资审裁处具有查讯、聆讯及裁定《香港特别行政区劳资审裁处条例》附表内指明的任何与雇佣合约有关的申索的司法管辖权。凡属香港特别行政区劳资审裁处司法管辖区内的申索，不得在香港特别行政区的任何其他法庭进行诉讼。香港特别行政区劳资审裁处可自行作出命令，亦可应任何一方的申请，命令任何一方为缴付款项（已作出或可能作出的裁断或命令所规定的缴付者）提供保证，只要香港特别行政区劳资审裁处认为这是公正和合宜的即可作出该命令。

4. 香港特别行政区小额钱债审裁处

香港特别行政区小额钱债审裁处是一所纪录法庭，具有《香港特别行政区小额钱债审裁处条例》或任何相关条例授予的司法管辖权及其他权力。凡在香港特别行政区小额钱债审裁处进行的民事程序，均由1名审裁官或暂委审裁官单独开庭聆讯及裁定。香港特别行政区小额钱债审裁处具有聆讯及裁定《香港特别行政区小额钱债审裁处条例》附表内指明的不超过7.5万港元申索的司法管辖权，但它没有采取民事临时措施的司法权力。

5. 香港特别行政区四所审裁处批予民事临时措施的权力

香港特别行政区四所审裁处管辖的专门民事案件，无论是否带有区际因素或者跨法域因素，都各自适用相同的审裁处条例和审裁处规则。

这四所审裁处采取民事临时措施的司法权力，从高至低排列是香港特别行政区竞争事务审裁处、香港特别行政区土地审裁处、香港特别行政区劳资审裁处、香港特别行政区小额钱债审裁处。香港特别行政区竞争事务审裁处基本有权批予全部民事临时措施的命令，香港特别行政区土地审裁处只有权批予文件透露和进入土地检查的命令，香港特别行政区劳资审裁处只有权批予提供保证金的命令，香港特别行政区小额钱债审裁处没有权力批予任何民事临时措施的命令。这四所审裁处采取的民事临时措施只适用于实体判决程序，因为这四所审裁处只有对专门案件的实体管辖权，并没有执行管辖权，所以审裁处既不负责执行生效实体判决，也不涉及区际民事司法协助程序。

三、香港特别行政区区际民事司法协助适用的区际财产保全程序

香港特别行政区法院在区际民事司法协助程序中，亦需要适用区际财产保全程序。但是香港特别行政区法院中，只有香港特别行政区高等法院原讼法庭有权力开展区际民事司法协助活动。当香港特别行政区高等法院原讼法庭成为被请求执行的法院时，其实际上是在履行执行法院的执行管辖权，按照法院地的民事执行程序开展区际民事司法协助活动。因此区际民事司法协助程序是一种带有区际因素或者跨法域因素的民事执行程序，被请求执行的法院在区际民事司法协助中采取的民事临时措施，属于民事执行阶段的民事临时措施，应当按照法院地的民事临时措施程序规则办理。

(一)香港特别行政区相关的区际民事司法协助安排

接下来考察相关的区际民事司法协助安排，有没有对香港特别行政区法院适用的区际财产保全程序作出相关规定。香港回归祖国后，《香港特别行政区基本法》第 95 条规定："香港特别行政区可与全国其他地区的司法机关通过协商依法进行司法方面的联系和相互提供协助。"香港特

别行政区政府与最高人民法院共签订了8项区际民事司法协助安排，香港特别行政区政府与澳门特别行政区政府共签订了2项区际民事司法协助安排，初步构成了香港特别行政区法院与内地人民法院、澳门特别行政区法院之间的区际民事司法协助安排框架。本书将从这些区际民事司法协助安排中，考察是否涉及区际财产保全程序的相关内容。此外，香港特别行政区立法会为配合上述区际民事司法协助安排的实施，制定了《香港特别行政区内地判决（交互强制执行）条例》，本书也一并考察该条例涉及的区际财产保全程序规则。

（二）香港特别行政区与内地之间的区际民事司法协助安排

1. 香港特别行政区政府与最高人民法院签订8项区际民事司法协助安排

香港特别行政区政府与最高人民法院之间签订的8项区际民事司法协助安排，在上文已有详细阐述，在此不再赘述，只是简单回顾一下重点内容。上文阐述的8项区际民事司法协助安排中，有3项没有涉及任何区际财产保全程序的内容，即《关于内地与香港特别行政区法院相互委托送达民商事司法文书的安排》《关于内地与香港特别行政区相互执行仲裁裁决的安排》《关于内地与香港特别行政区法院就民商事案件相互委托提取证据的安排》。另外5项有个别条款对被请求执行的法院适用财产保全程序作了笼统的规定，分别是《关于内地与香港特别行政区法院相互认可和执行当事人协议管辖的民商事案件判决的安排》（已废止）、《关于内地与香港特别行政区法院相互认可和执行婚姻家庭民事案件判决的安排》、《关于内地与香港特别行政区法院相互认可和执行民商事案件判决的安排》、《关于内地与香港特别行政区法院就仲裁程序相互协助保全的安排》、《关于内地与香港特别行政区相互执行仲裁裁决的补充安排》。

2. 香港特别行政区与内地之间区际财产保全程序的内容

（1）原《关于内地与香港特别行政区法院相互认可和执行当事人协议管辖的民商事案件判决的安排》第14条规定："法院受理认可和执行

判决的申请之前或者之后，可以按照执行地法律关于财产保全或者禁制资产转移的规定，根据申请人的申请，对被申请人的财产采取保全或强制措施。"从该安排的该条内容来看，香港特别行政区法院作为被请求执行的法院的时候采取民事临时措施，发生在已经受理申请人的请求，认可和执行一个域外法院的生效实体判决的民事执行阶段，所以，适用民事执行阶段的民事临时措施程序。

(2)《关于内地与香港特别行政区法院相互认可和执行婚姻家庭民事案件判决的安排》第 18 条规定："被请求方法院在受理认可和执行判决的申请之前或者之后，可以依据其法律规定采取保全或者强制措施。"从该安排的该内容来看，香港特别行政区法院作为被请求执行的法院的时候采取民事临时措施，发生在已经受理申请人的请求，认可和执行一个域外法院的生效实体判决的民事执行阶段，所以，适用民事执行阶段的民事临时措施程序。

(3)《关于内地与香港特别行政区法院相互认可和执行民商事案件判决的安排》第 24 条规定："申请认可和执行判决的，被请求方法院在受理申请之前或者之后，可以依据被请求方法律规定采取保全或者强制措施。"从该安排的该条内容来看，当香港特别行政区法院作为被请求执行的法院的时候采取民事临时措施，发生在已经受理申请人的请求，认可和执行一个域外法院的生效实体判决的民事执行阶段，所以，适用民事执行阶段的民事临时措施程序。

(4)从《关于内地与香港特别行政区法院就仲裁程序相互协助保全的安排》规定的相关条款来看，香港特别行政区法院可以协助内地仲裁机构采取区际民事临时措施，香港特别行政区法院接纳内地仲裁案件当事人的财产保全请求，单独行使民事临时措施程序管辖权之后成为财产保全裁决法院，在这种情况下香港特别行政区法院适用仲裁程序财产保全程序。这是区际民事司法协助领域的一项制度创新，可惜只局限在区际仲裁程序领域，并不适用于区际民事案件领域和民事执行领域。在司法实践中，2019 年 10 月 8 日，上海海事法院管辖了一起香港特别行政区仲裁程序中的当事人申请财产保全案件并于当日依法裁定准许申请。[1]内地承办案件的法院解释称,这是自《关于内地与香港特别行政区法院就仲裁程序相互协助保全的安排》作为司法解释于2019年10月1日生效以来,内地人民法院受理的首起香港特别行政区仲裁程序中的财产保全案件。但是严格来说,它是区际仲裁程序的财产保全程序,是内地人民法院单独行使仲裁财产保全程序管辖权,从而成为财产保全裁决法院。

(5)《关于内地与香港特别行政区相互执行仲裁裁决的补充安排》第4条规定《关于内地与香港特别行政区相互执行仲裁裁决的安排》第6条中增加一款作为第2款:"有关法院在受理执行仲裁裁决申请之前或者之后,可以依申请并按照执行地法律规定采取保全或者强制措施。"从该补充安排的该条内容来看,当香港特别行政区法院作为被请求执行的法院的时候采取民事临时措施,发生在已经受理申请人的请求,认可和执行一个域外法院的生效实体判决的民事执行阶段,所以,适用民事执行阶段的民事临时措施程序。就上述区际民事司法协助安排中所指的香港特别行政区法院而言,只有香港特别行政区高等法院原讼法庭才有权力管辖区际民事司法协助案件。

(三)香港特别行政区与澳门特别行政区之间的区际民事司法协助安排

香港与澳门回归祖国之后,根据《香港特别行政区基本法》第95条"香港特别行政区可与全国其他地区的司法机关通过协商依法进行司法方面的联系和相互提供协助",以及《澳门特别行政区基本法》第93条"澳门特别行政区可与全国其他地区的司法机关通过协商依法进行司法方面的联系和相互提供协助"两条法律条文,两个特别行政区之间通过协商,于2013年1月7日签订《关于澳门特别行政区与香港特别行政区相

---

[1] 参见宋宁华:《全国首例!上海海事法院裁定准许香港仲裁程序中的财产保全申请》,载新民网,http://newsxmwb.xinmin.cn/fatan/2019/10/08/31594568.html。

互认可和执行仲裁裁决的安排》。该安排第1条第2项规定："本安排没有规定时，适用认可和执行地的法律程序规定。"除此之外，该安排没有提及任何关于民事临时措施的内容，因此，香港特别行政区法院作为被请求执行的法院的时候采取民事临时措施，适用民事执行阶段的民事临时措施程序。双方于2017年12月5日签订《澳门特别行政区与香港特别行政区对民商事案件相互委托送达司法文书的安排》。该区际民事司法协助安排没有涉及区际财产保全程序的条款和内容，因此不展开论述。就上述区际民事司法协助安排中所指的香港特别行政区法院而言，只有香港特别行政区高等法院原讼法庭才有权力管辖区际民事司法协助案件。

(四)《香港特别行政区内地判决(交互强制执行)条例》的相关规定

香港特别行政区立法会制定的《香港特别行政区内地判决(交互强制执行)条例》，旨在施行由最高人民法院与香港特别行政区政府订立并修订的《关于内地与香港特别行政区法院相互认可和执行当事人协议管辖的民商事案件判决的安排》(已废止)，并订定条文，使内地在民事或商业事宜中作出的判决可以在香港特别行政区强制执行，以及利便香港特别行政区在民事或商业事宜中作出的判决在内地强制执行。该条例规定内地判决(mainland judgment)是指本条例指定的内地人民法院在民事或商业事宜中作出的判决书、裁定书、调解书或缴付令；同时该条例规定香港特别行政区判决(Hong Kong judgment)是指本条例指定的香港特别行政区法院在民事或商业事宜中作出的任何判决、命令及讼费评定证明书。[1] 因此，该条例已经将内地人民法院作出的财产保全裁定书和香港特别行政区法院作出的财产保全强制令、令状、手令等司法文书，排除在双方相互认可和执行的范围之外。香港特别行政区法院强制执行内地判决实行判决登记制，内地判决的判定债权人可在该条例指明的期限内，向

---

[1] 《香港法例》第597章：《内地判决(交互强制执行)条例》，载电子版香港法例2008年8月1日，https://www.elegislation.gov.hk/hk/cap597。

香港特别行政区高等法院原讼法庭提出申请,将该内地判决在香港特别行政区高等法院原讼法庭登记。除条例另有规定外,内地判决在香港特别行政区高等法院原讼法庭成功登记后,内地判决具有犹如该判决是由香港特别行政区高等法院原讼法庭原先作出并且已经登记的相同效力及效果。香港特别行政区高等法院原讼法庭对该内地判决的执行具有相同的管制权,犹如该判决是由香港特别行政区高等法院原讼法庭原先作出并且在登记之日登录的判决一样。但是,香港特别行政区高等法院原讼法庭在登记内地判决之前或之后,针对是否可以采取民事临时措施,却没有作出任何具体的规定,只是粗略地规定可以依据《香港特别行政区高等法院条例》第 54 条的规定,但是该第 54 条的规定是说香港特别行政区高等法院规则委员会拥有订立法院规则的权力,该规则委员会可以就限制处置或限制转移判定债务人的资产订立条文。但是在司法实践中,《香港特别行政区高等法院规则》(《香港法例》第 4A 章)并没有任何针对香港特别行政区高等法院原讼法庭在执行内地判决时,可以由香港特别行政区高等法院原讼法庭采取相应的民事临时措施的规则。所以,香港特别行政区高等法院原讼法庭只是一个被请求执行内地判决的执行法院,它直接适用执行本地判决和命令的民事临时措施即可。综上所述,《香港特别行政区内地判决(交互强制执行)条例》并没有赋予香港特别行政区法院协助采取民事临时措施的权力,只有在内地判决在香港特别行政区高等法院原讼法庭成功登记之后,香港特别行政区高等法院原讼法庭在民事执行阶段才可以自行采取本地民事临时措施。内地人民法院获得的待遇仍然低于其他域外的普通法系法院的待遇,最重要的原因是内地法律与香港特别行政区法律的差别很大。

第四节 澳门特别行政区的区际财产保全程序

《澳门民事诉讼法典》中有民事保全程序的法律概念,澳门特别行政区法院将适用的民事保全程序归类为民事附随事项程序，民事保全程序属于民事附随事项程序，区际财产保全程序是带有区际因素或者跨法域因素的民事保全程序。因此，澳门特别行政区法院管辖区际民事案件或者区际民事司法协助案件，采取财产保全措施时适用的是民事附随事项程序的相关法律规则。

一、澳门特别行政区民事附随事项程序

根据《澳门民事诉讼法典》的相关规定，澳门特别行政区法院开展的民事诉讼分为宣告之诉和执行之诉。宣告之诉相当于民事诉讼阶段，执行之诉相当于民事执行阶段；宣告之诉还可以按照诉之利益再细分为确认之诉、形成之诉、给付之诉 3 个类型，每一个类型的诉讼都有对应的诉之利益，诉之利益又体现在具体个案当事人的诉讼请求和诉讼因由当中。根据大陆法系的民事诉讼法学理论，诉之利益体现在民事案件当事人向法院提起的实体诉讼请求之中，因此，澳门特别行政区法院对诉之利益进行判决的程序称为主诉讼程序，对不涉及诉之利益的其他程序性请求的裁决程序称为民事附随事项程序，例如民事保全程序、管辖权异议程序、公示传唤程序等都属于民事附随事项程序。

（一）民事附随事项程序与主诉讼程序相对分离

《澳门民事诉讼法典》把宣告之诉中全部程序性的附随事项都归类于民事附随事项程序，民事保全程序就是其中一项子民事附随事项程序。主诉讼程序和民事附随事项程序的司法文书也有所不同，澳门特别行政区法院一般以判决书或裁判书对主诉讼程序的实体诉讼请求作出裁判结果，一般以指示或命令状对民事附随事项的程序性请求作出裁决结果。宣告之诉和执行之诉，两种类型的诉讼阶段都可以区分主诉讼程序和民事附随事项程序。根据《澳门民事诉讼法典》第 255 条附随事项及保全程序之利益值的相关规定，民事保全程序与其他类型的附随事项都有相应

的利益值,具体案件要根据利益值来区分能否进入上诉程序。

(二)澳门特别行政区法院管辖区际民事案件程序种类

澳门特别行政区法院没有像内地人民法院那样,将各类民事案件的案由编排成体系,每种民事案件对应相应的案由。澳门特别行政区法院没有具体的案由适用于财产保全程序,但是其另辟蹊径,按照不同的程序种类来区分宣告之诉、执行之诉以及保全程序。在澳门特别行政区法院系统中,保全程序被单列为一类诉讼程序,换言之,包括"假扣押"在内的全部民事保全程序都被单列出来,作为澳门特别行政区法院系统管辖的一类诉讼程序。[1] 以澳门特别行政区初级法院为例,澳门特别行政区初级法院设立6类法庭:(1)民事法庭;(2)轻微民事案件法庭;(3)劳动法庭;(4)家庭及未成年人法庭;(5)刑事法庭;(6)刑事起诉法庭。除了刑事法庭和刑事起诉法庭外,其他四个法庭即民事法庭、轻微民事案件法庭、劳动法庭、家庭及未成年人法庭,均有权管辖区际民事案件。澳门特别行政区初级法院内设的各民事法庭管辖的案件按照适用的不同程序进行民事案件的分类。澳门特别行政区初级法院管辖的民事案件没有按照案由区分,而是按照诉讼程序因由区分为:(1)通常宣告案;(2)简易宣告案;(3)特别程序案;(4)通常执行案;(5)最简易判决及其他执行程序案;(6)财产清册;(7)破产及无偿还能力案;(8)司法援助案;(9)保全程序案;(10)其他经分发之案件;(11)其他不经分发之案件;(12)司法协助请求书案。[2] 从上述分类可以看出,澳门特别行政区法院在司法实践中,将保全程序单独列为一类民事案件。这也印证了民事保全程序适用民事附随事项程序,可以与主诉讼程序相对分离开来,即财产保全程序管辖权与主诉讼程序管辖权可以相对分离开来,主诉讼程序包括宣告之诉和执行之诉。

---

[1] 参见澳门特别行政区中级法院民事上诉卷宗合议庭裁判,第904/2010号。

[2] 《初级法院月度案件统计表》,载澳门特别行政区法院官网2023年12月31日,https://www.court.gov.mo/zh/subpage/statisticstjb?report=2023-12。

(三)澳门特别行政区有区际财产保全程序管辖权的法院

澳门特别行政区只设立了一所澳门特别行政区初级法院,其司法管辖区范围为全澳门特别行政区。虽然没有任何法律规定集中管辖,但司法实践中的全部民事案件,无论是否带有区际因素或者跨法域因素,都集中到澳门特别行政区初级法院管辖。澳门特别行政区初级法院在管辖区际民事案件的时候,既可以在实体判决程序中采取财产保全措施,又可以在民事执行程序中采取财产保全措施;但是只有澳门特别行政区中级法院才具有区际民事司法协助案件的执行管辖权,只有澳门特别行政区中级法院才有权作为区际民事司法协助案件的被请求执行法院。下面本书通过考察《澳门民事诉讼法典》和相关法律以及澳门特别行政区签订的区际民事司法协助安排,找出澳门特别行政区法院在区际民事案件的实体判决程序、执行程序以及区际民事司法协助程序中,适用的区际财产保全程序的法律规则,从而让读者更充分地了解澳门特别行政区法院适用区际财产保全程序的司法实务操作。

二、澳门特别行政区区际民事案件适用的区际财产保全程序

本书上文已经多次提及,澳门特别行政区法律中没有涉外民事案件和区际民事案件的法律概念,澳门特别行政区法院自然也就没有任何针对区际民事案件的特别程序规定,所有的民事案件均一视同仁地适用《澳门民事诉讼法典》和相关法律的规定。站在澳门特别行政区法院的角度来看,区际民事案件应当理解为涉内地和涉香港特别行政区的民事案件。那么,澳门特别行政区法院在管辖区际民事案件的过程中,是如何适用财产保全程序的呢？这些都要从澳门特别行政区的现有法律中寻求答案。

(一)澳门特别行政区区际财产保全程序适用的法律

首先从澳门特别行政区法院适用的《澳门民事诉讼法典》以及其他

相关的法典、法律,例如《澳门民法典》、《澳门商法典》、《澳门劳动诉讼法典》和《澳门特别行政区司法组织纲要法》等相关法典法律的规定来考察这个问题。澳门特别行政区各级法院的民事司法管辖权如下:澳门特别行政区法院分为三级,分别是终审法院、中级法院、第一审法院即澳门特别行政区初级法院。《澳门特别行政区司法组织纲要法》对终审法院、中级法院和初级法院的民事管辖权分别作出具体规定。从级别管辖来看,澳门特别行政区终审法院只管辖上诉民事案件,澳门特别行政区中级法院只管辖少量特殊的一审民事案件,例如管辖权及审判权的冲突案件,审查和确认裁判尤其是承认与执行域外法院的民事判决及域外仲裁机构的仲裁裁决。所以,几乎全部的一审民事案件(包含区际民事案件)都由澳门特别行政区初级法院管辖,除非《澳门民事诉讼法典》及《澳门特别行政区司法组织纲要法》另有规定。每一级澳门特别行政区法院均有执行自身裁判的管辖权,但在司法实践中,澳门特别行政区初级法院管辖全澳门特别行政区范围内的一审民事案件,所以,生效实体判决和财产保全裁决基本上都由澳门特别行政区初级法院负责执行程序。

(二)《澳门民事诉讼法典》规定的区际财产保全程序

澳门特别行政区法院在区际民事案件中适用的财产保全程序的相关规定,最主要的内容都来自《澳门民事诉讼法典》,该法典对民事保全程序作出了专章规定。该法典基本上继承了《葡萄牙民事诉讼法典》的内容,所以,其篇章结构在一定程度上具有大陆法系民事诉讼法典的典型风格。澳门特别行政区法院在适用财产保全程序的过程中,基本上可以直接适用该法典关于民事保全程序的规定,因为该法典的相关规定非常详细完备,涵盖了民事保全程序的方方面面。相比较而言,澳门特别行政区法院适用的财产保全程序,与内地人民法院适用的财产保全程序更接近,与香港特别行政区法院适用的民事临时措施程序则差别巨大。

1.《澳门民事诉讼法典》规定的区际财产保全措施

从《澳门民事诉讼法典》的篇章结构来看,民事保全程序被安排在法典的第二卷诉讼程序一般规定的第三编保全程序当中,分别是第一章普通保全程序和第二章特定保全程序;第二章特定保全程序又细分为七节:第一节占有之临时返还、第二节法人决议之中止执行、第三节临时抚养、第四节裁定给予临时弥补、第五节假扣押、第六节新工程之禁制、第七节制作清单。上述7类特定保全程序中,只有假扣押最符合宣告之诉即民事诉讼阶段的财产保全措施的特征,但是执行之诉即民事执行阶段的财产保全措施主要是查封,因此,在本书中论述澳门特别行政区法院采取的财产保全措施,主要以假扣押为诉讼财产保全的主要措施,以查封为执行保全的主要措施。根据《澳门民事诉讼法典》的相关规定,假扣押的法律定义是假如原告或债权人有理由恐防丧失其债权之财产担保,得申请法院假扣押被告或债务人之财产,而澳门特别行政区法院的审案法官以批示或命令状的形式批准采取假扣押。此外,《澳门民事诉讼法典》关于执行之诉(民事执行阶段)查封的相关规定,凡与假扣押的规定不相抵触者,均可适用于假扣押,区别在于假扣押属于宣告之诉即实体判决程序的财产保全措施,查封属于执行之诉即执行程序的财产保全措施。假扣押的申请人(原告或债权人)必须向法院提出有助于证明存有债权之事实,以及提出证明恐防丧失财产担保属合理之事实,并列明应扣押之财产及作出进行措施所必须之一切说明。但是,民事案件进入执行之诉即民事执行阶段之后,查封作为执行财产保全措施,其依据就是《澳门民事诉讼法典》第680~685条规定的执行名义。一般执行名义包括给付判决、公证文书、法院批示、仲裁裁决等,如果是澳门特别行政区以外地方之裁判及其他执行名义,“须经澳门具管辖权之法院审查及确认后,方可作为执行之依据,但适用于澳门之国际协约或属司法协助领域之协议另有规定者除外。”

2.澳门特别行政区法院的财产保全程序与主诉讼程序相对分离

前文已经论述过澳门特别行政区法院适用的财产保全程序是一项民

事附随事项程序,可以相对独立于主诉讼程序。澳门特别行政区法院开展的主诉讼程序包括宣告之诉和执行之诉,也就是说财产保全程序管辖权与实体管辖权、执行管辖权可以相对分离。根据《澳门民事诉讼法典》第328条的规定,可以将两者的关系归纳为6个方面:(1)区际财产保全程序必须取决于存有以被保全之权利为依据的区际民事案件,并得于宣告之诉或执行之诉开始前提起或作为其附随事项提起;(2)区际财产保全程序按其于提起诉讼前或提起诉讼后申请而定,必须向可受理有关诉讼之法院,或正在审理有关诉讼之法院提起;(3)区际财产保全程序于诉讼提起前申请者,必须于有关诉讼提起后立即以附文方式并附于该诉讼之卷宗;如诉讼于其他法院提起或其后于其他法院审理,必须将并附之文件移送该法院,且审理有关诉讼之法官具专属权限处理移送后就区际财产保全程序必须进行之程序;(4)区际财产保全程序于诉讼进行期间申请者,必须以附文方式进行,但有关诉讼之上诉正处待决者除外;在此情况下,仅于区际财产保全程序结束后或主诉讼之卷宗下送至第一审法院后方并附于主诉讼之卷宗;(5)在区际财产保全程序中就事实事宜所作之审判及在该程序中所作之终局裁判,对主诉讼之审判不造成任何影响;(6)如依据适用于澳门特别行政区之国际协约或属司法协助领域之协定之规定,有关区际财产保全程序取决于存有已向或应向域外法院提起之诉讼,则申请人应透过提交该法院发出之证明书,证明主诉讼正处待决。根据《澳门民事诉讼法典》的上述规定可以看出,澳门特别行政区法院适用的财产保全程序管辖权与主诉讼管辖权是可以相对分离的:既可以在起诉前提出申请,也可以在起诉后提出申请;既可在宣告之诉中提起,也可在执行之诉中提起。

3. 澳门特别行政区法院可以协助域外法院采取跨法域财产保全措施

在澳门特别行政区法院与域外法院存在国际协约或属司法协助领域之协定的前提下,澳门特别行政区法院可以协助域外法院采取跨法域财产保全措施。但是,目前没有发现可适用于澳门特别行政区法院的相关区际民事司法协助安排,仅有《澳门民事诉讼法典》的单方面规定,不能在司法实践中发挥作用。另外，关于澳门特别行政区法院采取的财产保全措施是否具有域外执行力这一问题，《澳门民事诉讼法典》中没有作出明确的规定，也没有明确规定澳门特别行政区法院是否有权对被告或债务人在域外的财产采取财产保全措施。按照法无授权不可为的法律原则，[1]可以推定澳门特别行政区法院采取的财产保全措施没有域外执行力，也无权对被告或债务人域外的财产采取财产保全措施。

（三）澳门特别行政区其他法典和法律规定的区际财产保全程序

澳门特别行政区法院在区际民事案件中适用的财产保全程序，除了依据《澳门民事诉讼法典》外，还涉及其他相关的法典和法律，所以，澳门特别行政区法院亦得适用其他相关法典和法律中涉及财产保全程序的相关规定。

1.《澳门民法典》关于适用假扣押的相关规定

《澳门民法典》第 615 条至第 618 条亦对适用假扣押的情形作出了相关规定。该法典规定的假扣押可归纳为两种情形：第一种情形是对债务人的财产进行假扣押，即债权人有合理原因忧虑本身拥有之债权失去财产担保，得按诉讼法规定申请就债务人之财产进行假扣押；第二种情形是对争议财产进行假扣押，如债权人已透过司法途径就债务人财产之移转提出争议，则有权针对取得人申请将该等财产进行假扣押。

2.《澳门商法典》关于适用假扣押的相关规定

《澳门商法典》也对假扣押在特殊情形下的适用，作出了相关规定。例如《澳门商法典》第 791 条涉及寄托物之查封及假扣押：一般仓储寄托物不得查封、假扣押、出质或以任何形式设定债务，但在仓单及设质单灭失、继承权有争议及破产之情况下除外；设质单持有人之债权人得将该证券查封、假扣押或以其他方式设定负担。又如《澳门商法典》第 1081 条规定了附于权利上之负担：将债权证券所载权利或其所代表之货物出质、假

---

〔1〕 参见马峣：《评析"法无禁止即可为，法无授权不可为"》，载《法制与社会》2019 年第 11 期。

扣押、查封及设定负担,仅于以债权证券作为标的而作出时,方产生效力。由此可见,作为实体法的《澳门民法典》和《澳门商法典》都对法院适用假扣押作出了相关规定,澳门特别行政区法院在适用财产保全程序时,能够从其他法典中找出实体法依据。这种现象说明,澳门特别行政区五大法典〔1〕之间存在密切的逻辑联系。该逻辑联系体现在,由实体法的法典对民事实体权利作出规定,再通过程序法的法典对民事实体权利实施保障或救济,非常符合大陆法系的特点之一。正如法谚所云:"无救济则无权利,有权利则有救济",假扣押作为一项主要的财产保全措施,对于原告或债权人实现自己民事权利非常有利。但是美中不足的是,《澳门民法典》和《澳门商法典》对于澳门特别行政区法院采取的假扣押措施是否具有域外执行力,以及澳门特别行政区法院能否对域外的财产采取假扣押措施,都没有作出规定。

3.《澳门劳动诉讼法典》关于适用保全程序的规定

《澳门劳动诉讼法典》对如何适用保全程序也作了相关规定,《澳门劳动诉讼法典》第二编劳动民事诉讼程序的第一章共同规则的第三节保全程序的第 25 条规定了普通保全程序和第 26 条规定了特定保全程序。对于在劳动诉讼程序中申请的非特定保全程序即普通保全程序,适用《澳门民事诉讼法典》为普通保全程序所定的制度,但须遵守以下三项特别规定,分别是:(1)收到申请后,须立即指定最后听证日期;(2)如容许申请所针对的人提出反对,该反对须在听证开始前提出;(3)裁判以口头作出,且须扼要说明其理由并经口述载于纪录。任一方当事人或其诉讼代理人不到场,不构成押后听证的理由。关于劳动诉讼程序中申请的特定保全程序,容许在劳动诉讼中采用经配合后的《澳门民事诉讼法典》所规定的特定保全程序。对上款所指的特定保全程序,适用《澳门民事诉讼法典》中相应的规定;但如按有关特定保全程序的规定而应适用普通保全程

---

〔1〕 澳门特别行政区五大法典即民法典、民事诉讼法典、商法典、刑法典和刑事诉讼法典。

序的规定，则须遵守相关的特别规定。因此，澳门特别行政区法院审理的区际劳动案件亦可以采取假扣押措施。

4.《澳门特别行政区司法组织纲要法》关于区际民事案件管辖权的规定

《澳门特别行政区司法组织纲要法》主要是规定了澳门特别行政区各级法院的民事管辖权，特别是一审民事案件的管辖权，明确规定由澳门特别行政区初级法院管辖，而且《澳门特别行政区司法组织纲要法》第 27 条第 2 项明确规定了澳门特别行政区初级法院的内设法庭，即初级法院由民事法庭、刑事起诉法庭、轻微民事案件法庭、刑事法庭、劳动法庭、家庭及未成年人法庭组成。因此除了刑事起诉法庭、刑事法庭之外，澳门特别行政区初级法院审理民事案件的法庭分别是民事法庭、轻微民事案件法庭、劳动法庭、家庭及未成年人法庭；这些法庭依照各自的民事管辖权范围，对各类区际民事案件行使一审管辖权。因此，澳门特别行政区初级法院有权在管辖区际民事案件的时候采取财产保全措施，但是《澳门特别行政区司法组织纲要法》对于澳门特别行政区法院在区际民事案件中采取的假扣押措施是否具有域外执行力，以及澳门特别行政区法院能否对域外的财产采取假扣押措施，都没有作出规定。

（四）澳门特别行政区海事案件适用的区际财产保全程序

海事案件专业性强而且多数带有区际因素或者跨法域因素，无独有偶，澳门特别行政区与香港特别行政区一样，都没有设立专门的海事法院或者海事法庭来审理海事案件，因此，仍是由澳门特别行政区初级法院统一行使海事司法管辖权，并且海事司法管辖权的范围由船舶扩展到了航空器。

1. 澳门特别行政区法院的海事管辖权

根据《澳门民事诉讼法典》第 16 条的规定，澳门特别行政区法院对下列 5 类海事案件具有民事司法管辖权：（1）加强、代替、减少或消除抵押之诉讼，只要涉及船舶及航空器时，其已在澳门特别行政区登记；（2）为裁定以无偿或有偿方式取得之船舶不受优先受偿权约束而提起之诉讼，而取得船舶时船舶系停泊在澳门特别行政区港口；(3) 为理算交付或原应交付有关货物至澳门特别行政区港口之船舶遭受之共同海损而提起之诉讼；(4) 基于船舶碰撞而提起之请求损害赔偿之诉讼，而有关意外系在本地区管理之水域发生，澳门特别行政区为肇事船舶船主之住所地，肇事船舶在澳门特别行政区登记或在澳门特别行政区港口被发现，或澳门特别行政区港口为被撞船舶最先到达之港口；(5) 为要求给予救助或援助船舶应付之费用而提起之诉讼，而有关救助或援助系在本地区管理之水域作出，澳门特别行政区为被救助物之物主住所地，或被救助船舶在澳门特别行政区登记或在澳门特别行政区港口被发现。前述五种情形的海事案件如果带有区际因素或者跨法域因素，则成为区际海事案件，同样由澳门特别行政区法院管辖。

2. 澳门特别行政区法院有扣押管辖权

根据《澳门民事诉讼法典》第 354 条的规定，如属船舶或其所载货物之假扣押，则申请人除须证明已符合一般要件外，亦须证明根据债权之性质可进行查封；在前款所指之情况下，如债务人立即提供债权人接受之担保或法官于两日内裁定为适当之担保，则不进行扣押，而提供担保前船舶不准离开。澳门特别行政区法院在管辖区际海事案件的时候采取的假扣押措施，应该称为海事假扣押，这是宣告之诉阶段的财产保全措施。但是在执行之诉阶段，澳门特别行政区法院根据《澳门民事诉讼法典》第 713 条和第 714 条的规定，可以对船舶或发航准备完成之船舶所载货物采取查封措施。一般情况下发航准备完成之船舶不得查封，但是因欠本地区之债务或债务因补给该次航行而欠下，或债务为援助或救助船舶而须支付之费用，又或债务来自船舶碰撞之责任者，不在此限。作出命令查封之法官须立即以公函通知澳门特别行政区有关港口之海事当局，以便其阻止有关船舶离开。发航准备完成之船舶所装载之货物不得查封，但是全部货物均属同一托运人，且该船舶不运载乘客者，不在此限。即使船舶已完成发航准备，经查封已装载之货物后，仍得许可卸下该等货物，只要债权人完全满足所欠之运费、装载费、平舱费、倒舱费、滞期费及卸货费,又或提供支付该等费用之担保。提供担保后,须就担保是否适当听取有关船长之意见,而其须于5日内表明其意见。卸货获许可后,须在属于船长之凭单中作出有关附注,并将卸货一事告知有关港口之海事当局。

三、澳门特别行政区区际民事司法协助适用的区际财产保全程序

澳门特别行政区法院在区际民事司法协助程序中,亦需要适用区际财产保全程序。但是澳门特别行政区法院中,只有澳门特别行政区中级法院有权力开展区际民事司法协助活动。当澳门特别行政区中级法院成为被请求执行的法院时,其实际上是在履行执行法院的执行管辖权,按照法院地的民事执行程序开展区际民事司法协助活动。

(一)澳门特别行政区相关的区际民事司法协助安排

区际民事司法协助程序是一种带有区际因素或者跨法域因素的民事执行程序,所以,被请求执行的法院在区际民事司法协助中采取的财产保全措施,属于民事执行阶段的财产保全措施,应当按照法院地的财产保全措施程序规则办理。接下来考察相关的区际民事司法协助安排有没有对澳门特别行政区法院适用的区际财产保全程序作出相关规定。澳门回归祖国后,根据《澳门特别行政区基本法》第93条"澳门特别行政区可与全国其他地区的司法机关通过协商依法进行司法方面的联系和相互提供协助"的规定,澳门特别行政区政府与最高人民法院共签订了3项区际民事司法协助安排,澳门特别行政区与香港特别行政区共签订了2项区际民事司法协助安排,初步构成了澳门特别行政区法院与内地人民法院、香港特别行政区法院之间的区际民事司法协助安排框架。本书将从这些区际民事司法协助安排中,考察是否涉及区际财产保全程序的相关内容。

(二)澳门特别行政区与内地之间的区际民事司法协助安排

1. 澳门特别行政区政府与最高人民法院签订3项区际民事司法协助安排

澳门特别行政区政府与最高人民法院之间签订的3项区际民事司法协助安排,在上文已有详细阐述,在此不再赘述,只是简单回顾一下重点内容。这3项区际民事司法协助安排分别是:《关于内地与澳门特别行政区法院就民商事案件相互委托送达司法文书和调取证据的安排》《关于内地与澳门特别行政区相互认可和执行民商事判决的安排》《关于内地与澳门特别行政区相互认可和执行仲裁裁决的安排》。《关于内地与澳门特别行政区法院就民商事案件相互委托送达司法文书和调取证据的安排》中没有涉及财产保全的内容,因此,在下文不再重复赘述。

2. 澳门特别行政区与内地之间的区际财产保全程序的内容

(1)《关于内地与澳门特别行政区相互认可和执行民商事判决的安排》当中的第5条规定:"被申请人在内地和澳门特别行政区均有可供执行财产的,申请人可以向一地法院提出执行申请。申请人向一地法院提出执行申请的同时,可以向另一地法院申请查封、扣押或者冻结被执行人的财产……"从该安排的该条内容来看,澳门特别行政区法院作为被请求执行的法院的时候,可以在民事执行阶段协助一个域外法院采取财产保全措施,所以,适用民事执行阶段的财产保全程序。另外,《关于内地与澳门特别行政区相互认可和执行民商事判决的安排》第15条规定:"法院受理认可和执行判决的申请之前或者之后,可以按照被请求方法律关于财产保全的规定,根据申请人的申请,对被申请人的财产采取保全措施。"从该安排的该条内容来看,澳门特别行政区法院作为被请求执行的法院的时候采取财产保全措施,发生在被请求执行的法院已经受理申请人的请求,认可和执行一个域外法院的生效实体判决的民事执行阶段,所以,适用民事执行阶段的财产保全程序。

(2)《关于内地与澳门特别行政区相互认可和执行仲裁裁决的安排》

第 11 条规定:“法院在受理认可和执行仲裁裁决申请之前或者之后,可以依当事人的申请,按照法院地法律规定,对被申请人的财产采取保全措施。”从该安排的该条内容来看,澳门特别行政区法院作为被请求执行的法院的时候采取财产保全措施,发生在被请求执行的法院已经受理申请人的请求,认可和执行一个域外仲裁机构的生效仲裁裁决的民事执行阶段,所以,适用民事执行阶段的财产保全程序。

(3)澳门特别行政区与内地达成的区际民事司法协助安排中,被请求执行的法院基本上按照民事执行阶段的财产保全程序来采取财产保全措施,即使是民事执行程序中相互协助采取财产保全措施,也是适用民事执行阶段的财产保全程序。就上述区际民事司法协助安排中所指的澳门特别行政区法院而言,只有澳门特别行政区中级法院才有权力管辖区际民事司法协助案件,但澳门特别行政区中级法院也可以将具体的执行工作交由澳门特别行政区初级法院完成。

(三)澳门特别行政区与香港特别行政区之间的区际民事司法协助安排

澳门与香港回归祖国之后,根据《澳门特别行政区基本法》第 93 条“澳门特别行政区可与全国其他地区的司法机关通过协商依法进行司法方面的联系和相互提供协助”,以及《香港特别行政区基本法》第 95 条“香港特别行政区可与全国其他地区的司法机关通过协商依法进行司法方面的联系和相互提供协助”两条法律条文,两个特别行政区之间通过协商,于 2013 年 1 月 7 日签订《关于澳门特别行政区与香港特别行政区相互认可和执行仲裁裁决的安排》。该安排第 1 条第 2 项规定:“本安排没有规定时,适用认可和执行地的法律程序规定。”除此之外,该安排没有提及任何关于财产保全措施的内容,因此,澳门特别行政区法院作为被请求执行的法院的时候采取财产保全措施,适用民事执行阶段的财产保全程序。双方于 2017 年 12 月 5 日签订《澳门特别行政区与香港特别行政区对民商事案件相互委托送达司法文书的安排》。这两项民事司法协助安排都没有涉及区际财产保全的内容,因此,从区际民事司法协助的角度来看,澳门特别行政区与香港特别行政区之间达成的民事司法协助安排并没有涉及区际财产保全程序的内容和条款,所以,不展开论述。就上述区际民事司法协助安排中所指的澳门特别行政区法院而言,只有澳门特别行政区中级法院才有权力管辖区际民事司法协助案件。

第五节　中国三法域适用区际财产保全程序的区别

中国三法域的法院适用区际财产保全程序的区别,主要体现在三个方面:第一个方面是一个域内法院采取财产保全的裁决和命令是否具有域外执行力?能否得到一个域外法院的认可和执行?第二个方面是一个域内法院能否跨法域协助一个域外法院采取财产保全措施?第三个方面是扣押管辖权能否得到认可?这三个方面的问题始终贯穿于中国三法域的法院适用的区际财产保全程序。

一、区际财产保全程序的模式

经过上文的论证,以及考察中国三法域的相关法律原则和司法实践,得出的结论是中国三法域的法院都认可财产保全程序管辖权与实体管辖权、执行管辖权能够相对分离,中国三法域的法院可单独行使财产保全程序管辖权,不以财产保全裁决法院已经受理实体判决程序和执行程序为前提。在司法实践中单独行使财产保全程序管辖权的做法,例如诉前财产保全、仲裁前财产保全、执行前财产保全[1]等都得到中国三法域的法院认可。

---

[1] 参见滕尚文:《执行程序可适用财产保全措施》,载《法学天地》1997年第6期。

(一)区际财产保全程序的三种模式

本书认为区际财产保全程序实际上包含了三种模式,分别是主办财产保全模式、协办财产保全模式和扣押管辖权模式。主办财产保全模式可以细分为两种情形:第一种情形是实体判决法院与财产保全裁决法院是同一法院;第二种情形是执行法院与财产保全裁决法院是同一法院。协办财产保全模式可以细分为三种情形:第一种情形是一个域内财产保全裁决法院跨法域协助一个域外实体判决法院采取财产保全措施;第二种情形是一个域内财产保全裁决法院跨法域协助一个域外执行法院采取财产保全措施;第三种情形是一个域内财产保全裁决法院跨法域协助一个域外仲裁机构采取财产保全措施。扣押管辖权模式可细分为两种情形:第一种情形是扣押法院在成功扣押被告或被扣押人的财产后成为实体判决法院;第二种情形是扣押法院在成功扣押被告或被扣押人的财产后,没有成为实体判决法院,而是成为执行法院。

(二)区际财产保全程序三种模式的对比

三种模式相比之下,主办财产保全模式相对简单,因为实体判决法院和执行法院采取的财产保全措施都发生在司法管辖区内。协办财产保全模式比较复杂,因为协办财产保全模式既可以出现在起诉前和起诉后(民事诉讼阶段),又可以出现在执行前和执行中(民事执行阶段),还可以出现在仲裁前和仲裁中(仲裁阶段),最关键的变量是财产保全裁决法院在一个法域,而实体判决法院、执行法院、仲裁机构又在另一个法域。扣押管辖权模式也比较复杂,因为扣押法院既有可能成为实体判决法院,也有可能不成为实体判决法院,而是成为执行法院。[1] 如果扣押法院成为执行法院,则需要对一个域外法院或仲裁机构的实体判决或仲裁裁决作出

---

〔1〕 参见高伟:《建立以保全海事请求为目的的我国船舶扣押制度》,载《国际商务(对外经济贸易大学学报)》1996 年第 3 期。

认可和执行，所以，存在许多变量（见图 8）。无论是哪种模式，归根结底财产保全裁决法院最终都会成为执行法院，区别在于是成为一个域内执行法院，还是成为一个域外被请求执行的法院。主办财产保全模式是中国三法域的法院的主要模式，协办财产保全模式是次要模式，扣押管辖权模式是中国三法域的法院的补充模式。那么下文需要回答的问题是，中国三法域的法院采用主办财产保全模式采取的财产保全措施是否具有域内执行力？能否被域外法院认可和执行？中国三法域的法院在民事诉讼程序、民事执行程序、仲裁程序当中，能否采用协办财产保全模式来采取财产保全措施，即一个域内法院能否跨法域协助一个域外法院或域外仲裁机构采取财产保全措施？还有就是中国三法域的法院是否全部认可扣押管辖权？下文就围绕着它们之间的重大区别开展论述。

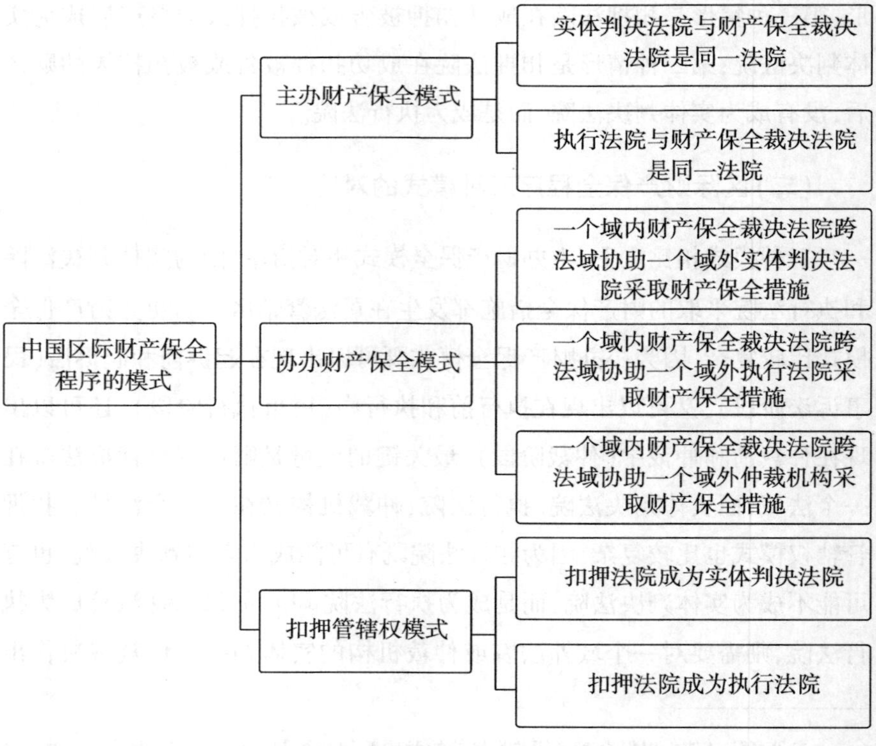

图 8　中国区际财产保全程序的模式

二、内地人民法院适用区际财产保全程序的模式

内地人民法院适用区际财产保全程序的法律原则，可以概括为以属地管辖权为主，以实际控制权为补充的法律原则。本书认为它属于保守型的法律原则，接下来具体论述内地人民法院适用区际财产保全程序的三种模式。

（一）内地人民法院的主要模式是主办财产保全模式

主办财产保全模式是内地人民法院适用区际财产保全程序的主要模式，该模式的两种情形都得到内地人民法院的认可。第一种情形是实体判决法院与财产保全裁决法院是同一法院，该情形普遍出现在中国内地人民法院在管辖区际民事案件的实体判决程序中采取财产保全措施的情形中。[1] 第二种情形是执行法院与财产保全裁决法院是同一法院，该情形出现在域内执行程序和区际民事司法协助的执行程序中，内地人民法院作为域内执行法院和区际民事司法协助程序中的被请求执行的法院，都可以采取财产保全措施。[2]

（二）内地人民法院的次要模式是协办财产保全模式

协办财产保全模式是内地人民法院适用区际财产保全程序的次要模式，该模式的三种情形没有全部得到内地人民法院的认可。第一种情形是一个域内财产保全裁决法院跨法域协助一个域外实体判决法院采取财产保全措施，这种情形没有得到内地人民法院的认可。内地海事法院可以跨法域协助外国法院管辖的海事案件采取海事请求保全措施，但是不可以跨法域协助香港特别行政区法院和澳门特别行政区法院管辖的区际

〔1〕 参见广东省深圳前海合作区人民法院民事裁定书，(2018)粤0391财保236号。

〔2〕 参见中华人民共和国广东省肇庆市中级人民法院民事裁定书，(2014)肇中法民二初字第1号。

海事案件采取海事请求保全措施。[1] 第二种情形是一个域内财产保全裁决法院跨法域协助一个域外执行法院采取财产保全措施,这种情形没有完全得到内地人民法院的认可。内地人民法院可以跨法域协助澳门特别行政区法院管辖的执行案件采取财产保全措施,但是不可以跨法域协助香港特别行政区法院管辖的执行案件采取财产保全措施。第三种情形是一个域内财产保全裁决法院跨法域协助一个域外仲裁机构采取财产保全措施,这种情形没有完全得到内地人民法院认可。内地人民法院可以跨法域协助香港特别行政区仲裁机构管辖的仲裁案件采取财产保全措施,但是不可以跨法域协助澳门特别行政区仲裁机构管辖的仲裁案件采取财产保全措施。

(三)内地人民法院以扣押管辖权模式为补充模式

扣押管辖权模式是内地人民法院适用区际财产保全程序的补充模式,该模式的两种情形都得到内地海事法院的默示认可。第一种情形是扣押法院成为实体判决法院,内地海事法院采取海事请求保全措施,不受当事人之间诉讼管辖协议和仲裁协议的约束,因此,内地海事法院成功地扣押区际海事案件被告或被保全人的船舶及船载货物后,只要当事人愿意选择内地海事法院作为实体判决法院,那么内地海事法院就获得实体管辖权而成为实体判决法院。第二种情形是扣押区际海事案件被告或被保全人的船舶及船载货物后,当事人没有选择内地海事法院作为实体判决法院,而是选择了香港特别行政区或澳门特别行政区的法院或仲裁机构,等将来判决或仲裁裁决生效后,再请求内地海事法院执行判决或仲裁裁决,那么内地海事法院就成为被请求执行的法院。

(四)内地人民法院适用区际财产保全程序属于保守型

内地人民法院适用区际财产保全程序属于保守型体现在两个方面:

---

[1] 参见中华人民共和国广州海事法院民事裁定书,(2016)粤72财保101号。

一方面内地人民法院不认可财产保全措施具有域外执行力，因此，内地人民法院不会认可和执行香港特别行政区法院的资产冻结令。另一方面内地人民法院不认可跨法域协助一个域外实体判决法院采取财产保全措施，所以，内地人民法院不认可跨法域协助香港特别行政区法院和澳门特别行政区法院管辖的区际民事案件采取财产保全措施。换言之，在区际民事案件的实体判决程序中，如果被告或被保全人在香港特别行政区或澳门特别行政区等域外有财产，内地人民法院认为自己采取财产保全措施不具有域外执行力，既不会对被告或被保全人在香港特别行政区和澳门特别行政区的财产采取财产保全措施，也不会准许原告或保全申请人向香港特别行政区法院和澳门特别行政区法院申请的协助采取财产保全措施。反过来，香港特别行政区法院和澳门特别行政区法院管辖的区际民事案件，在实体判决程序中原告或保全申请人也不可以申请内地人民法院协助采取财产保全措施，内地人民法院也不会认可香港特别行政区法院和澳门特别行政区法院采取财产保全措施的域外执行力。

三、香港特别行政区法院适用区际财产保全程序的模式

香港特别行政区法院适用区际财产保全程序的法律原则，可以概括为以实际控制管辖权为主导，以交互强制执行判决为基础的法律原则。本书认为它属于开放型的法律原则，接下来具体论述香港特别行政区法院适用区际财产保全程序的三种模式。

（一）香港特别行政区法院的主要模式是主办财产保全模式

主办财产保全模式是香港特别行政区法院适用区际财产保全程序的主要模式，该模式的两种情形都得到香港特别行政区法院的认可。第一种情形是实体判决法院与财产保全裁决法院是同一法院，该情形普遍出现在香港特别行政区法院在管辖区际民事案件的实体判决程序中采取财产保全措施的情形中。第二种情形是执行法院与财产保全裁决法院是同

一法院，该情形发生在域内执行程序和区际民事司法协助的执行程序中，香港特别行政区法院作为域内执行法院和区际民事司法协助程序中的被请求执行的法院，都可以采取财产保全措施。香港特别行政区法院在采用主办财产保全模式的情况下采取财产保全措施，最大的不同之处就是香港特别行政区法院认可财产保全措施具有域外执行力。香港特别行政区高等法院的资产冻结令（mareva injunction）具有域外执行力，既可以禁止被告处置在香港特别行政区内的资产，又可以禁止被告处置世界其他范围内的资产，但是未能得到内地人民法院和澳门特别行政区法院的认可和执行。

（二）香港特别行政区法院的次要模式是协办财产保全模式

协办财产保全模式是香港特别行政区法院适用区际财产保全程序的次要模式，该模式的三种情形没有全部得到香港特别行政区法院的认可。第一种情形是一个域内财产保全裁决法院跨法域协助一个域外实体判决法院采取财产保全措施，这种情形没有完全得到香港特别行政区法院的认可。香港特别行政区法院可以跨法域协助普通法系的法院采取财产保全措施，但是不可以跨法域协助内地人民法院和澳门特别行政区法院采取财产保全措施。这是普通法系法院交互强制执行判决的原则，只要一个域外法院作出判决将来可以在香港特别行政区执行，香港特别行政区法院就可以协助采取跨法域财产保全措施。第二种情形是一个域内财产保全裁决法院跨法域协助一个域外执行法院采取财产保全措施，这种情形没有完全得到香港特别行政区法院的认可。香港特别行政区法院可以承认与执行其他外地普通法系的法院采取的资产冻结令，但是不可以跨法域协助内地人民法院和澳门特别行政区法院管辖的执行案件采取财产保全措施。第三种情形是一个域内财产保全裁决法院跨法域协助一个域外仲裁机构采取财产保全措施，这种情形没有完全得到香港特别行政区法院的认可。香港特别行政区法院可以跨法域协助内地仲裁机构管辖的仲裁案件采取财产保全措施，但是不可以跨法域协助澳门特别行政区仲裁机构管辖的仲裁案件采取财产保全措施。

（三）香港特别行政区法院以扣押管辖权模式为补充模式

扣押管辖权模式是香港特别行政区法院适用区际财产保全程序的补充模式，该模式的两种情形都得到香港特别行政区法院的认可。第一种情形是扣押法院成为实体判决法院，香港特别行政区法院按照普通法系对物诉讼管辖权或对人诉讼管辖权的判断标准，在没有实质司法程序的前提下，如果法院对被告或被保全人的财产采取财产保全措施，就可以获得实体管辖权。普通法系的实际控制管辖权与扣押管辖权有异曲同工之妙，因此香港特别行政区法院就获得实体管辖权而成为实体判决法院。第二种情形是扣押法院成为执行法院，如果被告或被保全人的财产被香港特别行政区法院成功扣押后，当事人没有选择香港特别行政区法院作为实体判决法院，而是选择其他普通法系的法院作为实体判决法院，等将来判决生效后再请求香港特别行政区法院执行判决，那么香港特别行政区法院就成为被请求执行的法院。尤其是其他外地的普通法系法院作为实体判决法院的时候，香港特别行政区法院更愿意采取跨法域财产保全措施。目前仍然有效的《香港特别行政区外地判决（强制执行措施）条例》（《香港法例》第 319 章），开篇就直言不讳地说该条例旨在利便香港特别行政区及英联邦其他地方交互强制执行判决及裁定。

（四）香港特别行政区法院适用区际财产保全程序属于开放型

香港特别行政区法院适用区际财产保全程序属于开放型体现在两个方面：一方面香港特别行政区法院认可财产保全措施具有域外执行力，但是必须得到一个域外法院的承认与执行，并且是可以向域外的被告或被保全人送达司法文书，可是内地人民法院和澳门特别行政区法院却不认可和执行香港特别行政区法院的资产冻结令。另一方面香港特别行政区法院可以跨法域协助其他普通法系的实体判决法院采取财产保全措施，但是却不可以跨法域协助作为实体判决法院的内地人民法院和澳门特别行政区法院采取财产保全措施。换言之,在区际民事案件的实体判决程序中,如果被告或被保全人在内地或澳门特别行政区等域外有财产,香港特别行政区法院可以采取资产冻结令这种财产保全措施,但是不会得到内地人民法院和澳门特别行政区法院的认可和执行,也不会准许原告或保全申请人向内地人民法院和澳门特别行政区法院申请协助采取财产保全措施。反过来,内地人民法院和澳门特别行政区法院管辖的区际民事案件,在实体判决程序中原告或保全申请人也不可以申请香港特别行政区法院协助采取财产保全措施,香港特别行政区法院也不会认可内地人民法院和澳门特别行政区法院采取财产保全措施的域外执行力。

四、澳门特别行政区法院适用区际财产保全程序的模式

澳门特别行政区法院适用区际财产保全程序的法律原则,可以概括为以属地管辖权为主,以实际控制权为补充的法律原则。本书认为它属于相对开放型的法律原则,接下来具体论述澳门特别行政区法院适用区际财产保全程序的三种模式。

(一)澳门特别行政区法院的主要模式是主办财产保全模式

主办财产保全模式是澳门特别行政区法院适用区际财产保全程序的主要模式,该模式的两种情形都得到澳门特别行政区法院的认可。第一种情形是实体判决法院与财产保全裁决法院是同一法院,该情形普遍出现在澳门特别行政区法院在管辖区际民事案件的实体判决程序中采取财产保全措施的情形中。第二种情形是执行法院与财产保全裁决法院是同一法院,该情形发生在域内执行程序和区际民事司法协助的执行程序中,澳门特别行政区法院作为域内执行法院和区际民事司法协助程序中的被请求执行的法院,都可以采取财产保全措施。

（二）澳门特别行政区法院的次要模式是协办财产保全模式

协办财产保全模式是澳门特别行政区法院适用区际财产保全程序的次要模式，该模式的三种情形没有全部得到澳门特别行政区法院的认可。第一种情形是一个域内财产保全裁决法院跨法域协助一个域外实体判决法院采取财产保全措施，这种情形得到澳门特别行政区法院的认可，但在司法实践中无法落实。澳门特别行政区法院可以根据澳门特别行政区加入的国际协约或属于司法协助领域的协议，跨法域协助一个域外实体判决法院采取财产保全措施，但是澳门特别行政区与内地、香港特别行政区之间没有财产保全领域的司法协助协议；所以，澳门特别行政区法院是不可以跨法域协助内地人民法院和香港特别行政区法院管辖的区际民事案件采取财产保全措施的。第二种情形是一个域内财产保全裁决法院跨法域协助一个域外执行法院采取财产保全措施，这种情形没有完全得到澳门特别行政区法院的认可。澳门特别行政区法院可以跨法域协助内地人民法院管辖的执行案件采取财产保全措施，但是不可以跨法域协助香港特别行政区法院管辖的执行案件采取财产保全措施。第三种情形是一个域内财产保全裁决法院跨法域协助一个域外仲裁机构采取财产保全措施，这种情形没有得到澳门特别行政区法院的认可。澳门特别行政区法院不可以跨法域协助内地仲裁机构和香港特别行政区仲裁机构管辖的仲裁案件采取财产保全措施。

（三）澳门特别行政区法院以扣押管辖权模式为补充模式

扣押管辖权模式是澳门特别行政区法院适用区际财产保全程序的补充模式，该模式的两种情形只有第一种扣押法院成为实体判决法院的情形得到澳门特别行政区法院的默示认可。根据《澳门民事诉讼法典》的相关规定，起诉前申请澳门特别行政区法院对停泊在澳门特别行政区水域的船舶及其货物采取假扣押措施，如果澳门特别行政区法院成功扣押被告或被保全人的船舶及其货物，澳门特别行政区法院便获得实体管辖权而成为实体判决法院,而通过扣押船舶及其货物获得海事案件的实体管辖权符合欧洲大陆法系的海事诉讼传统。第二种情形扣押法院成为执行法院没有得到澳门特别行政区法院的认可。如果澳门特别行政区法院扣押被告或被保全人的船舶及其货物后,当事人没有选择澳门特别行政区法院作为实体判决法院,则澳门特别行政区法院将会解除假扣押措施,不允许当事人选择内地和香港特别行政区的法院或仲裁机构。

(四)澳门特别行政区法院适用区际财产保全程序属于相对开放型

澳门特别行政区法院适用区际财产保全程序属于相对开放型体现在两个方面:一方面是澳门特别行政区法院不认可财产保全措施具有域外执行力,因此,澳门特别行政区法院不认可和执行香港特别行政区法院的资产冻结令。另一方面澳门特别行政区法院在有国际协约或属于司法协助领域的协议为依据的前提下,对于跨法域协助一个域外实体判决法院采取财产保全措施则持认可态度。截至 2024 年 2 月,澳门特别行政区分别与佛得角、东帝汶、葡萄牙共和国签订了法律及司法互助协定。但是,澳门特别行政区与内地、香港特别行政区却没有财产保全领域的区际民事司法协助安排,因此仍然不可以跨法域协助作为实体判决法院的内地人民法院和香港特别行政区法院采取财产保全措施。换言之,在区际民事案件的实体判决程序中,如果被告或被保全人在内地或香港特别行政区等域外有财产,澳门特别行政区法院认为自己采取财产保全措施不具有域外执行力,便不会对被告或被保全人在内地和香港特别行政区的财产采取财产保全措施。澳门特别行政区法院不反对原告或保全申请人向内地人民法院和香港特别行政区法院申请协助采取财产保全措施,但因为没有财产保全领域的司法协助协议,司法实践中,在澳门特别行政区法院管辖的区际民事案件中,原告或保全申请人也不可以申请内地人民法院和香港特别行政区法院协助采取财产保全措施。

第六节　中国区际财产保全程序的评判

在本章内容中，本书论述了区际民事案件、区际民事司法协助、区际财产保全程序的含义，以及中国三法域的法院适用区际财产保全程序的内容和模式，找出了中国三法域的法院在三种模式下采取财产保全措施的区别并得出相应的结论。内地人民法院适用区际财产保全程序属于保守型，香港特别行政区法院适用区际财产保全程序属于开放型，澳门特别行政区法院适用区际财产保全程序属于相对开放型。

一、内地人民法院适用区际财产保全程序的保守型表现

内地人民法院适用区际财产保全程序的保守型表现有 8 个方面：(1)认可实体判决法院与财产保全裁决法院是同一法院的情况下，采取的财产保全措施只具有域内执行力；(2)认可执行法院与财产保全裁决法院是同一法院的情况下，采取的财产保全措施只具有域内执行力；(3)不完全认可域内财产保全裁决法院跨法域协助一个域外执行法院采取财产保全措施；(4)不完全认可域内财产保全裁决法院跨法域协助一个域外仲裁机构采取财产保全措施；(5)认可扣押法院成为实体判决法院；(6)认可扣押法院成为执行法院；(7)不认可财产保全措施具有域外执行力；(8)不认可一个域内财产保全裁决法院跨法域协助一个域外实体判决法院采取财产保全措施。

二、香港特别行政区法院适用区际财产保全程序的开放型表现

香港特别行政区法院适用区际财产保全程序的开放型表现有 7 个方面：(1)认可实体判决法院与财产保全裁决法院是同一法院的情况下，采

取的财产保全措施不但具有域内执行力，而且具有域外执行力；(2)认可执行法院与财产保全裁决法院是同一法院的情况下，采取的财产保全措施不但具有域内执行力，而且具有域外执行力；(3)不完全认可一个域内财产保全裁决法院跨法域协助一个域外实体判决法院采取财产保全措施；(4)不完全认可域内财产保全裁决法院承认与执行一个域外执行法院采取财产保全措施；(5)不完全认可域内财产保全裁决法院跨法域协助一个域外仲裁机构采取财产保全措施；(6)认可扣押法院成为实体判决法院；(7)认可扣押法院成为执行法院。

三、澳门特别行政区法院适用区际财产保全程序的相对开放型表现

澳门特别行政区法院适用区际财产保全程序的相对开放型表现有8个方面：(1)认可实体判决法院与财产保全裁决法院是同一法院的情况下，采取的财产保全措施只具有域内执行力；(2)认可执行法院与财产保全裁决法院是同一法院的情况下，采取的财产保全措施只具有域内执行力；(3)认可一个域内财产保全裁决法院跨法域协助一个域外实体判决法院采取财产保全措施；(4)不完全认可域内财产保全裁决法院跨法域协助一个域外执行法院采取财产保全措施；(5)认可扣押法院成为实体判决法院；(6)不认可财产保全措施具有域外执行力；(7)不认可域内财产保全裁决法院跨法域协助一个域外仲裁机构采取财产保全措施；(8)不认可扣押法院成为执行法院。迄今为止，中国三法域的法院之间未能达成区际相互协助财产保全及区际相互认可和执行财产保全的裁决和命令的区际民事司法协助安排。

第三章　中国区际财产保全程序的冲突

前一章论述了中国三法域的法院适用区际财产保全程序的内容和模式，找出了中国三法域的法院在三种模式下采取财产保全措施的区别并得出相应的结论。内地人民法院适用区际财产保全程序属于保守型，香港特别行政区法院适用区际财产保全程序属于开放型，澳门特别行政区法院适用区际财产保全程序属于相对开放型。由于中国三法域的法院存在许多差异，迄今为止，仍未在区际民事案件领域和民事执行领域达成跨法域相互协助财产保全和财产保全的裁决和命令相互认可执行的区际民事司法协助安排。中国三法域中的一个法域给予另一个法域的当事人的申请协助财产保全的权利待遇，甚至低于外国当事人的待遇；中国三法域的法院之间相互认可和执行财产保全的裁决和命令的待遇，甚至低于其中一个法域与外国之间相互承认与执行财产保全的裁决和命令的待遇。为何在区际仲裁程序领域可以达成《关于内地与香港特别行政区法院就仲裁程序相互协助保全的安排》，而在区际民事案件领域和民事执行领域却无法达成跨法域相互协助财产保全的区际民事司法协助安排呢？本书认为最重要的原因之一就是区际仲裁管辖权不存在争议,[1]中国三法域的仲裁机构在受理仲裁案件前,必须审查双方当事人之间是否存在合法有效的仲裁协议。仲裁机构根据双方当事人之间合法有效的仲裁协议行使仲裁管辖权,因此,区际仲裁裁决可以得到中国三法域的法院的认可和执行。现阶段中国三法域均适用《纽约公约》,并且中国三法域之间早就达成区际仲裁裁决相互认可和执行的民事司法协助安排,所以,区际仲裁裁决可以在中国三法域之间自由流动,内地与香港特别行政区之间能够达成《关于内地与香港特别行政区法院就仲裁程序相互协助保全的安排》就顺理成章了。因此,中国三法域的法院之间实现区际仲裁裁决相互认可和执行,是达成区际仲裁程序中相互协助财产保全的民事司法协助安排的前提条件。回头再看区际民事案件领域和民事执行领域,确实存在诸多区际法律冲突因素。首先是区际民事管辖权的冲突,[2]导致中国三法域的法院之间无法实现全部区际民事判决相互认可和执行;再加上区际财产保全审批程序的冲突、区际财产保全执行程序的冲突、区际财产保全异议程序的冲突等各种冲突因素叠加在一起。所以,中国三法域的法院之间无法达成跨法域相互协助采取财产保全措施的区际民事司法协助安排,更加无法达成相互认可和执行财产保全措施的区际民事司法协助安排。下文将针对区际财产保全程序的各项冲突因素进行分析研究。

第一节　区际民事管辖权的冲突

民事案件当事人诉请法院支持的实体权益在不同的法域有不同的解

[1] 参见黄晖:《论我国承认和执行区际仲裁裁决的模式选择》,载《河北法学》2009 年第 8 期。
[2] 参见张文:《中国区际民事诉讼管辖权冲突及其解决》,载《法制与社会》2013 年第 36 期。

读:在内地人民法院解读为诉讼请求;在香港特别行政区法院解读为申索(claim)或请求(petition);在澳门特别行政区法院解读为诉之利益或诉讼因由。从这个意义来说,我们可以把区际民事管辖权概括为中国三法域的法院,对区际民事案件当事人的诉讼请求、申索或请求、诉之利益或诉讼因由等实体权益作出判决的司法管辖权。中国三法域的法院的实体判决程序都包含对当事人进行聆讯、听审、听证、开庭审理等具体程序,法院作出的实体判决结果直接关系到当事人的实体权益能否得到司法救济与司法保护,因此法院必须给予双方当事人公平陈述与抗辩的机会和时间。因此,实体管辖权的归属是解决所有区际民事案件的先决问题。本书虽然提出了财产保全程序管辖权与区际民事管辖权相对分离的理论,但实际上两者之间存在紧密的关联性,不能完全脱钩。例如在协办财产保全程序的情况下,假如一个域内法院不认可一个域外法院的区际民事管辖权,那么域内法院会拒绝协助域外法院采取财产保全措施,最直接的理由就是将来域外法院的实体判决生效后,不能获得域内法院的认可和执行,换句话说就是一个域内财产保全裁决法院将来不能成为被请求执行的法院。所以,区际民事管辖权的冲突直接影响到财产保全程序管辖权的行使。在司法实践中,如果出现相同案件和相同当事人之间的区际民事管辖权不明确的情形,有可能造成积极冲突即中国三法域的法院争相管辖则当事人多头起诉;[1]也可能造成消极冲突即中国三法域的法院都不愿意管辖则当事人告状无门。当事人为实现自己利益最大化则挑选法院起诉,造成一案多诉的区际民事管辖权冲突现象,[2]严重影响区际财产保全程序的适用。下文先充分阐明中国三法域的法院区际民事管辖权的制度基础,查明中国三法域的法院之间存在的区际民事管辖权的冲突,找出区际财产保全程序受到区际民事管辖权冲突影响的真实原因。

---

〔1〕 参见广东省广州市中级人民法院民三庭:《论内地与香港区际平行诉讼》,载《人民司法》2005 年第 8 期。

〔2〕 参见胡彬:《我国区际法律冲突中管辖权争议及其解决方式》,载《法制与社会》2011 年第 28 期。

一、内地区际民事管辖权的制度基础

最高人民法院指定部分法院集中管辖区际民事案件,未获得指定授权的法院无权管辖区际民事案件,因为集中管辖区际民事案件参照适用涉外民事诉讼程序的特别规定。集中管辖是指定管辖的一种表现形式,指定管辖不得对抗专属管辖。当然,集中管辖区际民事案件的法院也要遵循普通民事管辖权的制度基础,以明确实体管辖权的归属。根据《民事诉讼法》和《海事诉讼特别程序法》以及最高人民法院相关司法解释的规定,内地人民法院按照地域管辖、海事管辖、专属管辖、协议管辖等法律原则,再结合集中管辖的法律原则,确定区际民事管辖权。

(一)集中管辖

集中管辖是内地人民法院独有的一项实体管辖权制度安排,源自最高人民法院通过制定司法解释指定部分法院集中管辖涉外民事案件和区际民事案件。根据最高人民法院《关于涉外民商事案件诉讼管辖若干问题的规定》的规定,内地人民法院管辖的区际民事案件参照涉外民事案件实行集中管辖制度

1. 五类人民法院集中管辖一审区际民事案件

内地人民法院受理的第一审区际民事案件,由下列五类人民法院管辖,分别是:(1)国务院批准设立的经济技术开发区人民法院;(2)省会、自治区首府、直辖市所在地的中级人民法院;(3)经济特区、计划单列市中级人民法院;(4)最高人民法院指定的其他中级人民法院;(5)高级人民法院。上述中级人民法院的区域管辖范围由所在地的高级人民法院确定。对国务院批准设立的经济技术开发区人民法院所作的第一审判决、裁定不服的,其第二审由所在地中级人民法院管辖。

2. 五类区际民事案件适用集中管辖

区际民事案件集中管辖仅仅适用于下列五类民事案件:(1)区际合

同和侵权纠纷案件；(2)信用证纠纷案件；(3)申请撤销、承认与强制执行区际仲裁裁决的案件；(4)审查有关区际民商事仲裁条款效力的案件；(5)申请承认和强制执行港澳台法院民商事判决、裁定的案件。如果是发生在与外国接壤的边境省份的边境贸易纠纷案件，区际房地产案件和区际知识产权案件，不适用集中管辖的规定。不适用集中管辖的案件，仍然按照《民事诉讼法》的规定确定管辖法院。当然，内地人民法院对区际民事案件集中管辖的制度安排也在不断地发展变化中，特别是香港和澳门回归祖国后，区际民事案件集中管辖的力度在逐年下降。另外，区际海事案件由内地海事法院专属管辖，内地铁路运输法院不得管辖区际民事案件。

(二)地域管辖

地域管辖是内地人民法院最主要的实体管辖权制度安排，体现属地管辖权的法律原则，分为一般地域管辖和特殊地域管辖。[1]

1. 一般地域管辖的情形

一般地域管辖适用原告就被告的法律原则，该法律原则体现在原告对自然人被告提起民事诉讼时，由被告住所地法院管辖；如果被告的住所地与经常居住地不一致，由经常居住地法院管辖；对法人被告或单位组织被告提起的民事诉讼，由被告住所地也就是法人被告或单位被告的注册地或营业地的法院管辖。

2. 特殊地域管辖的情形

特殊地域管辖包括下列11种情形：(1)对不在中华人民共和国领域内居住的人提起的有关身份关系的诉讼，由原告住所地法院管辖，原告住所地与经常居住地不一致的，由原告经常居住地法院管辖；(2)因合同纠纷提起的诉讼，由被告住所地或者合同履行地法院管辖；(3)因保险合同

---

〔1〕 参见郭翔：《论我国民事地域管辖制度的完善——以民事诉讼法修改为背景展开》，载《清华法学》2011年第3期。

纠纷提起的诉讼,由被告住所地或者保险标的物所在地法院管辖;(4)因票据纠纷提起的诉讼,由票据支付地或者被告住所地法院管辖;(5)因公司设立、确认股东资格、分配利润、解散等纠纷提起的诉讼,由公司住所地法院管辖;(6)因铁路、公路、水上、航空运输和联合运输合同纠纷提起的诉讼,由运输始发地、目的地或者被告住所地法院管辖;(7)因侵权行为提起的诉讼,由侵权行为地或者被告住所地法院管辖;(8)因铁路、公路、水上和航空事故请求损害赔偿提起的诉讼,由事故发生地或者车辆、船舶最先到达地、航空器最先降落地或者被告住所地法院管辖;(9)因船舶碰撞或者其他海事损害事故请求损害赔偿提起的诉讼,由碰撞发生地、碰撞船舶最先到达地、加害船舶被扣留地或者被告住所地法院管辖;(10)因海难救助费用提起的诉讼,由救助地或者被救助船舶最先到达地法院管辖;(11)因共同海损提起的诉讼,由船舶最先到达地、共同海损理算地或者航程终止地的法院管辖。此外,《民事诉讼法》(2023 年)第 276 条规定:"因涉外民事纠纷,对在中华人民共和国领域内没有住所的被告提起除身份关系以外的诉讼,如果合同签订地、合同履行地、诉讼标的物所在地、可供扣押财产所在地、侵权行为地、代表机构住所地位于中华人民共和国领域内的,可以由合同签订地、合同履行地、诉讼标的物所在地、可供扣押财产所在地、侵权行为地、代表机构住所地人民法院管辖。除前款规定外,涉外民事纠纷与中华人民共和国存在其他适当联系的,可以由人民法院管辖。"

(三)海事管辖

海事管辖是内地海事法院主要的实体管辖权制度安排,因为区际海事案件也在区际民事案件的范围之内。内地海事法院管辖区际海事案件的连接点要素是船籍港所在地、停泊港所在地、诉讼因由发生地和被告所在地等。按照《海事诉讼特别程序法》(1999 年)第 6 条的规定,依照以下 7 类规定的情形确定内地海事法院的实体管辖权:(1)因海事侵权行为提起的诉讼,除依照《民事诉讼法》(1991 年)第 29 条至第 31 条的规定以外,还可以由船籍港所在地海事法院管辖;(2)因海上运输合同纠纷提起的诉讼,除依照《民事诉讼法》(1991 年)第 28 条的规定以外,还可以由转运港所在地海事法院管辖;(3)因海船租用合同纠纷提起的诉讼,由交船港、还船港、船籍港所在地、被告住所地海事法院管辖;(4)因海上保赔合同纠纷提起的诉讼,由保赔标的物所在地、事故发生地、被告住所地海事法院管辖;(5)因海船的船员劳务合同纠纷提起的诉讼,由原告住所地、合同签订地、船员登船港或者离船港所在地、被告住所地海事法院管辖;(6)因海事担保纠纷提起的诉讼,由担保物所在地、被告住所地海事法院管辖;因船舶抵押纠纷提起的诉讼,还可以由船籍港所在地海事法院管辖;(7)因海船的船舶所有权、占有权、使用权、优先权纠纷提起的诉讼,由船舶所在地、船籍港所在地、被告住所地海事法院管辖。除了海员劳动合同纠纷案件可选择原告所在地海事法院管辖之外,其余种类的海事纠纷案件都由船籍港所在地、停泊港所在地、诉讼因由发生地和被告所在地的海事法院管辖。海事管辖亦体现属地管辖权和实际控制管辖权相结合的法律原则。

(四)专属管辖

专属管辖是内地人民法院对特定种类的区际民事案件实行排他性管辖的一种实体管辖权制度安排。因为专属管辖是根据内地法律和司法解释的强制性规定,特定区际民事案件必须由特定法院管辖,当事人不能以签订诉讼管辖协议挑选法院。专属管辖具有强制性和排他性的特征,即使是区际民事案件的集中管辖也不得对抗专属管辖。从严格意义上说,专属管辖也是特殊地域管辖的一种表现形式,专属管辖体现出更强烈的属地管辖权特征。专属管辖涉及以下 4 大类特定区际民事案件:(1)专属管辖的民事案件根据《民事诉讼法》(2023 年)第 34 条的规定,因不动产纠纷提起的诉讼,由不动产所在地法院管辖;因港口作业中发生纠纷提起的诉讼,由港口所在地法院管辖;因继承遗产纠纷提起的诉讼,由被继承人死亡时住所地或者主要遗产所在地法院管辖。(2)专属管辖的民事案件根据《民事诉讼法》(2023 年)第 279 条的规定,下列民事案件,由人民法院专属管辖:因在中华人民共和国领域内设立的法人或者其他组织的设立、解散、清算,以及该法人或者其他组织作出的决议的效力等纠纷提起的诉讼;因与在中华人民共和国领域内审查授予的知识产权的有效性有关的纠纷提起的诉讼;因在中华人民共和国领域内履行中外合资经营企业合同、中外合作经营企业合同、中外合作勘探开发自然资源合同发生纠纷提起的诉讼。(3)专属管辖的民事案件根据《海事诉讼特别程序法》第 7 条的规定,下列海事诉讼,由本条规定的海事法院专属管辖:因沿海港口作业纠纷提起的诉讼,由港口所在地海事法院管辖;因船舶排放、泄漏、倾倒油类或者其他有害物质,海上生产、作业或者拆船、修船作业造成海域污染损害提起的诉讼,由污染发生地、损害结果地或者采取预防污染措施地海事法院管辖;因在中华人民共和国领域和有管辖权的海域履行的海洋勘探开发合同纠纷提起的诉讼,由合同履行地海事法院管辖。(4)专属管辖的民事案件根据《民事诉讼法解释》(2022 年)第 2 条的规定,专利纠纷案件由知识产权法院、最高人民法院确定的中级人民法院和基层人民法院管辖;海事、海商案件由海事法院管辖。符合上述 4 类情形的区际民事案件由内地人民法院专属管辖,任何域外法院对符合上述 4 类情形的区际民事案件作出实体判决,都不会得到内地人民法院的认可和执行。

(五)协议管辖

协议管辖是内地人民法院管辖合同纠纷类区际民事案件的一种实体管辖权制度安排。协议管辖也可称作合意管辖或约定管辖,一般情况下协议管辖出现在合同纠纷类区际民事案件中,因为当事人通过合同订立诉讼管辖协议或者诉讼管辖条款来选择管辖法院,但是必须选择与区际民事案件有实际联系的法院。[1] 根据《民事诉讼法》(2023 年)第 35 条

---

〔1〕 参见王福华:《协议管辖制度的进步与局限》,载《法律科学(西北政法学院学报)》2012 年第 6 期。

的规定,合同或者其他财产权益纠纷的当事人可以书面协议选择被告住所地、合同履行地、合同签订地、原告住所地、标的物所在地等与争议有实际联系的地点的法院管辖,但不得违反本法对级别管辖和专属管辖的规定。还有,根据《民事诉讼法解释》(2022 年)第 529 条第 1 款的规定,涉外合同或者其他财产权益纠纷的当事人,可以书面协议选择被告住所地、合同履行地、合同签订地、原告住所地、标的物所在地、侵权行为地等与争议有实际联系地点的外国法院管辖;该条第 2 款规定:“根据民事诉讼法第三十四条和第二百七十三条规定,〔1〕属于中华人民共和国法院专属管辖的案件,当事人不得协议选择外国法院管辖,但协议选择仲裁的除外。”由此可见,仲裁协议可以对抗专属管辖,专属管辖可以对抗协议管辖,仲裁协议的法律效力优于协议管辖。协议管辖既可以选择内地人民法院,也可以选择一个域外法院,前提是被选择的法院与区际民事案件必须有实际联系。当然,有一种例外情形适用内地海事法院,根据《海事诉讼特别程序法》第 8 条的规定,海事纠纷的当事人都是外国人、无国籍人、外国企业或者组织,当事人书面协议选择中华人民共和国海事法院管辖的,即使与纠纷有实际联系的地点不在中华人民共和国领域内,中华人民共和国海事法院对该纠纷也具有管辖权。由此可见,协议管辖以被选择法院与该民事纠纷有实际联系为原则,以无实际联系为例外。当事人通过协议选择管辖法院后,被选择法院享有排他性的实体管辖权。值得一提的是,在 2017 年 9 月 12 日,中国驻荷兰大使吴恳代表中国政府在荷兰外交部签订了 2005 年《选择法院协议公约》(Convention on Choice of Court Agreements),〔2〕但截至目前全国人大常委会尚未批准该公约。因此,该公约尚未对内地正式生效,而中央人民政府是否将该公约适用于香港特别行政区和澳门特别行政区还不明确,若中国三法域全部能够适

〔1〕 作者按:《民诉解释》(2022 年),引用的是 2021 年《民事诉讼法》中的法条,2021 年的《民事诉讼法》第 273 条,2023 年已修改为《民事诉讼法》第 276 条。

〔2〕 参见朱剑宇:《中国驻荷兰大使代签署〈选择法院协议公约〉》,载人民日报海外版官网,http://m.haiwainet.cn/middle/457001/2017/0914/content_31117674_1.html。

用 2005 年《选择法院协议公约》,这必将极大地消除区际民事管辖权的冲突。

二、香港特别行政区区际民事管辖权的制度基础

香港特别行政区法院没有对区际民事案件实行集中管辖的做法,全部区际民事案件均按照一般的民事案件管辖权原则,分别由相对应的香港特别行政区各类法院和各类审裁处行使管辖权。在司法实践中,香港特别行政区法院是根据各类法院(含审裁处)条例、法院(含审裁处)规则,以及其他成文法、普通法和衡平法中的民事司法管辖权规则,将区际民事管辖权分配给香港特别行政区各类法院和各类审裁处。[1] 具体的区际民事管辖权,按照诉讼标的金额管辖、各类审裁处专门管辖、地域管辖、海事管辖、协议管辖等规则来划分。其中与内地人民法院和澳门特别行政区法院相区别之处,是香港特别行政区法院没有专属管辖的法律概念,只有法定管辖的法律概念。

(一)诉讼标的金额管辖

诉讼标的金额管辖主要用于区分香港特别行政区高等法院原讼法庭、区域法院、小额钱债审裁处三者的区际民事管辖权。虽然三者之间存在上诉关系,但为何要用诉讼标的金额管辖来论述三者之间的区际民事管辖权的划分呢?为何不用级别管辖来论述三者之间的管辖权划分呢?这是因为香港特别行政区法院按照民事案件的上诉关系来区分上诉法院和原审法院之间的审级关系,没有与内地人民法院相似的级别管辖。香港特别行政区按照普通法系的传统设置域内法院,针对香港特别行政区各类法院和审裁处的立法原则是"一机构一立法"和"一事一授权",所以,在整个香港特别行政区范围内,香港特别行政区高等法院原讼法庭、

[1] 参见吴天昊:《论香港特区法院司法管辖权的边界》,载《当代港澳研究》2013 年第 1 期。

区域法院、小额钱债审裁处都只设置一所，三者的地理管辖范围都是整个香港特别行政区。三者之间没有形成明确的上级法院与下级法院的司法机构隶属关系，只是通过民事案件的审级来调整三所司法机构对应的上诉审法院。例如内地的《人民法院组织法》明确规定了最高人民法院和地方各级人民法院的上下级关系，所以，用级别管辖来说明内地人民法院上下级法院的管辖分工比较合适。但级别管辖不适用于香港特别行政区按照普通法系传统设置的香港特别行政区高等法院原讼法庭、区域法院、小额钱债审裁处，所以，还是以诉讼标的金额管辖来论述三者的管辖权划分比较合适。香港特别行政区小额钱债审裁处管辖诉讼标的金额为7.5万港元以下的区际民事案件，超过7.5万港元则由香港特别行政区区域法院管辖。香港特别行政区区域法院于2018年12月〔1〕将管辖的诉讼标的金额上限从100万港元上调至300万港元，香港特别行政区区域法院管辖涉及土地的每年租金或按照《香港特别行政区差饷条例》确定的应课差饷租值的区际民事案件的诉讼标的金额上限，从24万港元上调至32万港元，另外香港特别行政区区域法院的衡平法管辖权上限为700万港元。〔2〕上述区际民事案件如果超过香港特别行政区区域法院管辖的诉讼标的金额，则归香港特别行政区高等法院原讼法庭管辖。所以，香港特别行政区高等法院原讼法庭可称为无限民事管辖权法院，而香港特别行政区区域法院、小额钱债审裁处都是有限民事管辖权法院。这就是香港特别行政区根据诉讼标的金额来划分香港特别行政区高等法院原讼法庭、区域法院、小额钱债审裁处三者的区际民事管辖权。〔3〕

---

〔1〕《法庭服务简介》，载香港司法机构官网2018年12月1日，https://www.judiciary.hk/doc/en/court_services_facilities/gcsdc_201812.pdf。

〔2〕《香港法例》第336章：《区域法院条例》，载电子版香港法例官网2019年12月6日，https://www.elegislation.gov.hk/。

〔3〕参见朱世海：《香港司法制度的形成、演变与改革》，载《国家行政学院学报》2017年第3期。

(二)各类审裁处专门管辖

香港特别行政区有权行使区际民事管辖权的司法机构除了各类法院之外,还有各类审裁处。这些审裁处也可称为各专门法庭,包括:香港特别行政区竞争事务审裁处、土地审裁处、劳资审裁处、小额钱债审裁处等司法机构。针对香港特别行政区各类审裁处的立法原则是“一机构一立法”和“一事一授权”,所以,在整个香港特别行政区范围内,香港特别行政区竞争事务审裁处、土地审裁处、劳资审裁处、小额钱债审裁处都只各设置一所,四所审裁处各自的地理管辖范围都是整个香港特别行政区。四者之间是相互独立的司法机构,只是通过民事案件的审级来调整四所审裁处对应的上诉审法院。四所审裁处都有各自的审裁处条例和审裁处规则,管辖某类特定的区际民事案件,因此,可称为审裁处的法定管辖权。香港特别行政区竞争事务审裁处于 2015 年 12 月成立,条例规定其有权管辖与竞争事务有关的区际民事案件。条例亦规定所有香港特别行政区高等法院原讼法庭的法官均是香港特别行政区竞争事务审裁处的成员,而高等法院司法常务官、高级副司法常务官和副司法常务官亦在香港特别行政区竞争事务审裁处担任相应的职位。所以,香港特别行政区竞争事务审裁处是与香港特别行政区高等法院原讼法庭同一级别的高级纪录法庭。香港特别行政区土地审裁处主要行使 4 项民事司法管辖权:(1)土地被强制收回或因公共或私人的土地发展而价值减损时,厘定政府或有关机构须给予受影响业权人的赔偿额;(2)裁定有关大厦管理的争议事件;(3)裁定不服差饷物业估价署署长的决定而提出的上诉,并裁定不服房屋署署长就物业的现行市值所作的评估而提出的上诉;(4)裁定所有涉及《香港特别行政区业主与租客(综合)条例》(《香港法例》第 7 章)的事宜。条例规定因上述四类事宜产生的区际民事案件由香港特别行政区土地审裁处管辖。香港特别行政区劳资审裁处于 1973 年设立,条例规定其通过提供快捷、不拘形式的民事程序,解决劳资纠纷,管辖因违反雇佣合约或因抵触《香港特别行政区雇佣条例》《香港特别行政区最低工资条例》《香港特别行政区学徒制度条例》的有关规定所引起的索偿案件，包括代通知金、欠薪、法定假期薪金、年假薪金、疾病津贴、产假薪金、花红/双薪、遣散费及长期服务金。申索人也可申请复职或再次聘用，以及索取补偿金或终止雇佣金的命令，上述因雇佣事宜产生的区际民事案件由香港特别行政区劳资审裁处管辖。香港特别行政区小额钱债审裁处于1976年设立，条例规定其专门处理因合约问题或侵权行为引起的金钱申索，涉及的款额不超过7.5万港元。香港特别行政区小额钱债审裁处的法庭聆讯不拘形式，通常以粤语进行，诉讼双方不得聘用律师出庭，但如获香港特别行政区小额钱债审裁处许可，则可授权与诉讼双方有紧密关系及完全熟悉案情的其他人士（律师除外）代表其出庭。每部审裁处条例都有类似的规定，归各类审裁处专门管辖的区际民事案件，香港特别行政区区域法院和高等法院原讼法庭不得管辖。

（三）地域管辖

地域管辖不适用于香港特别行政区各类审裁处专门管辖的特定区际民事案件，地域管辖只适用于香港特别行政区区域法院、高等法院原讼法庭管辖的区际民事案件。本节中提及的地域管辖涉及的香港特别行政区法院仅仅是指香港特别行政区区域法院、高等法院原讼法庭，不包括各类审裁处。

1. 一般地域管辖的情形

根据《香港特别行政区区域法院条例》《香港特别行政区高等法院条例》的相关规定，在某件民事诉讼或民事程序中，如果原告或申索人以及被告或被申索人在香港特别行政区法院司法管辖区内有居籍或居所、住所或营业场所，香港特别行政区法院可行使一般地域管辖权。普通法地域管辖的连接点要素可以是原告所在地和被告所在地，但能否成功地送达传讯令状文书，是香港特别行政区法院行使地域管辖权的重要条件，亦体现普通法实际控制管辖权的法律原则。普通法系送达传讯令状文书的工作由原告或原告委托的代理律师负责完成。从起诉方来看，原告或申索人想要在香港特别行政区法院起诉的话,如果原告委托律师代理起诉,则在发出传讯令状时,令状必须注有原告的地址以及原告代理律师的姓名及其律师事务所在香港特别行政区法院司法管辖区内的营业地址;如果该名律师是另一名律师的诉讼代理人,则亦须注有其委托人的姓名及其律师事务所的营业地址。如果原告是亲自起诉,令状必须注有其居住地点的地址,如果原告在香港特别行政区法院司法管辖区内无居住地点,则令状必须注有原告在香港特别行政区法院司法管辖区内的送达地址,以便香港特别行政区法院送达司法文书。可见,原告或者原告代理律师在香港特别行政区法院司法管辖区内有送达地址是地域管辖的条件之一。从应诉方来看,每份必须送达被告的传讯令状文书,均须加盖香港特别行政区法院印章,传讯令状必须由原告或其代理律师送达被告;被告在香港特别行政区法院司法管辖区内必须有居所或送达地址,送达方式可以是当面送交、挂号邮递和投入被告的信箱。所以,被告在香港特别行政区法院司法管辖区内有居所或送达地址是地域管辖的条件之二。

2. 特殊地域管辖的情形

如果合约纠纷的被告在香港特别行政区法院司法管辖区内没有居住或送达地址,那么香港特别行政区法院将关于该合约纠纷导致的区际民事案件的传讯令状,送达该名被告在香港特别行政区法院司法管辖区内的代理人以完成送达,而非通过委托人完成送达。通过被告的诉讼代理人完成送达,香港特别行政区法院也要将同样的命令及令状的文书,以邮递方式送往被告在香港特别行政区法院司法管辖区外的地址,但必须是合约纠纷并且符合以下 3 项条件:一是产生诉讼因由的合约是在香港特别行政区法院司法管辖区内或通过一名代理人缔结的,而该名代理人是在香港特别行政区法院司法管辖区内居住或经营业务的个人,或是在香港特别行政区法院司法管辖区内设有注册办事处或营业地点的法人团体;二是该名代理人所代为行事的委托人,在该合约缔结时及在该申请提出时,均不属于上述情况的个人或法人团体;三是在该申请提出时该名代理人的授权并未终止或仍与其委托人有业务关系。总言之,产生诉讼因由的合约必须在香港特别行政区法院司法管辖区内有实际连接点。

3. 地域管辖的连接点

地域管辖的连接点被认为是香港特别行政区法院行使区际民事管辖权的重要依据。在被告或被申索人在香港特别行政区法院司法管辖区内没有居籍或居所,也没有住所或营业场所这种特别的情形下,如果被告或被申索人与香港特别行政区法院存在以下16类连接点,这些连接点可以形成特殊地域管辖。这些连接点分别是:(1)民事济助(relief)是针对一名居籍或本籍在香港特别行政区法院司法管辖区内,或者通常居住在香港特别行政区法院司法管辖区内的人而寻求的。(2)有人寻求法庭授予强制令,以命令被告在香港特别行政区法院司法管辖区内作出或不得作出任何事情(不论是否就该事情的作出或没有作出而申索损害赔偿)。(3)申索是针对一名已在香港特别行政区法院司法管辖区之内或之外,获妥为送达民事程序文件的人提出,而一名在香港特别行政区法院司法管辖区之外的人,是申索的必要的一方或恰当的一方。(4)提出申索是为了强制执行、撤销、解除、废止或以其他方式影响一份合约,或就一份合约的违反追讨损害赔偿或取得其他济助;而该份合约是在香港特别行政区法院司法管辖区内订立的,或是通过一名在香港特别行政区法院司法管辖区内营商或居住的代理人,由其代表一名在香港特别行政区法院司法管辖区外营商或居住的委托人订立的,或合约中有条款或隐含情况而受香港特别行政区法律管辖,或合约载有一项条款,表明香港特别行政区法院具有司法管辖权聆讯并裁定就该合约进行的任何诉讼。(5)申索是就在香港特别行政区法院司法管辖区内违反一份在香港特别行政区法院司法管辖区以内或以外订立的合约而提出的,即使在该违约事件发生的先前或同时有一项在香港特别行政区法院司法管辖区外作出的违约事件发生,致令该份合约中本应在香港特别行政区法院司法管辖区内履行的部分无法履行。(6)申索是基于一项侵权行为而提出的,而损害是因一项在香港特别行政区法院司法管辖区内作出的作为行为而产生或造成的。(7)诉讼的全部标的物,处于香港特别行政区法院司法管辖区内的土地,或是关于处于香港特别行政区法院司法管辖区内土地的证供的继续留存。(8)提出申索是为了对影响处于香港特别行政区法院司法管辖区内的土地的作为、契据、遗嘱、合约、义务或法律责任作解释、更正、作废或强制执行。(9)提出申索是为了追讨以处于香港特别行政区法院司法管辖区内的不动产作保证的债项,或是为了主张、宣布或决定处于香港特别行政区法院司法管辖区内的动产的所有权或管有权的权利或保证的权利,或是为了取得处置处于香港特别行政区法院司法管辖区内的动产的权能。(10)提出申索是为了执行某份书面文书的信托,而该信托是应按照香港特别行政区法律执行的,并且有关申索的令状必须予以送达的人是一名受托人,或提出申索是为了取得可在任何该等诉讼中取得的任何济助或补救。(11)提出申索是为了去世时其居籍或本籍在香港特别行政区法院司法管辖区内的人的遗产管理,或是为了可在任何该等诉讼中取得的任何济助或补救。(12)申索是在遗嘱认证诉讼中提出的。(13)提出申索是为了强制执行任何判决或仲裁裁决。(14)申索是根据《香港特别行政区航空运输条例》(《香港法例》第500章)提出的。(15)申索是根据《香港特别行政区刑事事宜相互法律协助条例》(《香港法例》第525章)提出的,要求承认与执行刑事附带民事赔偿诉讼的判决,或者申索是为了要求根据法院条例就某争议的讼费及附带讼费作出命令,或者申索是为了要求根据法院条例采取临时济助或委任接管人,或者申索是为了要求根据法院条例作出针对并非有关民事程序一方的人支付讼费的命令。(16)原告提出申索是为了追讨一笔获得及收到的款项,或是为了要求被告作为法律规定的受托人而作出交代,或是针对作为法律规定的受托人的被告寻求其他济助;而被告所负法律责任是在香港特别行政区法院司法管辖区内作出的作为所引致的,不论该等作为是由被告还是其他人作出的。如果区际民事案件存在上述16种连接点之一,原告或原告代理律师向香港特别行政区法院申请了传讯令状,并且完成送达被告或被告诉讼代理人,香港特别行政区法院便可行使特殊地域管辖权。

(四)海事管辖

海事管辖是香港特别行政区法院司法管辖区际海事案件的一项实体管辖权制度安排,因为区际海事案件也在区际民事案件的范围之内。海事司法管辖权归属于香港特别行政区高等法院原讼法庭独有,香港特别行政区区域法院和各类审裁处没有海事司法管辖权。

1. 海事诉讼因由

根据《香港特别行政区高等法院条例》的相关规定,香港特别行政区高等法院原讼法庭的海事司法管辖权诉讼因由有16类:(1)对船舶的管有或拥有权或其中任何份额的拥有权的申索。(2)任何船舶的共同东主之间因该船舶的管有、使用或收入而产生的任何问题。(3)就船舶的按揭或押记或其中任何份额而提出的任何申索。(4)就船舶所受损坏而提出的任何申索。(5)就船舶所造成的损坏而提出的任何申索。(6)就船舶、其装备或设备的任何缺陷所导致的人命损失或人身伤害而提出的任何申索,或就以下的人的错误作为、疏忽或过失所导致的人命损失或人身伤害而提出的任何申索,此类被申索人包括船舶的东主、承租人,或管有或控制船舶的人;或者是船舶的船长或船员,或船舶的东主、承租人或管有或控制船舶的人须对其错误作为、疏忽或过失负责的任何其他人,而该作为、疏忽或过失,是就船舶的航行或管理而发生的,或是就船舶装上、运送或卸下货物而发生的,或是就任何人登上或离开船舶或船舶运送任何人而发生的。(7)就船舶所运送货物的损失或损坏而提出的任何申索。(8)因与船舶运送货物或船舶的使用或租用有关的任何协议而产生的任何申索。(9)性质属于船舶或航空器的领港的任何申索。(10)就供应予船舶作操作或维修用途的货物或物料而提出的任何申索。(11)就船舶的建造、修理或设备或就船坞的收费或应缴费用而提出的任何申索。(12)船舶的船长或船员就工资(包括从工资中拨出的任何款项,或经总监裁定为须作为工资予以支付的任何款项)而提出的任何申索。(13)船长、付运人、承租人或代理人就船舶的代垫付费用而提出的任何申索。

(14)因一项属于或声称属于共同海损作为的作为而引致的任何申索。(15)因船舶抵押借款而引致的任何申索。(16)就船舶的没收或充公，或就现正或曾经企图由船舶运送的货物的没收或充公，或就船舶或任何该等货物在检取后的归还，或就海军特权下的财产而提出的任何申索。

2. 对物诉讼、对人诉讼以及法定(强制)管辖

对于上述16类诉讼因由所产生的区际海事案件，香港特别行政区高等法院原讼法庭均可以行使海事司法管辖权。海事司法管辖权的行使方式分为对物诉讼、对人诉讼以及法定(强制)管辖三种方式。对物诉讼是指原告或申索人针对任何涉及船舶、航空器和其他财产等问题的申索，发出对物诉讼令状；对人诉讼指原告或申索人针对产生该申索负上法律责任的人(有关的人)提起的申索。法定(强制)管辖是指香港特别行政区法院如根据任何一项成文法对一宗申索行使海事司法管辖权，该宗申索是香港特别行政区法院凭借任何成文法律有权聆讯并裁定的申索，即使申索所针对的人(被告或被申索人)并非在香港特别行政区法院司法管辖区内，或者引致申索的错误作为、疏忽或过失并非在香港特别行政区法院司法管辖区内发生，香港特别行政区法院依然可行使海事司法管辖权。例如《香港特别行政区商船条例》(《香港法例》第281章)、《香港特别行政区燃油污染(法律责任及补偿)条例》(《香港法例》第605章)等均赋予香港特别行政区法院海事司法管辖权。

(五)协议管辖

协议管辖是香港特别行政区法院管辖合约纠纷导致的区际民事案件的一种实体管辖权制度安排。假如当事人在区际民事纠纷发生前或发生后，在合约中约定诉讼管辖的法院以及法院司法文书的送达地址，则表明双方当事人以明示的方式选择诉讼管辖法院。明示协议管辖是国际通常做法，香港特别行政区法院亦不例外，对协议管辖予以认可，但除此之外，香港特别行政区法院亦认可默示协议管辖。根据《香港特别行政区高等

法院规则》的相关规定，香港特别行政区高等法院原讼法庭认可的协议管辖包括明示协议管辖和默示协议管辖两种情形。

1. 明示协议管辖

明示协议管辖是指当事人签订的合约中载有一项条款，该合约条款表明香港特别行政区法院具有司法管辖权聆讯并裁定就其合约进行的任何诉讼，则香港特别行政区法院具有司法管辖权聆讯并裁定任何该等诉讼。按照普通法系的传统，衡量香港特别行政区法院的司法管辖权是否合法有效的前提，是香港特别行政区法院的传讯令状及司法文书能否送达成功。因此，协议管辖的双方当事人可以在合约中订定，在民事诉讼开展时可按合约指明的方式或按合约指明的地点（不论是香港特别行政区法院司法管辖区之内还是之外）送达被告，或送达合约所指明的代表被告的其他人。香港特别行政区法院按照该合约送达借以开展该宗民事诉讼的传讯令状、原诉传票等司法文书具有法律效力，香港特别行政区法院的司法管辖权是合法有效的，而不论双方当事人居籍或住所是否在香港特别行政区法院司法管辖区之内还是之外。这就是我们平常所说的既约定了诉讼管辖法院，又约定了法院司法文书的送达地址和送达方式，这是明示协议管辖最显著的特点。

2. 默示协议管辖

默示协议管辖是指双方当事人向香港特别行政区法院提出申索是为了强制执行、撤销、解除、废止或以其他方式影响一份合约，或就一份合约的违反追讨损害赔偿或取得其他济助；而该份合约是在香港特别行政区法院司法管辖区内订立的，又或者是通过一名在香港特别行政区法院司法管辖区内营商或居住的代理人，代表一名在香港特别行政区法院司法管辖区外营商或居住的委托人订立的。只有该合约中有条款或隐含情况表明受香港特别行政区法律管辖，默示双方因该合约引起任何诉讼可由香港特别行政区法院聆讯并裁定。这种默示情形通常可以是双方在合约中，约定本合约适用香港特别行政区法律及受香港特别行政区法律管辖，或者合约中载明合约签订地、合约履行地、被告营业地是香港特别行政区,双方在合约中约定受合约签订地、合约履行地、被告营业地的法院管辖双方的民事诉讼事宜。如果该份合约包括上述条款,则属于双方当事人默示协议管辖的法院是香港特别行政区法院,香港特别行政区法院由此获得司法管辖权。[1]

三、澳门特别行政区区际民事管辖权的制度基础

澳门特别行政区法院亦没有对区际民事案件实行集中管辖的这一说法,但是澳门特别行政区地域狭小,澳门特别行政区只设置一所澳门特别行政区初级法院,管辖全澳门特别行政区范围内的区际民事案件。从这个意义上说,澳门特别行政区的全部区际民事案件在司法实践中集中到一所澳门特别行政区初级法院集中管辖,但法律上并没有关于集中管辖的规定。而且澳门特别行政区法院也不存在级别管辖这一说法,因为根据《澳门特别行政区司法组织纲要法》的相关规定,澳门特别行政区各级法院有明确的上诉利益值,区际民事案件当事人不服一审判决只有达到上诉利益值标准,才可以继续上诉到上一级法院,未达到上诉利益值的区际民事案件不能上诉。因此,上诉利益只是决定某一宗区际民事案件是一审终审、二审终审还是三审终审,与级别管辖没有直接的联系。总的来说,区际民事案件也要遵循普通民事案件的管辖权制度安排,具体的管辖权依据有诉讼程序因由管辖、地域管辖、海事管辖、协议管辖等的划分。

(一)诉讼程序因由管辖

诉讼程序因由管辖主要用于澳门特别行政区初级法院内设的不同法庭对于不同诉讼因由导致的区际民事案件的管辖分工。根据《澳门特别行政区司法组织纲要法》第16条关于管辖权的赋予的相关规定,澳门特

[1] 参见张淑钿:《透视内地与香港协议管辖制度的整合——从国际趋势和管辖权协调的角度》,载《西南政法大学学报》2008年第5期。

别行政区法院对整个澳门特别行政区范围内的民事案件具有管辖权。但是,澳门特别行政区初级法院内设 6 个法庭,即民事法庭、刑事起诉法庭、轻微民事案件法庭、刑事法庭、劳动法庭、家庭及未成年人法庭。

1. 以诉讼程序因由来区分一审法院的区际民事管辖权

由于澳门特别行政区法院不存在级别管辖,澳门特别行政区也没有设立其他的专门法院,全部区际民事案件根据诉讼因由的不同,由澳门特别行政区初级法院内部的各个法庭来分工解决管辖权的问题。澳门特别行政区初级法院内部各法庭的管辖权分工为以下 4 类:(1)民事法庭有权审判不属于其他法庭管辖的民事性质的案件,以及有权审判不属于其他法庭或法院管辖的其他性质的民事案件,包括审判该等案件的所有附随事项及问题。(2)轻微民事案件法庭有权审判应按照轻微案件特别诉讼程序的步骤进行的诉讼,包括审判该等诉讼的所有附随事项及问题,但不影响其获得法律赋予的其他管辖权。(3)劳动法庭有权审判适用《澳门劳动诉讼法典》并且基于劳动法律关系而生的民事及轻微的刑事诉讼、附随事项及问题,但不影响其获得法律赋予的其他管辖权。(4)家庭及未成年人法庭负责准备及审判婚姻家事类案件,但不影响其获得法律赋予的其他管辖权。婚姻家事类案件具体是指有关夫妻的非讼事件的程序;或经法院裁定的分产诉讼及离婚诉讼,但不影响《澳门民法典》第 1628 条第 2 款规定的适用;或基于经法院裁定的分产诉讼及离婚诉讼而申请进行的财产清册程序,以及与该财产清册程序有关的保全程序;或宣告婚姻不成立的诉讼或撤销婚姻的诉讼;或根据《澳门民法典》第 1519 条及第 1520 条提起的诉讼;或向配偶、前配偶、未成年子女、成年或已解除亲权的子女提供扶养的诉讼及执行程序;或与 1999 年 10 月 5 日澳门特别行政区第 65/99/M 号法令第 95 条所列举的特别措施有关的程序;或对母亲身份及推定父亲身份提出争执的诉讼;或与采用、执行及重新审查 1999 年 10 月 5 日澳门第 65/99/M 号法令所规定的措施及一般措施有关的程序。此外,家庭及未成年人法庭亦有权审判在上述案件中出现的任何附随事项及问题。不属于上述诉讼因由导致的区际民事案件,由澳门特别行政区初级法院内部法庭进行管辖权分工。

2. 以上诉利益限额区分上诉法院的管辖权

关于澳门特别行政区法院的法定上诉利益限额，根据《澳门特别行政区司法组织纲要法》第 18 条第 1 项的规定，在民事及劳动法上的民事方面，第一审法院及中级法院的法定上诉利益限额分别为 10 万澳门元及 100 万澳门元。在澳门特别行政区初级法院管辖的区际民事案件中，如果诉讼标的金额不超过 10 万澳门元，则由轻微民事案件法庭审判，适用简易程序并且是一审终审不得上诉（只可以提起再审）；如果诉讼标的金额超过 10 万澳门元，但不超过 100 万澳门元，则可以上诉到澳门特别行政区中级法院，但澳门特别行政区中级法院是终审（二审终审），只有超过 100 万澳门元的金额，才可能上诉到澳门特别行政区终审法院（三审终审）。[1]

（二）地域管辖

澳门特别行政区法院的地域管辖权不受上诉利益值的影响，是澳门特别行政区法院司法管辖区际民事案件的实体管辖权制度安排。地域管辖体现属地管辖权的法律原则，也分为一般地域管辖和特殊地域管辖。

1. 一般地域管辖的情形

一般地域管辖权，根据《澳门民事诉讼法典》第一卷第二编第一章管辖权的相关规定，具有下列 3 类情形之一时，澳门特别行政区初级法院对该区际民事案件具有管辖权：第一类情形是作为诉讼因由之事实或任何组成诉讼因由之事实在澳门特别行政区作出；第二类情形是被告非为澳门特别行政区居民而原告为澳门特别行政区居民，只要该被告在其居住地之法院提起相同诉讼时，该原告得在当地被起诉；第三类情形是如不在澳门特别行政区法院提起诉讼，有关权利将无法实现，且拟提起之诉讼与澳门特别行政区之间在人或物方面存有任何应予考虑之连结点。关于一

---

〔1〕 参见姚学宁：《澳门特别行政区法院组织架构衍变窥探（上）》，载《当代检察官》2017 年第 12 期。

般地域管辖权的第2类的表述，即被告非为澳门特别行政区居民而原告为澳门特别行政区居民，只要该被告在其居住地之法院提起相同诉讼时，该原告得在当地被起诉的表述，本书将其理解为平行诉讼，或者说是民事诉讼权利的对等原则，即相同的诉讼因由和相同的双方当事人之间的一起区际民事案件。以澳门特别行政区与内地互涉的区际民事案件为例，如果一名内地被告在内地人民法院起诉澳门特别行政区原告，则澳门特别行政区原告可以在澳门特别行政区法院起诉该内地被告，澳门特别行政区法院与内地人民法院之间给予当事人对等的民事诉讼权利。除此之外，关于澳门特别行政区法院的一般地域管辖权，《澳门民事诉讼法典》第17条还另行规定了3种兜底情形：第一种是被告在澳门特别行政区有住所或居所；第二种是被告无常居地、不确定谁为被告或被告下落不明，而原告在澳门特别行政区有住所或居所；第三种是被告为法人，而其住所或主要行政管理机关，又或分支机构、代办处、子机构、代理处或代表处位于澳门特别行政区。具有前述3种情形的连接点的区际民事案件，澳门特别行政区法院具有地域管辖权。

2. 特殊地域管辖的情形

澳门特别行政区法院还具有特殊地域管辖权的情形，在《澳门民事诉讼法典》第16条的规定中，列举了在以下7种情形中，澳门特别行政区法院对具有连接点的区际民事案件有特殊地域管辖权。这7种情形分别是：(1)为要求履行债务、因不履行或有瑕疵履行债务要求赔偿，或因不履行债务要求解除合同而提起之诉讼，只要有关债务应在澳门特别行政区履行或被告在澳门特别行政区有住所。(2)涉及享益债权之诉讼、勒迁之诉、优先权之诉及预约合同特定执行之诉，只要诉讼之标的物为在澳门特别行政区之不动产。(3)分割共有物之诉讼，只要诉讼之标的物系在澳门特别行政区。(4)离婚诉讼，而原告居于澳门特别行政区或在澳门特别行政区有住所。(5)旨在终结遗产共同拥有状况之财产清册诉讼，只要继承系在澳门特别行政区开始，又或继承已在澳门特别行政区以外地方开始，但死者在澳门特别行政区遗下不动产，或虽无不动产，但在澳门特别行政区遗下其大部分动产。(6)确认一人因他人死亡而具继受人资格之诉讼,只要符合上项所指任一要件,或待确认资格之人在澳门特别行政区有住所。(7)旨在宣告破产之诉讼,只要有关商业企业主之住所或主要行政管理机关位于澳门特别行政区,又或以上两者均不位于澳门特别行政区,但诉讼系因在澳门特别行政区所负之债务或应在澳门特别行政区履行之债务而引致,且该商业企业主在澳门特别行政区设有分支机构、代办处、子机构、代理处或代表处;然而,清算仅限于在澳门特别行政区之财产。凡是区际民事案件具有上述7种情形的连接点,将与澳门特别行政区法院形成特殊地域管辖权。

(三)海事管辖

海事管辖是澳门特别行政区法院司法管辖区际海事案件的一项实体管辖权制度安排,因为区际海事案件也在区际民事案件的范围之内。澳门特别行政区范围内的区际海事案件由澳门特别行政区初级法院管辖,并且澳门特别行政区法院的海事司法管辖权范围不仅涉及船舶和船载货物,还扩展到航空器。根据《澳门民事诉讼法典》第16条的相关规定,区际海事案件具有以下5种情形,澳门特别行政区法院具有海事司法管辖权。这5种情形分别是:(1)加强、代替、减少或消除抵押之诉讼,只要涉及船舶及航空器时,其已在澳门特别行政区登记,或涉及其他财产时,其系在澳门特别行政区;(2)为裁定以无偿或有偿方式取得之船舶不受优先受偿权约束而提起之诉讼,而取得船舶时船舶系停泊在澳门特别行政区港口;(3)为理算交付或原应交付有关货物至澳门特别行政区港口之船舶遭受之共同海损而提起之诉讼;(4)基于船舶碰撞而提起之请求损害赔偿之诉讼,而有关意外系在本地区管理之水域发生,澳门特别行政区为肇事船舶船主之住所地,肇事船舶在澳门特别行政区登记或在澳门特别行政区港口被发现,或澳门特别行政区港口为被撞船舶最先到达之港口;(5)为要求给予救助或援助船舶应付之费用而提起之诉讼,而有关救助或援助系在本地区管理之水域作出,澳门特别行政区为被救助物之物主住所地，或被救助船舶在澳门特别行政区登记或在澳门特别行政区港口被发现。区际海事案件只要符合上述 5 种情形的连接点，将与澳门特别行政区法院形成区际海事案件的管辖权。[1]

(四)专属管辖

澳门特别行政区法院与内地人民法院一样有专属管辖的法律概念，专属管辖是澳门特别行政区法院对特定种类的区际民事案件实行排他性管辖的一种实体管辖权制度安排。所谓专属管辖是指根据《澳门民事诉讼法典》的强制性规定，某类特定区际民事案件必须由澳门特别行政区法院管辖，当事人不能以签订诉讼管辖协议来挑选法院，专属管辖具有强制性和排他性的特征。从严格意义上说，专属管辖也是特殊地域管辖的一种方式，专属管辖体现出强烈的属地管辖权特征。根据《澳门民事诉讼法典》第 20 条的规定，澳门特别行政区法院对两类区际民事案件具有专属管辖权：第一种是与在澳门特别行政区之不动产之物权有关之诉讼；第二种是旨在宣告住所在澳门特别行政区之法人破产或无偿还能力之诉讼。从澳门特别行政区法院适用的专属管辖权的连接点来看，不动产适用不动产所在地法，法人破产及清算适用法人登记地法，这也是符合物之所在地法的区际私法的法律原则。

(五)协议管辖

协议管辖是澳门特别行政区法院管辖合约纠纷导致的区际民事案件的一种实体管辖权制度安排。一般情况下，协议管辖出现在合同纠纷类或准合同纠纷类的区际民事案件中，因此，当事人可通过协议选择诉讼管辖法院。根据《澳门民事诉讼法典》第 29 条的规定，当事人之间可以订立排除及赋予审判权的协议，也就是说当事人之间可以通过协议确定法

---

〔1〕 参见姚学宁：《澳门特别行政区法院组织架构衍变窥探(下)》，载《当代检察官》2018 年第 1 期。

院的司法管辖权。同时该条规定,选择管辖法院的协议是指假如出现争议之实体关系与一个以上之法律秩序有联系,当事人得约定何地之法院具管辖权解决某一争议或某一法律关系可能产生之争议。当事人透过协议,得指定仅某地之法院具有管辖权,或指定其他法院与澳门特别行政区法院具有竞合管辖权;如有疑问,则推定属于竞合指定。然而,当事人通过协议指定法院,必须符合法律规定的5个条件方属有效,该5个法定条件分别是:(1)涉及可处分权利之争议;(2)被指定之法院所在地之法律容许该指定;(3)该指定符合双方当事人之重大利益,或符合一方当事人之重大利益,且不会对另一方引致严重不便;(4)有关事宜不属澳门特别行政区法院专属管辖;(5)协议以书面作出或确认,且在协议中明确指出何地之法院具管辖权。该条还规定,关于书面作出或确认的形式要求是,载于经双方当事人签订之文件,或在往来书信或其他可作为书面证据之通讯方法中体现之协议,均视为以书面作出之协议,而不论在该等文件中直接载有协议,或该等文件中之条款指明参照载有该协议之某一文件。澳门特别行政区法院认可协议管辖权的优先性,这也体现了当事人意思自治的区际私法的法律原则;但强调协议管辖不得对抗专属管辖,所以,协议管辖的法律效力低于专属管辖。

四、实体管辖权冲突产生的影响

从上文可以看出,中国三法域对区际民事管辖权的制度安排既有联系又有区别,既存在交叉又存在空白。正是因为中国三法域的法院的区际民事管辖权存在冲突,所以产生了相应的负面影响。这些负面影响包括:区际平行诉讼的冲突[1]、区际不方便法院原则的冲突[2]、区际禁诉

[1] 参见赵素萍、赵飞:《平行诉讼解决机制研究》,载《哈尔滨工业大学学报(社会科学版)》2006年第5期。

[2] 参见涂广建:《再论我国的“不方便法院”原则》,载教育部人文社会科学重点研究基地、武汉大学国际法研究所主办:《武大国际法评论》第16卷·第1期,武汉大学出版社2013年版。

令制度的冲突[1]等。这些负面影响的存在,对区际财产保全程序的适用产生了重大影响。理由很简单,区际财产保全程序服务于区际民事案件和区际民事司法协助。如果区际民事管辖权都存在争议或不确定因素,那么中国三法域的法院之间就不能实现相互认可区际民事管辖权,也就无法实现中国三法域的法院之间全面相互认可和执行区际民事判决。在不能全面实现相互认可和执行区际民事判决的前提下,自然财产保全措施的域外执行力也不可能得到相互认可,中国三法域的法院相互协助财产保全以及相互认可和执行财产保全措施也就是不可能全面实现的。因此,在区际民事判决都不能在中国三法域之间自由流动的前提下,区际财产保全的裁决和命令也是不可能在中国三法域之间自由流动的。

(一)区际平行诉讼的冲突

所谓区际平行诉讼(parallel proceedings),又称为区际双重起诉或区际诉讼竞合,是指相同当事人就同一诉讼因由产生的同一区际民事案件,同时在中国三法域之中选择两个或三个法域提起区际民事诉讼,同时该两个或三个法域的法院受理该相同当事人就同一诉讼因由产生的同一区际民事案件。众所周知,在同一法域内出现的平行诉讼比较好解决,当事人可以通过提起管辖权异议程序或管辖权抗辩程序来解决,无管辖权的法院可以将案件移送至有管辖权的法院管辖。但是,不同法域之间的区际平行诉讼,因为各法域都有独立的司法权,当事人无法通过管辖权异议程序或管辖权抗辩程序来要求域内法院向域外法院移送一件区际民事案件,这在司法实践中是不可能做到的事情。所以,区际平行诉讼产生的冲突问题,解决起来相当复杂,它除了让当事人额外花费时间、金钱、精力等诉讼成本来应对两个诉讼程序之外,不同法域的法院会因为法律适用不同而出现同案不同判现象,不同法域的法院作出相互冲突的判决结果无

---

[1] 参见王承志:《我国区际民商事管辖权的冲突及协调——以广东省司法实践为研究对象》,载《暨南学报(哲学社会科学版)》2008 年第 4 期。

法得到对方法域的认可和执行。所以,这种情况将会导致域内法院不能协助一个域外法院采取财产保全措施,而域内法院采取财产保全的裁决和命令也不具有域外执行力,也不可能得到域外法院的认可和执行。

(二)区际不方便法院原则的冲突

所谓区际不方便法院原则,是指域内法院在管辖某件区际民事案件后,发现由域内法院审判该案件存在诸多客观困难,要么会给被告带来沉重的经济负担,要么将来判决生效后无法得到一个域外法院的认可和执行,如果由一个域外法院来审判该案件则会更为合适,也方便原告胜诉得到有效执行。[1] 因此,域内法院将援引不方便原则放弃对该区际民事案件的管辖权,要求原告向一个域外法院起诉。不方便法院原则是一项在普通法系区域包括香港特别行政区很普遍的法律原则,它是用来调适国际民事司法管辖权的有效工具。香港特别行政区法院同样认可不方便法院原则,香港特别行政区法院根据不方便法院原则,即使香港特别行政区法院对某件区际民事案件享有司法管辖权,但是当另一个域外法院管辖该案件明显更加方便或者香港特别行政区法院管辖该案件明显不方便时,香港特别行政区法院拥有拒绝管辖该区际民事案件的自由裁量权。内地人民法院长期以来都不认可不方便法院原则,但在 2015 年 1 月 30 日公布的《民事诉讼法解释》出台后改变了观点。根据该 2015 年出台的司法解释的第 530 条的规定,内地人民法院已经认可不方便法院原则,规定了区际民事案件同时符合下列 6 类情形者,内地人民法院可以裁定驳回原告的起诉,告知其向更方便的域外法院提起诉讼,这 6 类情形分别是:(1)被告提出该案件应由更方便的一个域外法院管辖的请求,或者提出管辖异议;(2)当事人之间不存在选择内地人民法院管辖的协议;(3)该案件不属于内地人民法院专属管辖;(4)该案件不涉及中华人民共和国国家、公民、法人或者其他组织的利益;(5)该案件争议的主要事实不是发

[1] 参见李祥俊:《论国际民事诉讼程序中的不方便法院原则》,载《当代法学》2001 年第 4 期。

生在内地，且案件不适用内地法律，内地人民法院审理案件在认定事实和适用法律方面存在重大困难；(6)一个域外法院对案件享有管辖权，且审理该案件更加方便。符合上述条件的区际民事案件，内地人民法院可以要求原告向另一个域外法院起诉。澳门特别行政区法院不适用不方便法院原则，根据《澳门民事诉讼法典》第30条至第33条的规定，虽然其对澳门特别行政区法院无管辖权的情形作出了规定，但仅仅是针对澳门特别行政区初级法院与行政法院之间民事管辖权与行政管辖权冲突，导致澳门特别行政区法院出现无管辖权的情形；或者当事人之间通过协议管辖排除澳门特别行政区法院的民事管辖权，以及当事人之间存在仲裁协议导致澳门特别行政区法院无管辖权的情形；但是，却没有规定澳门特别行政区法院可依不方便法院原则拒绝或放弃管辖权。所以说，中国三法域的法院之间也存在区际不方便法院原则的冲突。因此，若出现域内法院和域外法院都拒绝管辖或放弃管辖的情况，将导致当事人存在极大的起诉困难；如果出现相互推诿和告状无门的情况，将会导致域内法院不能协助一个域外法院采取财产保全措施，而域内法院采取财产保全的裁决和命令也不具有域外执行力，也不可能得到域外法院的认可和执行。

(三)区际禁诉令制度的冲突

所谓区际禁诉令制度，是指普通法系的法院包括香港特别行政区法院，用来解决区际平行诉讼的一项强制性措施，法院通过颁布命令禁止当事人在一个域外法院起诉。[1] 从这个意义上来说，区际禁诉令是解决区际民事管辖权冲突的一个可行路径。香港特别行政区法院一向认可禁诉令制度，香港特别行政区法院有权依区际民事案件当事人之申请而授予禁诉令，禁止对方当事人在一个域外法院提起区际民事诉讼。但是香港特别行政区法院采取禁诉令，必须得到内地人民法院和澳门特别行政区

---

〔1〕 参见姚建军：《英美法系国家(地区)的禁诉令制度及对我国的借鉴》，载《人民司法》2011年第1期。

法院的认可和执行，否则，该禁诉令在内地和澳门特别行政区不产生法律效力。退一步来说，如果对方当事人在内地和澳门特别行政区不理会香港特别行政区法院颁布的禁诉令，坚持向内地人民法院和澳门特别行政区法院起诉，就会出现域外法院不理会香港特别行政区法院的禁诉令的情形，继续管辖对方当事人在本法域法院提起的同样的区际民事案件，那么禁诉令就无法消除区际平行诉讼的冲突。目前只有香港特别行政区法院认可禁诉令，而内地人民法院和澳门特别行政区法院不认可禁诉令，中国三法域的法院无法相互认可和执行禁诉令制度。[1] 但是，也不能完全否定禁诉令的作用，虽然内地人民法院和澳门特别行政区法院不承认禁诉令的法律效力，但香港特别行政区法院可以按照藐视法庭罪追究违反禁诉令的当事人的民事责任或刑事责任，予以罚款和监禁，甚至禁止当事人离开香港特别行政区。该严厉的处罚手段完全可以阻吓当事人违反禁诉令。普通的内地人民法院没有类似禁诉令的民事保全措施，只有内地海事法院可根据《海事诉讼特别程序法》第四章的规定发出海事强制令，该海事强制令有类似禁诉令的功能；另外就是 2020 年 12 月最高人民法院知识产权法庭发出过人民法院的首个禁诉令。[2] 无论是内地海事法院的海事强制令，还是最高人民法院知识产权法庭的首个禁诉令，都属于行为保全的范围。法院以行为保全裁定当事人为一定行为或不为一定行为，因此从理念上来说，责令当事人不得在另一个域外法院提起民事诉讼，也起到了禁诉令的作用，但其毕竟不能等同于全部法院通用的正式禁诉令，而且适用范围仅限于区际海事案件和知识产权案件。另外，澳门特别行政区法院也没有给当事人发布禁诉令的权力，根据《澳门民事诉讼法典》的相关规定，澳门特别行政区法院无权采取禁诉令这项民事保全措施。在澳门特别行政区法院适用的民事保全程序中，也没有类似的行为

---

[1] 参见欧福永：《论禁诉令在解决中国内地与香港民商事管辖权积极冲突中的运用》，载《时代法学》2009 年第 4 期。

[2] 参见《中国知识产权审判发出的首例禁诉令——案件合议庭详解康文森公司与华为公司标准必要专利许可纠纷案》，载最高人民法院知识产权法庭网 2021 年 2 月 26 日，http://enipc. court. gov. cn/zh-cn/news/view - 1056. html。

保全措施可以限制或禁止当事人到另一个域外法院另行提起区际民事诉讼。综上所述,中国三法域的法院既无统一或类似的禁诉令制度安排,也就不可能实现中国三法域的法院之间相互认可和执行禁诉令,也就不可能通过区际禁诉令制度来解决区际平行诉讼的冲突。所以,区际禁诉令制度的冲突,导致缺少一条解决区际民事管辖权冲突的途径。区际平行诉讼变成了一个死循环,绕来绕去无法彻底全面解决区际民事管辖权的冲突,更加导致域内法院不能协助一个域外法院采取财产保全措施;而域内法院采取财产保全的裁决和命令也不具有域外执行力,也不可能得到域外法院的认可和执行。

第二节　中国区际财产保全审批程序的冲突

鉴于中国三法域的法院之间始终无法全面解决区际民事管辖权的冲突,产生的负面影响就是区际民事判决不能在中国三法域之间自由流动。这导致域内法院不能全面协助一个域外法院采取财产保全措施,而一个域内法院采取财产保全的裁决和命令也不具有域外执行力,也不可能得到一个域外法院的认可和执行。区际民事判决都不能在中国三法域之间自由流动,那么,区际财产保全的裁决和命令就更加不能在中国三法域之间自由流动了。但是除此之外,中国三法域的法院办理区际财产保全案件还有很多差异,既有法律冲突又有程序差异;法律冲突作为内因,程序差异作为外因,两者交织在一起共同导致了区际财产保全审批程序的冲突。一般而言,中国三法域的法院办理区际财产保全案件时,接纳原告或保全申请人的财产保全申请材料都会包括以下 6 项必备要素:(1)双方当事人的主体资格信息;(2)区际民事案件的案由或诉讼因由;(3)请求法院行使管辖权的依据;(4)起诉的请求权依据或债权凭证;(5)拟请求法院保全的财产、保全的具体措施以及保全的金额(限额);(6)当事人是否需要提供担保以及担保的方式等。[1] 虽然说这些必备要素在本质上差不多,但其在中国三法域的法院中的形式要求都是不同的。下文将考察中国三法域的法院办理区际财产保全案件的审批程序冲突。

一、内地人民法院区际财产保全程序的审批程序

内地人民法院办理区际财产保全案件的条件与办理普通财产保全案件的条件相同,理由是在《民事诉讼法》第四编涉外民事诉讼程序的特别规定的相关规定中,没有任何涉及区际财产保全程序的规定。所以,在通常情况下,内地人民法院审批区际财产保全申请的条件,也适用审批普通财产保全申请的条件。目前内地人民法院适用普通财产保全程序的主要依据是最高人民法院《关于人民法院办理财产保全案件若干问题的规定》,该司法解释基本上统一规定了办理财产保全案件的普通程序。根据新规优于旧规的法律原则,本节主要以最高人民法院《关于人民法院办理财产保全案件若干问题的规定》的相关内容,来论证内地人民法院适用的普通财产保全程序审批程序;而内地海事法院则按照《海事诉讼特别程序法》以及《海事诉讼特别程序法解释》的相关规定,来办理区际海事请求保全案件。

(一)对区际财产保全申请的审理形式

内地人民法院承办案件的审理形式既可以是法官独任庭,也可以是法官组成合议庭;无论是独任庭还是合议庭,审理方式分为两种:第一种是开庭审理,需要传唤双方当事人到庭陈述和答辩;第二种是书面审理,不需要传唤双方当事人到庭,但可以进行书面的陈述和答辩。无论是开庭审理还是书面审理,都存在法院是否给予被告或被保全人合理的通知和答辩机会的情形。在财产保全裁决法院的独任庭或合议庭审批财产保

---

[1] 参见沈杨、朱业明:《财产保全的法律性质辨析》,载《法律适用》2001 年第 4 期。

全申请的过程中,如果法院通过开庭审理或书面审理听取被告或被保全人的陈述和答辩,则该审批程序属于两造诉讼或对席审判。如果法院没有给予被告或被保全人合理的通知和答辩机会,则该审批程序属于单造诉讼或缺席审判。在司法实践中,内地人民法院审批财产保全申请,既不通知被告或被保全人,也不听取被告或被保全人的陈述和答辩,财产保全裁决法院直接根据原告或保全申请人的书面申请材料进行书面审理,然后作出是否准许采取财产保全措施的民事裁定。[1] 财产保全申请既可以出现在民事程序中的起诉前和起诉后(民事诉讼阶段),又可以出现在执行前和执行中(民事执行阶段),还可以出现在仲裁前和仲裁中(仲裁阶段),所以,财产保全在不同的阶段申请有一定的区别。通常情况下,在起诉前、执行前、仲裁前或仲裁中这四个阶段向内地人民法院申请财产保全,由财产保全裁决法院的立案庭或诉讼服务中心按照诉前财产保全的案由进行审查批准;在起诉后、执行中这两个阶段向财产保全裁决法院申请财产保全,由财产保全裁决法院的审判庭或执行庭按照诉讼财产保全的案由审查批准。还有一种特殊情况,就是内地人民法院依职权主动采取财产保全措施,法律依据是《民事诉讼法》(2023 年)第 103 条,该法律条款规定内地人民法院在必要时可以依职权采取财产保全措施。但在司法实践中,尤其在民事诉讼阶段,内地人民法院极少依职权主动采取财产保全措施;只有在民事执行阶段,内地人民法院才会主动依职权采取财产保全措施。虽然说民事执行阶段采取财产保全措施也是区际财产保全程序的组成部分,但是执行法院主动依据职权采取财产保全措施的情形,多数出现在单纯的域内执行程序中。在区际民事案件和区际民事司法协助案件中,多数情况下是原告或保全申请人向内地人民法院提起财产保全的申请,由财产保全裁决法院审查批准。[2]

---

〔1〕 参见江伟、王国征:《完善我国财产保全制度的设想》,载《中国法学》1993 年第 5 期。

〔2〕 参见于国民:《浅析我国的财产保全制度》,载《现代经济信息》2011 年第 1 期。

(二) 区际财产保全的申请文件

内地人民法院作为财产保全裁决法院办理区际财产保全案件时,原告或保全申请人应当向人民法院提交财产保全申请书并附上相关证据材料。财产保全申请书应当载明下列6类事项:(1)保全申请人与被保全人的身份、送达地址、联系方式;(2)请求财产保全事项和所根据的事实与理由;(3)请求保全的财产金额或者争议的标的物;(4)明确的拟被保全财产信息或者具体的拟被保全财产线索;(5)为财产保全提供担保的财产信息或资信证明,或者不需要提供担保的理由;(6)其他需要载明的事项等。上文已经论述过内地人民法院可以由法官组成独任庭或合议庭来审批财产保全申请,但在司法实践中法院既不通知被告或被保全人,又不听取被告或被保全人的陈述和答辩,而是根据原告或保全申请人提供的申请材料进行书面审理。因此,可以将内地人民法院审理区际财产保全案件的方式归纳为法官独任庭或合议庭按照单造诉讼和缺席审判的方式进行书面审理。通常情况下,如果保全申请人在起诉前、执行前、仲裁前或仲裁中这四个阶段申请财产保全,财产保全裁决法院受理的案由是诉前财产保全,由法院的立案庭或诉讼服务中心的法官组成独任庭或合议庭按照单造诉讼和缺席审判的方式进行书面审理。如果原告或保全申请人在起诉后、执行中这两个阶段申请财产保全,财产保全裁决法院受理的案由是诉讼财产保全,由法院的审判庭或执行庭的法官组成独任庭或合议庭按照单造诉讼和缺席审判的方式进行书面审理。无论是法院的立案庭和诉讼服务中心,还是审判庭和执行庭,在书面审理后批准采取财产保全措施,需要作出财产保全民事裁定书并移送给本级法院的执行机构执行。

(三) 对区际财产保全申请的审批时限

内地人民法院关于财产保全的审批时限,在一般情况下为财产保全裁决法院接受申请后,应当在5日内作出裁定;如果在审批过程中,财产保全裁决法院认为需要原告或保全申请人提供担保，则应当在原告或保全申请人提供担保之后5日内作出裁定；财产保全裁决法院批准采取财产保全措施的，应当在5日内开始执行。另外情况紧急时，财产保全裁决法院接受财产保全申请后，必须在48小时内作出裁定；如果财产保全裁决法院批准采取财产保全措施，则应当立即开始执行，不得拖延。但是，财产保全情况紧急的认定标准和适用范围是什么，该司法解释没有予以具体化和标准化。因此，在司法实践中由承办的法官行使自由裁量权，难免主观随意性较大。

（四）为区际财产保全提供担保的适用情形

内地人民法院作为财产保全裁决法院，办理区际财产保全案件的担保条件与办理普通财产保全案件的担保条件相同。根据最高人民法院《关于人民法院办理财产保全案件若干问题的规定》的相关规定，诉前财产保全的担保条件要严于诉讼财产保全。诉前财产保全必须提供相当于财产保全金额的担保即等额担保，如果情况特殊，则由财产保全裁决法院酌情处理。然而诉讼财产保全是差额担保，财产保全裁决法院可依照民事诉讼法的规定，责令原告或保全申请人提供财产保全之担保，担保金额不超过请求保全金额的30%；申请保全的财产系争议标的的，担保金额不超过争议标的价值的30%。法院作出民事裁定批准财产保全后，在财产保全期间，原告或保全申请人提供的担保不足以赔偿可能给被告或被保全人造成的损失的，法院可以责令原告或保全申请人追加相应的担保；原告或保全申请人拒不追加的，法院可以裁定解除或者部分解除财产保全。财产保全的担保提供者，既可以是原告或保全申请人，也可以是案外第三人，但是必须向法院出具担保书。担保书应当载明担保人、担保方式、担保范围、担保财产及其价值、担保责任承担等内容，并附上相关证据材料。案外第三人为财产保全提供保证担保的，应当向法院提交保证书。保证书应当载明保证人、保证方式、保证范围、保证责任承担等内容，并附上相关证据材料。对于原告或保全申请人、案外第三人提供的财产保全担保,法院经审查,如果认为违反《中华人民共和国民法典》(以下简称《民法典》)、《中华人民共和国公司法》等有关法律禁止性规定,则应当责令原告或保全申请人在指定期限内提供其他担保;逾期未提供的,裁定驳回财产保全申请。此外,财产保全裁决法院也认可诉讼财产保全责任保险这种新颖的担保方式。诉讼财产保全责任保险是指对于保险期间内被保险人向法院提起的诉讼财产保全申请,如被保险人诉讼财产保全错误致使被保全人遭受损失,经法院判决生效后由被保险人承担经济赔偿责任,保险人按照保险合同约定支付赔偿金。保险人以其与原告或保全申请人签订财产保全责任保险合同的方式为财产保全提供担保的,应当向法院出具担保书。担保书应当载明,因申请财产保全错误,由保险人赔偿被告或被保全人因保全所遭受的损失等内容,并附上相关证据材料。还有,独立保函也可以作为一种财产保全的担保方式,由内地金融监管部门批准设立的金融机构以独立保函形式为财产保全提供担保的,财产保全裁决法院应当依法准许。当然在某些情形之下,财产保全的原告或保全申请人可以豁免财产担保。根据相关司法解释的规定,可以豁免财产保全担保的情形有 7 种:(1)追索赡养费、扶养费、抚育费、抚恤金、医疗费用、劳动报酬、工伤赔偿、交通事故人身损害赔偿的;(2)婚姻家庭纠纷案件中遭遇家庭暴力且经济困难的;(3)人民检察院提起的公益诉讼涉及损害赔偿的;(4)因见义勇为遭受侵害请求损害赔偿的;(5)案件事实清楚、权利义务关系明确,发生保全错误可能性较小的;(6)原告或保全申请人为商业银行、保险公司等由金融监管部门批准设立的具有独立偿付债务能力的金融机构及其分支机构的;(7)法律文书生效后,进入执行程序前,债权人申请财产保全的,人民法院可以不要求提供担保。除了上述 7 种情形之外的其他普通财产保全申请,都要原告或保全申请人提供担保,可见内地人民法院办理区际财产保全案件,以提供担保为原则,以不提供担保为例外。[1]

---

[1] 参见徐建新、李德通:《关于民事保全担保的实践与思考》,载《法律适用》2013 年第 10 期。

（五）提供被保全人的财产信息和财产线索的义务

内地人民法院作为财产保全裁决法院办理区际财产保全案件，在接纳原告或保全申请人的财产保全申请后，根据最高人民法院《关于人民法院办理财产保全案件若干问题的规定》的相关规定，原告或保全申请人有义务向法院提供明确的拟被保全财产的信息或者拟被保全财产的线索。在司法实践中，关于提供明确的拟被保全财产的信息的要求，申请诉前财产保全的要求高于申请诉讼财产保全。申请诉前财产保全，如果原告或保全申请人不能向财产保全裁决法院提供明确的拟被保全财产的信息，将会被驳回财产保全申请；申请诉讼财产保全，如果原告或保全申请人确有客观原因不能提供明确的拟被保全财产信息，但是提供了具体财产线索的，财产保全裁决法院依然可以依法裁定采取财产保全措施，并将采取财产保全措施的民事裁定书移送执行机构执行。在该财产保全民事裁定书的执行过程中，原告或保全申请人可以向已经建立网络执行查控系统的法院执行机构，书面申请通过该系统查询被告或被保全人的财产。原告或保全申请人提出查询被告或被保全人名下财产的申请，执行法院可以利用网络执行查控系统，对裁定财产保全的财产或者保全金额范围内的财产进行查询，并采取相应的查封、扣押、冻结措施。法院的执行机构利用网络执行查控系统未查询到可供保全财产的，应当书面告知原告或保全申请人。法院执行机构对查询到的被告或被保全人的财产信息，应当依法保密。除依法裁定财产保全的财产之外，不得泄露被告或被保全人的其他财产信息，也不得在财产保全、强制执行以外的场合使用相关的财产信息。但是，何为具体的财产线索？这是一个模棱两可的概念，该司法解释并没有作出明确具体的规定，例如某一宗区际财产保全案件的原告或保全申请人向财产保全裁决法院提供财产线索称，被告或被保全人在中国工商银行有一笔存款，但是不知道被告或被保全人的账户信息和金额。这样的财产线索是具体的财产线索吗？在提交法院之后能否被采纳并且同意作出财产保全的民事裁定呢？如果财产保全裁决法院采纳该模糊的财产线索并且同意作出财产保全民事裁定,那么原告或保全申请人再申请法院执行机构通过网络执行查控系统查询被告或被保全人在中国工商银行的账户和存款可行吗?这种处理方式有的法院认为可行,而有的法院认为不可行。因为该司法解释没有明确具体的规定,所以才会在实践中产生争议。[1]

(六)区际海事请求保全的申请文件

内地海事法院作为财产保全裁决法院办理区际海事请求保全案件,适用《海事诉讼特别程序法》以及《海事诉讼特别程序法解释》的相关规定。一般情况下,原告或海事保全申请人申请海事请求保全,要向已经受理开展实体判决程序的海事法院提出;如果是在起诉前申请海事请求保全,应当向被保全的财产所在地的海事法院提出。诉前海事请求保全不受当事人之间关于该海事请求的诉讼管辖协议或者仲裁协议的约束。申请诉前海事请求保全,应当向海事法院提交海事请求保全申请书,申请书应当载明海事保全申请人与被申请人的身份信息、送达地址、联系方式、海事请求事项、申请理由、保全的标的物以及要求提供担保的数额,并附上有关证据材料。海事法院接纳原告或海事保全申请人的海事请求保全申请之后,由海事法院的立案庭、审判庭或执行的法官组成独任庭或合议庭,按照单造诉讼和缺席审判的方式进行书面审理。海事法院可以责令海事保全申请人提供担保,海事保全申请人不提供的,将会被驳回海事请求保全的申请。

(七)区际海事请求保全的审批时限

内地海事法院接受海事请求保全的申请之后,应当在48小时内作出海事请求保全裁定。裁定采取海事请求保全措施的,应当立即执行;海事法院经审查发现海事保全申请人不符合海事请求保全条件的,可作出裁

---

[1] 参见鲁军:《财产保全担保的司法实践和重塑》,载《法制与社会》2010年第5期。

定驳回其海事请求保全之申请。海事保全申请人在《海事诉讼特别程序法》规定的期间内,未提起海事诉讼或者未按照仲裁协议申请海事仲裁的,海事法院应当及时解除保全或者返还担保。海事请求保全措施在执行后,有关海事纠纷未进入海事诉讼或者海事仲裁程序的,当事人就该海事请求,可以向采取海事请求保全的海事法院或者其他有管辖权的海事法院提起诉讼,但当事人之间订有诉讼管辖协议或者仲裁协议的除外。海事请求保全的财产范围包括被保全人的财产、船舶、船载货物等。海事请求保全扣押船舶的期限为 30 日,海事请求保全申请人在 30 日内提起海事诉讼或者申请海事仲裁以及在海事诉讼或者海事仲裁过程中申请扣押船舶的,扣押船舶不受该期限的限制。海事请求保全扣押船载货物的期限为 15 日,海事请求保全申请人在 15 日内提起海事诉讼或者申请海事仲裁以及在海事诉讼或者海事仲裁过程中申请扣押船载货物的,扣押船载货物不受该期限的限制。

二、香港特别行政区法院区际财产保全程序的审批程序

香港特别行政区法院办理区际财产保全案件的条件与办理普通民事临时措施案件的条件相同,香港特别行政区法院办理区际财产保全案件的程序规则,也就是办理普通民事临时措施案件的程序规则。但是,在香港特别行政区成文法例当中,没有一部单独的条例或规则对民事临时措施的程序规则作出特别规定,民事临时措施程序所适用的相关规则都分散在各级法院(含审裁处)条例、法院(含审裁处)规则、实务指示中。总的来说,香港特别行政区区域法院与高等法院原讼法庭采取民事临时措施的程序规则基本相同,主要的区别在于香港特别行政区高等法院原讼法庭有权授予海事扣押令和资产冻结令,而香港特别行政区区域法院无权授予海事扣押令和资产冻结令。除此之外,其他各类审裁处仅有权针对自己管辖的专门民事案件采取民事临时措施,适用的范围远远小于香港特别行政区区域法院和高等法院原讼法庭。

(一)对区际财产保全申请的审理形式

香港特别行政区普通法的特征之一,就是法院承办案件的审理形式分为法庭聆讯及裁定(hearing and decision in court)和内庭聆讯及裁定(hearing and decision in chamber)。无论是法庭审理还是内庭审理,都存在法院是否给予被告或被保全人合理的通知和答辩机会的情形。如果法庭听取被告或被保全人的陈述和答辩,则该审批程序属于两造诉讼或对席审判。如果法庭没有给予被告或被保全人合理的通知和答辩机会,则该审批程序属于单造诉讼或缺席审判。在司法实践中,香港特别行政区法院审批民事临时措施的申请,一般情况下要通知被告或被保全人,听取被告或被保全人的陈述和答辩;只有情况紧急的才不通知被告或被保全人,但是在批予民事临时措施之后仍然要通知被告或被保全人。所以,香港特别行政区法院办理民事临时措施案件可以归纳为,以开庭聆讯为原则,以不开庭书面审理为例外。民事临时措施程序的特点就是它可以贯穿于整个民事程序的各个阶段,既可以在起诉前和起诉后申请,又可以在执行前和执行中申请,还可以在仲裁前和仲裁中申请。所以,香港特别行政区法院作为临时措施裁决法院审理民事临时措施申请的做法非常灵活,既可以由法官、司法常务官或聆案官在内庭进行聆讯及裁定,又可以由法官在法庭进行聆讯及裁定。由于香港特别行政区高等法院原讼法庭是具有无限民事管辖权的高级纪录法庭,可授予或批予当事人全部种类的民事临时措施,因此,下文根据《香港特别行政区高等法院规则》的相关规定,来论述香港特别行政区法院民事临时措施的审批程序。值得一提的是,香港特别行政区法院一般不会依职权主动采取民事临时措施,无论是在普通民事案件还是在区际民事案件以及区际民事司法协助案件中,民事临时措施在绝大多数情况下是由原告或保全申请人凭借传票提出申请并由法院聆讯及裁定的。

(二)非正审民事临时措施的申请文件

香港特别行政区法院办理区际财产保全案件的方式之一,是以非正审申请向香港特别行政区高等法院原讼法庭申请采取民事临时措施。申请范围包括非正审强制令、对财产的暂时扣押或保存、非正审临时济助等3类民事临时措施，这3类民事临时措施的申请要分别遵照以下程序。

1. 向香港特别行政区高等法院原讼法庭申请非正审强制令

向香港特别行政区高等法院原讼法庭申请非正审强制令的程序规则包含3个条件：第一个条件是若要向香港特别行政区高等法院原讼法庭要求授予非正审强制令，可以由一宗讼案或事宜的任何一方，在该宗讼案或事宜法庭审讯或聆讯之前或之后提出。不论该任何一方的传讯令状、原诉传票、反申索或第三方通知书（视属何情况而定）是否包括要求授予强制令的申索在内。第二个条件是凡申请人是原告而该案件又属于紧急情况的，可凭借誓章单方面提出该申请；但非紧急情况下，该申请必须凭借传票提出。第三个条件是除了该案件属紧急者外，原告或申请人不得在开展讼案或事宜的传讯令状或原诉传票发出前提出该申请，而如属于紧急案件，则授予所申请的强制令时，可规定须发出令状或传票以及施加法庭认为适合的其他条款（如有的话）。

2. 向香港特别行政区高等法院原讼法庭申请扣留保存

向香港特别行政区高等法院原讼法庭就讼案或事宜的标的物，申请扣留和保存等的程序规则，包含6个条件：(1)香港特别行政区高等法院原讼法庭可以应一宗讼案或事宜的任何一方的申请作出命令，命令扣留、保管或保存属于该宗讼案或事宜的标的物的任何财产，或在该宗讼案或事宜中可能就其而出现任何问题的任何财产，或命令检查由该宗讼案或事宜的一方管有的任何该等财产。(2)为使任何根据上述条款作出的命令能予以实施，香港特别行政区高等法院原讼法庭可凭借该命令授权任何人进入由该宗讼案或事宜的任何一方管有的任何土地或建筑物。(3)凡在一宗讼案或事宜中，任何一方就一笔特定资金而享有的权利有所争议，香港特别行政区高等法院原讼法庭可在该宗讼案或事宜的某一方提出申请时，命令将该笔资金缴存香港特别行政区高等法院原讼法庭或以其他方式保障该笔资金。(4)根据《香港特别行政区高等法院规则》作出的命令，可由香港特别行政区高等法院原讼法庭施加其认为公正的条款（如有的话）而作出。（5）要求香港特别行政区高等法院原讼法庭根据《香港特别行政区高等法院规则》作出命令的申请，必须凭借传票或凭借根据《香港特别行政区高等法院规则》第25号命令第7条规则"就案件管理传票而提出所有非正审申请的责任"发出的通知书提出。（6）除非香港特别行政区高等法院原讼法庭另有指示，否则被告要求作出该命令的申请，不得在他对开展有关讼案或事宜的令状或原诉传票作送达认收前提出。

3. 向香港特别行政区高等法院原讼法庭申请非正审临时济助

以非正审申请的方式，要求香港特别行政区高等法院原讼法庭授予非正审临时济助的程序规则，包含3个条件：第一个条件是原告或申索人要求根据《香港特别行政区高等法院条例》第21M(1)条在没有实质司法程序进行的情况下批予临时济助的申请，必须借采用《香港特别行政区高等法院规则》附录A表格10格式的原诉传票——提出。第二个条件是上述以非正审申请要求香港特别行政区高等法院原讼法庭授予非正审强制令和财产的暂时扣押、保存等的规则，在经必要的变通后，也适用于要求香港特别行政区高等法院原讼法庭授予非正审临时济助，如同该等规则适用于在香港特别行政区高等法院原讼法庭的民事诉讼或民事程序中寻求非正审济助的申请一样。第三个条件是香港特别行政区高等法院原讼法庭在聆讯有关原诉传票时，可指示该聆讯的全部或任何部分在公开法庭进行，也就是说非正审申请的聆讯及裁定一般情况下在内庭进行，特别情况也可以在法庭进行。总言之，原告或申索人以非正审申请的方式，向香港特别行政区高等法院原讼法庭申请民事临时措施，在紧急情况下原告或申索人可以凭借誓章单方面提出该申请；香港特别行政区高等法院原讼法庭可以不传讯被告或被申索人就直接批予民事临时措施，但批予后仍然要发出令状或传票给被告或被申索人，目的是通知并给予被告或被申索人陈述和答辩的机会。在非紧急情况下原告或申索人必须凭借传票提出申请，目的是要传讯被告或被申索人参加法庭聆讯；法庭在听取被告或被申索人陈述和答辩之后,再决定是否批予民事临时措施。

(三)临时济助民事临时措施的申请文件

香港特别行政区法院办理区际财产保全案件的方式之一,是按照普通程序向香港特别行政区高等法院原讼法庭申请临时济助(provisional remedies)措施。临时济助的范围包括判决之前或之后的禁止令(prohibition order)及判决前扣押财产(attachment of property)。从这两项民事临时措施的标的性质上看,禁止令针对的是债务人,目的是禁止该债务人离开香港特别行政区和防止债务人逃避诉讼。它是一种限制人身自由的临时措施,本书认为其属于行为保全的范畴,禁止令不应当列入财产保全措施的范围。判决前扣押财产是针对财产保全的民事临时措施,本书认为其应当列入财产保全措施的范围。下面论述原告或申索人申请香港特别行政区高等法院原讼法庭授予判决前扣押财产的程序规则,包含6项内容:(1)如果在任何诉讼中,被告或被申索人即将处置其财产或其任何部分,或将任何该等财产移离香港特别行政区高等法院原讼法庭的司法管辖区,而其意图是妨碍或阻延可能会在该宗诉讼中针对他作出的任何判决的执行,则原告或申索人可在该宗诉讼提起之时或在其后直至最终判决作出为止的任何时间,向香港特别行政区高等法院原讼法庭申请传唤被告提供足够的保证,以在被要求时将其财产或其财产的价值或其中足以应付任何可能会在该宗诉讼中针对他作出的判决的部分,交出及交由香港特别行政区高等法院原讼法庭处置;如被告或被申索人没有提供该项保证,原告或申索人可向香港特别行政区高等法院原讼法庭申请作出指示,指示扣押任何属于被告或被申索人的财产(不论动产或不动产),直至香港特别行政区高等法院原讼法庭有进一步的命令为止。(2)有关扣押申请书须载有关于被要求扣押的财产的说明及其估计价值(原告或申索人所能合理地确定者)。(3)有关扣押申请书须连同一份誓章送交存档,该份誓章须表明被告或被申索人为前述意图而即将处置或移走其财产或其任何部分。(4)香港特别行政区高等法院原讼法庭发出手令,规定被告或被申索人须提供保证或出庭及提出因由,并扣押其财产,香港特别行政区高等法院原讼法庭如在作出其认为必要的调查后,认为有颇有可能的因由相信被告或被申索人为前述意图而即将处置或移走其财产或其任何部分,可向执达主任发出手令,命令执达主任传唤被告或被申索人,在香港特别行政区高等法院原讼法庭将会定出的时限内提供命令所指明的款项作为保证,以在被要求时将其财产或其财产的价值或该价值中足以应付任何可能会在有关诉讼中针对他作出的判决的部分,交出及交由香港特别行政区高等法院原讼法庭处置,或在香港特别行政区高等法院原讼法庭席前出席并提出他不应提供该项保证的因由。(5)香港特别行政区高等法院原讼法庭亦可在手令中指示扣押被告或被申索人在香港特别行政区境内的全部或任何部分财产,直至有进一步的命令为止。(6)发出扣押手令须视乎须予扣押的财产的性质,以就执行付款判决而订明的扣押财产方式作出。总言之,原告或申索人依照普通程序的临时济助程序,向香港特别行政区高等法院原讼法庭申请判决前扣押被告或被申索人的财产,申请文件包括扣押申请书且须连同一份誓章,而且香港特别行政区高等法院原讼法庭发出手令,规定被告或被申索人须提供保证或出庭及提出因由,目的是通知并给予被告或被申索人陈述和答辩的机会。香港特别行政区高等法院原讼法庭在听取被告或被申索人陈述和答辩之后,再决定是否扣押被告或被申索人的财产。

(四)海事临时措施的申请文件

香港特别行政区法院办理区际财产保全案件的方式之一,是区际海事案件的原告或申索人向香港特别行政区高等法院原讼法庭申请授予海事扣押令,这也是一种适用于全部海事案件的民事临时措施。下面以《香港特别行政区高等法院规则》的相关规定为依据,论述香港特别行政区高等法院原讼法庭授予海事扣押令的具体程序规则,包含6项内容:(1)在一宗对物诉讼中(海事诉讼),当有令状发出后,除《香港特别行政区高等法院规则》的条文另有规定外,采用《香港特别行政区高等法院规则》附录 B 表格 3 扣押令格式的手令，香港特别行政区高等法院原讼法庭可应原告或被告（视属何情况而定）之申请发出，以扣押提出该宗诉讼或其中的反申索所针对的财产。（2）申请由香港特别行政区高等法院原讼法庭登记处发出一份扣押任何财产的手令的一方，须促致对知会备忘登记册作翻查，以确定就该财产而言是否有有效的针对扣押的知会备忘存在。（3）在申请海事扣押令的一方将一份要求发出海事扣押令的誓章，连同一份由他或其代理人作出的载有符合规则要求的详情的誓章送交存档之前，不得发出海事扣押令；然而，即使第一份誓章并无载有所有该等详情，法庭如认为适合，仍可容许发出海事扣押令。（4）除非经香港特别行政区高等法院原讼法庭许可，否则在就一艘其所属港口的国家在香港特别行政区设有领事馆的外国船舶的管有或就工资而提出的对物诉讼中，不得针对该船舶发出海事扣押令，直至关于该宗诉讼已经开展一事的通知书已送交有关领事为止。（5）一宗对物诉讼中如有因船舶抵押借款而引致的申索，则除非经香港特别行政区高等法院原讼法庭许可，否则不得在该宗诉讼中发出海事扣押令，直至有关的船舶抵押借款担保契据及（如该担保契据是以外语写成）其经公证的译本向司法常务官交出为止。（6）凡借任何公约或条约或根据任何公约或条约，香港特别行政区已承诺尽量减低扣押另一国家的船舶的可能性，则在对物诉讼中，不得申请针对一艘该国家所拥有的船舶发出海事扣押令，直至采用《香港特别行政区高等法院规则》附录 B 表格 15 关于拟申请扣押令的致领事馆官员通知书格式的通知书，已在该国家在香港特别行政区或代表该国家在香港特别行政区行事的领事办事处，送达一名在该处的领事馆官员为止。符合规则要求的誓章是指在每一宗海事案件中，必须述明申索或反申索的性质以及该申索或反申索尚未了结，如申索或反申索是与一艘船舶相关联而引致的，则亦必须述明该船舶的名称；以及必须述明须予扣押的财产的性质；如果该财产是一艘船舶，则亦必须述明该船舶的名称及其船籍港。总言之，香港特别行政区高等法院原讼法庭授予海事扣押令，不会通知并给予被告或被申索人陈述和答辩的机会，而且是发出海事扣押令之后再通知被告或被申索人。但是,香港特别行政区法院扣押其他外国船舶时,要先通知该外国驻港领事官员的做法,应当不适用于内地籍和澳门特别行政区籍的船舶,毕竟内地籍船舶和澳门特别行政区籍的船舶不是其他外国船籍。

三、澳门特别行政区法院区际财产保全程序的审批程序

澳门特别行政区法院办理区际财产保全案件的条件与办理普通财产保全案件的条件相同,澳门特别行政区法院办理区际财产保全案件的主要财产保全措施是假扣押和查封。当然,澳门特别行政区法律中没有一部单独法律来规定财产保全程序规则,澳门特别行政区终审法院也没有制定办理财产保全案件的统一司法见解,所有关于财产保全程序的规则,基本上规定在《澳门民事诉讼法典》之中。上文已述明澳门特别行政区法域属于大陆法系,澳门特别行政区法域内的五大法典之间相互关联,民事主体的实体权利须配合以程序保障。具体到假扣押和查封而言,在《澳门民法典》中有实体法依据,而程序法《澳门民事诉讼法典》为了落实《澳门民法典》中实体法律关于假扣押和查封的规定,相应地对假扣押和查封的程序作出具体规定,形成了实体法的《澳门民法典》与程序法的《澳门民事诉讼法典》互相对应的模式。

(一)对区际财产保全申请的审理形式

澳门特别行政区法院承办案件的法庭审理形式既可以是法官独任庭,也可以是法官组成合议庭。无论是独任庭还是合议庭,审理方式也分为2种:第一种是开庭审理,需要传唤双方当事人到庭陈述和答辩;第二种是书面审理,不需要传唤双方当事人到庭,但可以进行书面的陈述和答辩。无论是开庭审理还是书面审理,都存在法院是否给予被告或被保全人合理的通知和答辩机会的情形。澳门特别行政区法院以独任庭或合议庭审批财产保全申请的过程中,如果法院通过开庭审理或书面审理听取

被告或被保全人的陈述和答辩,则该审批程序属于两造诉讼或对席审判。如果法院没有给予被告或被保全人合理的通知和答辩机会,则该审批程序属于单造诉讼或缺席审判。在司法实践中,澳门特别行政区法院办理区际财产保全案件,一般情况下要通知被告或被保全人,听取被告或被保全人的陈述和答辩;特殊情况下例如听取被告或被保全人陈述和答辩,可能严重妨碍该财产保全措施达致其目的或产生其效力者除外,则法院不通知被告或被保全人,但是法院在采取财产保全措施后要及时通知被告或被保全人。[1] 澳门特别行政区法院接纳财产保全的申请,既可以出现在起诉前和起诉后(民事诉讼阶段),又可以出现在执行前和执行中(民事执行阶段),还可以出现在仲裁前和仲裁中(仲裁阶段)。所以,在起诉前、执行前、仲裁前或仲裁中这四个阶段向澳门特别行政区法院申请财产保全,与在起诉后、执行中这两个阶段向澳门特别行政区法院申请财产保全有所不同。财产保全程序于诉讼前、执行前、仲裁前申请者,须于有关主诉讼提起后立即以附文方式并附于该主诉讼之卷宗;如主诉讼于其他法院提起或其后于其他法院审理,须将并附之财产保全卷宗文件移送该法院,且审理有关主诉讼之法官具有专属权限处理移送后就保全程序须进行之程序。财产保全程序于主诉讼进行期间申请者,须以财产保全卷宗附文方式进行并附于主诉讼卷宗,即使主诉讼处于上诉程序亦不影响财产保全卷宗单独作成。[2] 在司法实践中,尤其在宣告之诉阶段,澳门特别行政区法院不会依职权主动采取财产保全措施;即使是在执行之诉阶段,澳门特别行政区法院在大多数情况下仍然依申请采取财产保全措施,即使在区际民事司法协助案件中,仍是依申请采取财产保全措施。

(二)区际财产保全的实体法律依据

澳门特别行政区法院办理区际财产保全案件涉及的财产保全措施假

---

〔1〕 参见澳门特别行政区中级法院合议庭裁判,第79/2002号案件。

〔2〕 参见澳门特别行政区中级法院合议庭裁判,第61/2003号案件。

扣押和查封,都具有实体法律依据。根据《澳门民法典》第 615 条至第 618 条的规定,原告或保全申请人向澳门特别行政区法院申请假扣押必须符合实体法规定的 2 个要件:第一个要件是有合理原因忧虑本身拥有之债权失去财产担保之债权人,得按诉讼法规定申请就债务人之财产进行假扣押;第二个要件是如债权人已透过司法途径就债务人财产之移转提出争议,则有权针对取得人申请将该等财产进行假扣押。同时《澳门民法典》也将担保设定为假扣押之申请人的法定义务,实体法规定假扣押之申请人应澳门特别行政区法院要求时,有义务提供担保。债权人向澳门特别行政区法院申请假扣押,也必须承担相应的法律责任。《澳门民法典》规定如果假扣押被法院判为不合理或失效,且申请人不按正常谨慎方式而行事者,则申请人须对财产被假扣押之人所受之损害负责,这也是实体法规定的错误假扣押之损害赔偿责任。关于假扣押的法律效力,《澳门民法典》规定,对被假扣押之财产作出之处分行为,按查封之专有规则,不对假扣押之申请人产生效力;而有关查封之其他效力之规定中可适用之部分,延伸适用于假扣押。关于查封,在《澳门民法典》中也有多处明确规定,说明实体法律也对查封作出了具体规定;包括《澳门民法典》第 693 条规定了财产之查封:身为抵押物主之债务人,不仅在有关担保尚未被认定为不足时有权在执行程序中反对其他财产被查封,亦有权反对执行在被抵押财产中超出满足债权人权利之需要之部分;《澳门民法典》第 809 条规定了对被查封财产之处分或设定负担:处分被查封之财产或在其上设定负担之行为,对执行人不产生法律效力,但不影响登记规则之适用;《澳门民法典》第 810 条规定债权之查封:如债务人之某项债权被查封,而该债权出于取决于被执行人或其债务人意思之原因在查封后消灭,则该消灭对执行人亦不产生法律效力;《澳门民法典》第 812 条规定因查封而生之优先权:执行人因查封而取得优先于任何在查封前未有物权担保之债权人受偿之权利,但属法律特别规定之情况除外;如被执行人之财产已先被假扣押,则因查封而生之优先权,其效力即提前在假扣押日产生。通过《澳门民法典》中关于假扣押和查封的实体法依据,可以看出澳门特别行政区五大法典之间相互关联,实体权利须配合以程序保障,以实体法《澳门民法典》对假扣押和查封两项财产保全措施作出实体法规定,再以程序法《澳门民事诉讼法典》把假扣押落实到宣告之诉的财产保全,把查封落实到执行之诉的财产保全,形成了实体法的《澳门民法典》与程序法的《澳门民事诉讼法典》相对应的模式。所以,澳门特别行政区法院办理区际财产保全案件,既要援引实体法依据,又要援引程序法依据。[1]

(三)区际财产保全措施的申请文件

上文已经论述假扣押和查封作为澳门特别行政区法院办理区际财产保全案件可以采取的主要财产保全措施,[2]因此,下文具体论述原告或保全申请人向澳门特别行政区法院提起假扣押和查封的申请文件。当民事案件处于宣告之诉阶段时,根据《澳门民事诉讼法典》第二卷诉讼程序一般规定的第三编保全程序的相关规定,原告或保全申请人向澳门特别行政区法院提出假扣押之请求时,应按照民事诉讼程序之附随事项程序的规定,向澳门特别行政区法院提供扼要之证据,证明原告或保全申请人、债权人有合理的理由恐防丧失其债权之财产担保,以及解释恐防受到侵害之理由,确定假扣押对应的案件利益值。原告或保全申请人在遵守该前提条件下,以申请书的方式向澳门特别行政区法院申请假扣押债务人的财产或争议的财产。澳门特别行政区法院只要基于具体情况认为属于适宜者,即使未听取申请所针对之人的陈述和答辩,法官亦得要求保全申请人提供担保,作为准予采取假扣押措施之先决条件。澳门特别行政区法院一旦同意对被保全人或债务人的财产或争议的财产采取假扣押措施,关于民事执行程序的查封规定,凡与保全程序的规定不相抵触者,均适用于执行假扣押措施。在有些情况下,经澳门特别行政区法院调查证据后,只要符合法定要件,法院命令作出假扣押而无须听取他方当事人之

---

〔1〕 参见澳门特别行政区中级法院合议庭裁判,第296/2004号案件。

〔2〕 参见澳门特别行政区终审法院民事上诉裁判,第22/2007号案件。

陈述和答辩。如所申请假扣押之财产多于保障债权一般所需者，须将保障缩减至合理范围，同时不得剥夺维持财产被假扣押之人本人及其家庭之生活所确实必要之收益，而该收益按临时扶养之规定订定。一般而言，假扣押的申请人向澳门特别行政区法院提供的申请文件，包括申请书、证据、担保、案件利益值确定材料等。一般情况下，向澳门特别行政区初级法院提出假扣押后，在第一审时应于 2 个月期间内作出裁判；如果在不传唤被告或被保全人听取其陈述或答辩的情况下，应于 15 日期间内作出裁判。当民事案件处于执行之诉阶段时，根据《澳门民事诉讼法典》第四卷普通执行程序的第一编一般规定的第一章执行名义的规定，可以向法院提起执行之诉即进入民事执行程序的执行名义，一般包括给付判决、公证文书、法院批示、仲裁裁决等，包括澳门特别行政区以外地方之判决、仲裁裁决及其他执行名义。在执行之诉获得澳门特别行政区法院受理之后，《澳门民事诉讼法典》第 686 条规定了执行初步阶段之作用为：根据执行名义，如果有关之债仍未确定或者不可要求履行以及未确切定出时，法院应请求执行之人之申请，于执行时应首先采取措施，使之成为确定、可要求履行及确切定出者。《澳门民事诉讼法典》第 695 条规定了就执行作出传唤或通知：法院如果并无任何须初端驳回请求执行之最初申请之理由，或者须命令对该申请作出补正之理由，则法官命令传唤被执行人于 20 日期间内作出支付或指定予以查封之财产；如被执行人在法院根据《澳门民事诉讼法典》第 686 条所指之措施进行时已被传唤，或被执行人已被传唤参与根据某一名义之执行程序，而其后于同一程序中，该执行与根据另一名义之执行合并者，则以通知代替传唤。因此，执行之诉程序中的查封，主要是澳门特别行政区法院受理执行之后，应请求执行人之申请对被执行人或判定债务人的财产采取查封措施。请求执行人必须向澳门特别行政区法院提交执行申请书，申请书内容包括：请求执行人与被执行人的身份信息；执行金额；执行名义；要求澳门特别行政区政府部门提供被执行人的财产登记信息；要求法院查封被执行人的财产类型；提供要求查封被执行人的财产信息等。区际海事案件的原告或保全申请人，向澳门特别行政区法院提出海事假扣押和查封的请求,与上述假扣押和查封的申请文件基本相同。根据《澳门民事诉讼法典》第 1280 条至第 1284 条的规定,澳门特别行政区法院对有关船舶或其货物可采取查验之措施。船舶停泊于澳门特别行政区港口时,船长得向澳门特别行政区法院申请进行旨在了解船舶之适航状况之查验。提出申请时须一并提交船上财产清单。法官指定其认为属必需及合适之鉴定人查验船舶之各部分,并定出进行查验之期间,而该措施进行时无须法院及有关港口之海事当局参与。查验之结果应载于由鉴定人签名之报告内,并应通知申请人。上述规定亦适用于在其他情况下对船舶或其货物之查验,例如适用于在非属诉讼事件之情况下,申请对船舶或其货物进行查验。如查验须紧急进行,海事当局应代法官指定鉴定人,并命令采取措施。如船舶非在澳门特别行政区登记,但在澳门特别行政区驻有负责该船舶登记国或地区之外交事务之实体,则应将所申请之措施知会该实体,前述实体得申请法律容许申请之事宜。船舶停泊于澳门特别行政区之港口时,如作出某些行为须获司法许可,则船舶之船长得向澳门特别行政区法院提出请求。总言之,原告或保全申请人向澳门特别行政区法院提起假扣押的申请文件,与请求执行人向澳门特别行政区法院提起查封的申请文件有一定的区别。

四、审批程序冲突产生的影响

通过上文可以看出,中国三法域的法院各自办理区际财产保全案件的审批程序存在很大的差异。正是因为存在这些重大差异,中国三法域的法院的法官即使面对相同当事人之间基于相同诉讼缘由引发的相同财产保全申请,也会因为审查判断的形式和标准不一样,而很有可能得出不同的处理结果。所以,在上述这些情况下,一个域内法院很难做到跨法域协助一个域外法院采取财产保全措施,而一个域内法院作出的财产保全措施,也很难获得一个域外法院的认可和执行,也就更加谈不上区际财产保全的裁决和命令可以在中国三法域之间自由流动了。具体而言,这些差异有4项。

(一)区际财产保全的申请文件不同

原告或保全申请人向中国三法域的法院递交的区际财产保全的申请文件要求不一样,而且中国三法域的法院在民事诉讼阶段和民事执行阶段的财产保全申请文件也不一样。例如,内地人民法院在民事诉讼阶段和民事执行阶段,要求原告或保全申请人、申请执行人递交财产保全申请书附带相关证据和证明材料不一样;香港特别行政区法院在民事诉讼阶段和民事执行阶段,要求原告或申索人以誓章或传票加誓章的形式提起申请,附加相关陈述书等材料不一样;澳门特别行政区法院在民事诉讼阶段和民事执行阶段,要求原告或保全申请人、请求执行人提交申请书附加相关债权凭证和执行名义等材料不一样。由此可见,中国三法域的法院对财产保全的申请文件要求不一样,也没有通用的格式,尽管其实质目的都一样。

(二)申请区际财产保全提供担保的要求不同

中国三法域的法院对财产保全提供担保的要求不一致。例如内地人民法院以要求原告或保全申请人提供担保为原则,以不要求保全申请人提供担保为例外。换言之,只有在特定条件下才允许豁免担保,否则一律要求原告或保全申请人提供担保。香港特别行政区法院一般情况下不要求原告或申索人提供财产保全的担保,反而是要求被告或被保全人提供担保或保证,如果被告或被保全人拒不提供担保或保证,则香港特别行政区法院会采取更加严厉的财产保全措施。澳门特别行政区法院接纳财产保全的申请后,如果法官不传唤被告或被保全人听取其陈述和答辩,则在要求原告或保全申请人提供担保后,批准采取财产保全措施;如果法官传唤被告或被保全人听取其陈述和答辩后,认为财产保全的理据充足也可不要求提供担保。

(三)区际财产保全提供担保的形式不同

中国三法域的法院对财产保全提供担保的形式没有统一的标准。假设中国三法域的法院都认为提供担保是在民事诉讼阶段批准财产保全的前置条件,而民事执行阶段无须提供担保,那么提供担保的方式也是多种多样的。原告或保全申请人能否以域外的财产为担保呢?起码在现阶段答案是否定的。现有的客观条件使中国三法域的法院都不接受跨境担保,因为它涉及的法律问题和操作流程非常复杂,也没有合格的保险机构提供中国三法域的法院相互认可的诉讼保全责任保险服务。

(四)区际财产保全申请的审理形式不同

中国三法域的法院办理区际财产保全案件采用的审理形式不一样。中国三法域的法院无论是开庭审理还是书面审理都不一致,中国三法域的法院对于是否传唤被告或被保全人以及听取其陈述和答辩也不一致。例如内地人民法院,不管是否属于紧急情况,都不会传唤被告或被保全人听取其陈述和答辩,在采取财产保全措施并执行完毕之后,才通知被告或被保全人。香港特别行政区法院区分紧急情况和非紧急情况两种情形,在紧急情况下不要求给被告或被保全人送达传票,在非紧急情况下要求给被告或被保全人送达传票,传讯被告或被保全人到法庭进行陈述和答辩。澳门特别行政区法院在一般情况下需要传唤被告或被保全人听取其陈述和答辩,只有在传唤被告或被保全人会导致财产保全目的不能实现,或者保全申请人提供担保的情况下,澳门特别行政区法院才会不听取被告或被保全人的陈述和答辩,故其以传唤为原则以不传唤为例外。

第三节　中国区际财产保全执行程序的冲突

上文论述了中国三法域的法院办理区际财产保全案件的时候,既有实体管辖权的冲突,又有审批程序的冲突。那么在司法实践中,原告或保全申请人想要跨法域申请财产保全会遇到重重困难。即使在通过努力克服重重困难之后,原告或保全申请人拿到了财产保全裁决法院批准财产保全的裁决和命令,一般情况下财产保全的裁决和命令只具有域内法律效力,只有香港特别行政区法院的资产冻结令才具有域外执行力。财产保全措施的执行程序带有双重属性,一方面它属于财产保全程序的组成部分,另一方面它又属于民事执行程序的组成部分。因此,在财产保全措施在进入执行程序前,首先要了解中国三法域的法院作出财产保全的裁决和命令的具体内容是什么?中国三法域的法院作出财产保全的裁决和命令的司法文书都不相同,例如内地人民法院以民事裁定书的形式作出财产保全的裁决和命令;香港特别行政区法院以命令、令状和手令的形式作出民事临时措施的裁决和命令;澳门特别行政区法院以法院命令状和批示的形式作出财产保全的裁决和命令。一般而言,中国三法域的法院批准财产保全的裁决和命令,需要载明的必备内容包括:保全申请人和被保全人的主体资格信息,提起区际民事案件或区际民事司法协助的案由或诉讼因由,保全申请人请求法院采取财产保全措施的标的物以及保全金额(限额),法院批准采取的具体财产保全措施(包含查封、扣押、冻结)和保全期限,以及是否需要协助执行人的配合,是否需要指定保管人或托管人,不服财产保全措施的司法救济途径等内容。上述这些内容从本质上看都是基本相同的,但表现形式却是不一致的,因为中国三法域的法律概念、法律术语、保全标的物、保全金额、保全期限、协助执行义务人等内容存在巨大差异。本书将这些差异当中能够影响区际民事司法协助的4个方面归纳出来:(1)中国三法域的法律对财产的法律定义不同;(2)中国三法域的法律规定可供保全的财产范围不同;(3)中国三法域的法律对轮候保全的规定不同;(4)诉讼阶段财产保全与执行阶段财产保全的衔接不同。下文围绕中国三法域的法院的财产保全措施执行程序存在的这4个方面差异展开论述,分析形成的法律冲突和程序差异是如何阻碍中国三法域的法院之间相互协助财产保全的,其又是如何阻碍中国三法域的法院相互认可和执行一个域外法院采取的财产保全的裁决和命令的。下文将针对这些法律问题展开论述和解答。

一、内地人民法院区际财产保全执行程序

内地人民法院办理区际财产保全案件,在法院批准采取财产保全措施后,如果是诉讼阶段批准采取财产保全措施,则法院作出相应的民事裁定书移送财产保全裁决法院的执行机构;如果是执行阶段批准采取财产保全措施,则由财产保全裁决法院的执行机构作出相应的民事裁定书并执行。财产保全裁决法院的执行机构也就是执行局,通常配备执行法官、执行员(非法官身份)、书记员若干名,由承办的执行员、书记员具体实施完成财产保全措施的任务,也就是对执行标的物或被保全的财产采取查封、扣押、冻结以及指定协助执行人、保管人、托管人等强制措施,再将执行结果书面反馈给具体承办案件的独任庭或合议庭、执行庭,由承办法官、执行员或书记员将执行结果通知保全申请人和被保全人。如果执行机构在执行财产保全措施的过程中,需要对执行的行为作出相应裁定时,由执行法官负责作出执行裁定书。内地人民法院的财产保全措施的执行程序带有双重属性,既属于财产保全程序的组成部分,又属于民事执行程序的组成部分,所以,执行财产保全措施必须遵循民事执行程序的相关法律和司法解释规定。在内地法域主要是涉及以下法律问题:内地法律关于财产的法律定义是什么?哪些财产不纳入被保全的范围?财产被保全后的法律后果是什么?下文将针对这些法律问题展开论述。

(一)内地法律关于财产的法律定义

内地人民法院执行财产保全措施的标的物是财产,因此,要明确内地法律中规定的财产的定义。从法律定义的角度来说,财产必须有相应的财产权利。《民法典》中的相关规定将法律上的财产权利分为物权、债权、知识产权、股权、投资性权利以及数据、网络虚拟财产等多种类型。具

体而言，物权对应的客体是动产与不动产；知识产权对应的客体是作品、专利、商标等智力成果或知识产品；股权对应的客体是记载股权的凭证，例如上市公司的股票；数据、网络虚拟财产对应的客体是存在于网络空间的无形财产，例如游戏币、比特币等。因此，根据内地法律对财产权利范围的划分，财产的范围涵盖物权、债权、知识产权、股权、投资性权利以及数据、网络虚拟财产等多种财产权利，它们对应的有形财产和无形财产全部加起来包罗万象，涉及的范围非常广阔。从理论上来说，只要是《民法典》规定的财产权利所指向的财产客体，它们都可以成为可供保全的财产。但在司法实践中却并非如此，最高人民法院《关于人民法院办理财产保全案件若干问题的规定》对被执行保全的财产作出了限制性的规定。例如，当被保全人有多项财产可供保全的，在能够实现保全目的的情况下，人民法院应当选择对其生产经营活动影响较小的财产进行保全；人民法院对厂房、机器设备等生产经营性财产进行保全时，指定被保全人保管的，应当允许其继续使用；被保全财产系机动车、航空器等特殊动产的，除被保全人下落不明的以外，人民法院应当责令被保全人书面报告该动产的权属和占有、使用等情况，并予以核实；可供保全的土地、房屋等不动产的整体价值明显高于保全裁定载明金额的，人民法院应当对该不动产的相应价值部分采取查封、扣押、冻结措施，但该不动产在使用上不可分割或者分割会严重减损其价值的除外；对银行账户内资金采取冻结措施的，人民法院应当明确具体的冻结数额。另外，根据最高人民法院《关于人民法院民事执行中查封、扣押、冻结财产的规定》的相关规定，内地人民法院的民事执行工作也包括财产保全的执行工作。据此，并不是被保全人的全部财产都被列入内地人民法院财产保全标的物范围，从上述规定可以看出，内地人民法院优先选择有产权登记的财产，可确定权属的财产，方便法院限制产权转移的财产以及方便法院采取查封、扣押、冻结措施的其他财产，作为财产保全的首选标的物。

(二) 内地人民法院不纳入财产保全范围的财产

在司法实践中，有些财产不被纳入内地人民法院财产保全标的物范围。根据最高人民法院《关于人民法院民事执行中查封、扣押、冻结财产的规定》第3条的规定,以下8类财产不可被人民法院用于执行财产保全措施:(1)被保全人及其所扶养家属生活所必需的衣服、家具、炊具、餐具及其他家庭生活必需的物品;(2)被保全人及其所扶养家属所必需的生活费用。当地有最低生活保障标准的,必需的生活费用依照该标准确定;(3)被保全人及其所扶养家属完成义务教育所必需的物品;(4)未公开的发明或者未发表的著作;(5)被保全人及其所扶养家属用于身体缺陷所必需的辅助工具、医疗物品;(6)被保全人所得的勋章及其他荣誉表彰的物品;(7)根据《中华人民共和国缔结条约程序法》,以中华人民共和国、中华人民共和国政府或者中华人民共和国政府部门名义同外国、国际组织缔结的条约、协定和其他具有条约、协定性质的文件中规定免于查封、扣押、冻结的财产;(8)法律或者司法解释规定的其他不得查封、扣押、冻结的财产。

(三)内地人民法院执行财产保全措施产生的法律后果

内地人民法院执行财产保全措施后产生的法律效力,需要从2个方面来理解:一方面是对公权力的法律效力。包括:已被法院执行财产保全措施的财产不得重复保全;已保全的财产在财产保全裁决法院解除财产保全之前,其他的人民法院不得再为司法处分,如裁定以物抵债等;行政执法机关及其他司法机关如人民检察院不得再为强制处分,如罚没等。另一方面是对私权利的法律效力。包括:所有权人不得再自行处分被执行财产保全措施的财产,如禁止在保全财产上设定新的抵押担保等;而其他相关权利人(承租人、抵押权人等)权利的行使或义务的履行应配合财产保全的目的,例如保全不动产之后的租金要缴存法院,抵押权的行使应经财产保全裁决法院的同意等;被保全后的财产转让行为无效,但属于第三人善意取得的除外。[1] 首先,关于执行财产保全措施的期限:根据《民

---

[1] 参见田玉玺、刘文涛:《不动产查封公示问题研究》,载《政法论坛》2001年第1期。

事诉讼法解释》(2022 年)第 485 条的规定,人民法院冻结被保全人的银行存款的期限不得超过 1 年,查封、扣押动产的期限不得超过 2 年,查封不动产、冻结其他财产权的期限不得超过 3 年。保全申请人申请延长期限的,人民法院应当在查封、扣押、冻结期限届满前办理续行查封、扣押、冻结手续,续行期限不得超过前款规定的期限。其次,关于内地人民法院的轮候查封(保全)的法律效力。轮候查封(保全)制度是最高人民法院等三部门在 2004 年 2 月 10 日发布的《关于依法规范人民法院执行和国土资源房地产管理部门协助执行若干问题的通知》中推出的一项创新性的规定,这一规定当时只适用于人民法院查封房地产这类财产。2005 年 1 月 1 日实施的最高人民法院《关于人民法院民事执行中查封、扣押、冻结财产的规定》将轮候查封制度适用的范围扩大到所有的财产。在司法实践中,内地人民法院实行轮候查封(保全)使用最多的 5 类标的财产是:(1)动产;(2)不动产含商品房预售登记证;(3)银行账户;(4)股权含上市公司股票;(5)商标权等。[1] 从目前的法律和司法解释来看,轮候查封无法适用于不同法域之间的法院相互认可和执行的场景。最后,关于诉讼阶段财产保全措施自动转为执行阶段财产保全措施。根据最高人民法院《关于人民法院办理财产保全案件若干问题的规定》第 17 条的相关规定,保全申请人在起诉前或提起仲裁前获得人民法院批准财产保全措施,在起诉后或提起仲裁后自动转为诉讼中或仲裁中的保全措施;当判决生效后进入执行程序,诉讼阶段财产保全措施自动转为执行阶段财产保全措施。按照规定,自动转为诉讼中、仲裁中的财产保全措施或者执行阶段财产保全措施的,期限连续计算,人民法院无须重新制作民事裁定书。从目前的法律和司法解释来看,诉讼阶段财产保全措施自动转为执行阶段财产保全措施无法适用于不同法域之间的法院相互认可和执行的场景。

---

〔1〕 参见于范、张玉栋:《轮候查封适用的条件和范围》,载《山东审判》2005 年第 3 期。

二、香港特别行政区法院区际财产保全执行程序

香港特别行政区法院办理区际财产保全案件,在法院批准采取民事临时措施后,如果是诉讼阶段批准采取民事临时措施,则法院作出相应的法院命令、令状和手令移送财产保全裁决法院的执行机构;如果是执行阶段批准采取民事临时措施,也是法院作出相应的法院命令、令状和手令移送财产保全裁决法院的执行机构。无论是诉讼阶段的民事临时措施,还是执行阶段的民事临时措施,都由财产保全裁决法院的法庭或内庭进行聆讯及裁决。香港特别行政区法院的执行机构就是执达事务组(bailiff section),其作为执行民事临时措施的机构,具体实施完成民事临时措施任务。执达事务组作为香港特别行政区司法机构的组成部分,香港特别行政区高等法院、区域法院以及各类审裁处都设有执达主任办事处,由执达主任(bailiff)和执达助理(assistants)负责执达事务。按照普通法系的传统,香港特别行政区法院的执行机构即执达事务组有两大主要任务,分别是送达与执行。送达任务主要是指负责送达传票或法院文件;执行任务主要是指执行法庭的生效实体判决或命令(包含财产保全的命令、令状和手令),还包括开展司法协助活动,与香港特别行政区法院司法管辖区以外的司法机构合作,执行司法及司法以外的服务。除此之外,执达主任有权拘禁(扣押)涉及海事诉讼的船舶,也就是执行海事扣押令。香港特别行政区法院的民事临时措施执行程序也带有双重属性,既属于民事临时措施程序的组成部分,又属于民事执行程序的组成部分,所以,执行民事临时措施的命令、令状和手令,必须遵循香港特别行政区的相关法院条例和法院规则等。那么在香港特别行政区法域,主要涉及的是以下法律问题:香港特别行政区法律关于财产的法律定义是什么?哪些财产不纳入被限制的范围?财产被限制后的法律后果是什么?下文将针对这些法律问题展开论述。

(一)香港特别行政区法律关于财产的法律定义

香港特别行政区法院执行民事临时措施中扣押(民事扣押)的标的物也是财产,因此,要明确财产在香港特别行政区法律中的定义是什么。财产对应的法律定义也就是财产权利,普通法系一般不使用物权或物权法的概念,它通常使用财产权或财产法的概念。在普通法系中,所谓的财产法是指规定对物的,直接的,排他的权利的法律,财产法的内容以财产所有权以及与之相关的财产权利为主,包括土地财产、财产担保和纯粹动产等各方面。香港特别行政区法律中的财产法主要是不成文法即由判例形成的普通法和衡平法。此外,香港特别行政区立法机构也制定了一些成文法例,特别是在地产方面,例如《香港特别行政区政府土地权(重收及转归补救)条例》《香港特别行政区土地注册条例》《香港特别行政区收回官地条例》《香港特别行政区城市规划条例》《香港特别行政区业主与租客(综合)条例》等。香港特别行政区法律中财产权客体的范围,既包括有形财产,也包括无形财产,如有价证券、给付金钱的请求权、知识产权等。但香港特别行政区法律基本上将财产分为不动产(real property)和动产(personal property)两大类。不动产是指除租业权以外的土地所有权,也就是指具有永业权的地产(自由土地保有权)、地产上的利益,在土地上的树木、房屋等。至于租业权(租借土地保有权),尽管和地产有关,但却一直被看作是动产。在普通法系的历史上,被夺去土地租业权的人只能取得损害赔偿,而不能收回原地产,因为租赁契约并不是地产权益的完全让与。不动产又分为有形的可继承的不动产和无形的可继承的不动产。前者是指有形实体,如土地、房屋等;后者是指一种权利,是有形的不动产附带产生的权利,如通过权、土地收益等。动产包括可移动物、所有权和租业权。租业权是不动产的收益,是能动的关于土地的财产,又称准不动产;其他一般性动产,与土地无紧密联系,是纯粹动产。纯粹动产又可分为有形的动产和无形的动产。前者指可以触摸的实物动产,其有物体存在因而也可以实际占有;后者是指无物体存在,不能实际占有,只可依法主张关于钱物或物品的权利,是权利上的财产,如债权、股票等。有鉴于此,《香港特别行政区高等法院条例》第42条(4)和《香港特别行政区区域法院条例》第47B条(6)都对香港特别行政区法院可命令披露文件、检查财产的财产范围作出了规定,即财产(property)包括任何土地、实产或其他任何类别的有形财产。此外,《香港特别行政区高等法院条例》第20A条和《香港特别行政区区域法院条例》第52AA条对法院可押记的财产作出相似的规定,即香港特别行政区法院可押记的2类财产是:(1)债务人任何资产中所实益持有的权益或根据任何信托所实益持有的权益;(2)某人作为某信托的受托人而持有的权益,根据该信托享有的全部实益权益,是由债务人在没有产权负担及为本身利益的情况下持有的。上述资产的范围包括土地、证券和存于法院的储存金。证券的种类包括政府证券;在香港特别行政区成立为法团的任何团体的证券;在香港特别行政区以外成立为法团的任何团体的证券,或香港特别行政区以外任何国家或领域的证券,而该等证券在一本备存于香港特别行政区某处地方的登记册上已作登记;任何单位信托的单位,而关于该等单位的一份单位持有人登记册已备存于香港特别行政区某处地方。凡香港特别行政区法院凭借押记令在上述种类的资产中的任何权益施加一项押记,香港特别行政区高等法院原讼法庭可订定该项押记扩及就该资产而缴付的任何利息、派息或其他分发,以及扩及就该资产而作出的任何红利派发。根据香港普通法相关法律概念,派息(dividend)包括就某单位信托的任何单位而作出的任何分发;单位信托(unit trust)指任何信托,而其设立的目的或效用是向拥有可作投资的资金的人提供设施,使该人能以信托下的受益人身份分享由取得、持有、管理或处置任何财产而产生的利润或入息;证券(stock)包括由有关团体发行的股份、债权证、借贷股额、基金、债券、票据或任何其他证券,不论其是否构成一项在该团体资产上的押记,并包括认购或获得分配任何前述者的权利或选择权。综上所述,从香港特别行政区法律的财产法理论上来说,凡是香港特别行政区法院认为可以适用押记的财产,都可列入民事扣押的标的财产范围。

（二）香港特别行政区法院不纳入保全范围的财产

普通法系的特征之一就是法律规则存在于司法判例中，而众多判例浩如烟海，任何人包括法官和律师都不可能熟知所有判例。于是乎判例汇编成为普通法系的另一个特色，但其却始终不按照法律逻辑关系把相关主题的法律规则总结归纳并提炼成为成文法。正如本书现在探讨的普通法系不纳入财产保全范围的财产，香港特别行政区各法院（含审裁处）条例、各法院（含审裁处）规则、实务指示都不详细列举不纳入民事扣押的财产范围，仅是作了非常简单的原则性规定。《香港特别行政区高等法院条例》第21D条和《香港特别行政区区域法院条例》第68B条都有相似的规定，以下财产可予以扣押并出售以执行某项判决：土地、货物、金钱、钞票、支票、汇票、承付票、政府证券、债券，或就金钱而提供的其他保证物、债项、任何公司或法团资本或合股的股份以及所有属于判定债务人的任何其他财产，不论是动产还是不动产，亦不论该等财产是以其本身名义持有，还是由他人受其信托而持有或代其持有。但以下2类财产不得予以扣押并出售以执行某项判决：第一类财产是《香港特别行政区公司条例》第11条所指的私人公司限制转让的股份；第二类财产是判定债务人的谋生工具以及判定债务人本人与受其供养而又与其同住的家人所需用的衣物及寝具，总值以不超过港币1万元为限。从香港特别行政区的成文法例中只查阅到这样简单的法律渊源，但在司法实践中远远不止上述两项财产不得被财产保全，因此必须从香港特别行政区法律中的其他法律渊源入手，寻找依据来查明不得被民事扣押的财产范围。《香港特别行政区基本法》是香港特别行政区法律体系中位阶最高的法律，所以接下来先考察《香港特别行政区基本法》的相关规定。虽然《香港特别行政区基本法》的正文部分不涉及财产保全的内容，但是列入《香港特别行政区基本法》附件三的14部全国性法律，却有5部法律涉及民事扣押的内容。这5部全国性法律分别是《中华人民共和国外交特权与豁免条例》（以下简称《外交特权与豁免条例》)、《中华人民共和国领事特权与豁免条例》(以下简称《领事特权与豁免条例》)、《中华人民共和国香港特别行政区驻军法》、《中华人民共和国外国中央银行财产司法强制措施豁免法》(以下简称《外国中央银行财产司法强制措施豁免法》)、《中华人民共和国香港特别行政区维护国家安全法》(以下简称《香港特别行政区维护国家安全法》)。根据这5部全国性法律的相关规定,大使馆和外交人员的财产,领事馆和领事人员的财产,香港特别行政区驻军的财产,外国中央银行的财产,中央人民政府驻香港特别行政区维护国家安全公署的财产不得被香港特别行政区法院民事扣押。另外,在香港特别行政区的全部法律中,涉及财产保全内容的法律有《香港特别行政区特权及豁免权(联合联络小组)条例》《香港特别行政区国际组织及外交特权条例》《香港特别行政区特权及豁免权(红十字国际委员会)条例》《香港特别行政区领事关系条例》《香港特别行政区国际组织(特权及豁免权)条例》。这些香港特别行政区法律亦规定,对以国家为单位参加的国际组织和国际会议,中央人民政府决定适用于香港特别行政区,以及香港特别行政区加入不以国家为单位参加的国际组织和国际会议,这些公约、条约、协定的法律文件中规定豁免扣押的财产,香港特别行政区法院不得采取民事扣押措施。根据《香港特别行政区基本法》附件三列举的全国性法律、香港特别行政区法律以及香港特别行政区参加的国际公约、条约、协定等法律文件的规定,不得被扣押的财产不纳入香港特别行政区法院民事扣押的范围,这也符合香港特别行政区作为世界级国际化中心城市的定位。

(三)香港特别行政区法院执行财产保全的法律效果

香港特别行政区法院执行民事扣押措施之后产生的法律效力,从法理角度来理解是与内地人民法院相通的。同样是分为2方面来理解:一方面是对公权力的法律效力。包括:已被法院执行民事扣押措施的财产不得重复扣押;已扣押的财产在财产保全裁决法院解除扣押之前,其他的香港特别行政区法院不得再为司法处分,如裁定以物抵债等;香港特别行政区政府也不得再为强制处分,如罚没等。另一方面是对私权利的法律效力。包括:所有权人不得再自行处分被执行民事扣押措施的财产,如禁止在被扣押财产上设定新的抵押担保等;而其他相关权利人(信托人、受益人、租户等)权利的行使或义务的履行应配合扣押财产的目的,例如扣押不动产之后的租金收益要押记给法院,抵押权的行使应经财产保全裁决法院的同意等;被扣押后的财产转让行为无效,但属于第三人善意取得的除外。香港特别行政区法院采取民事临时措施的命令、令状或手令,同样具有强制执行效力,同样适用于强制执行判决和命令的民事执行程序。如果被保全人不执行或不履行香港特别行政区法院采取财产保全措施的命令、令状或手令,则原告或保全申请人向香港特别行政区法院申请执行令状之后,再请求执达主任或执行助理强制执行。执行令状(writ of execution)包括扣押债务人财产令状、管有令状、交付令状、暂时扣押令状及任何为协助任何前述令状的进一步令状。《香港特别行政区高等法院规则》第46条和《香港特别行政区区域法院规则》第46条都对执行令状的一般规定作出了具体规定。任何人发出执行令状,必须取得法庭的许可。凡法庭采取许可之后1年内仍未发出的,则该许可不再具有效力,但不影响申请新许可。申请法庭许可发出暂时扣押令,仍必须凭借传票向法官提出,申请人必须述明申请理由并附同支持申请的誓章文书的传票;必须面交送达被申请人,如果法庭认可不送达传票属于公正行事,亦可免除送达传票;除非法庭要求必须凭借传票提出申请,否则可单方面提出申请,无须传唤对方当事人。取得法庭许可后,执行令状一经司法常务官盖章即属发出,执行令状初步有效12个月,由其发出的日期起计。凡任何执行令状未有完全执行,在该令状的有效期届满之前或法庭所容许的更后日期提出,则法庭可凭借命令不时将令状的有效期延展,每次为期12个月,由作出命令的日期起计。执行令状的有效期已予以延展,其优先次序须参照执行令状原先交付执达主任的日期而决定。如果在执行令状的有效期内,有互争权利诉讼的传票就根据该令状作出的执行而发出,则该执行令状的有效期须予延展,直至自互争权利诉讼的民事程序完结起计

12个月届满之时为止。从香港特别行政区法院执行民事临时措施的规则来看,其既没有提及轮候查封(扣押)问题,也没有提及诉前扣押转为诉讼中扣押以及诉讼中扣押转为执行扣押的问题。关于香港特别行政区法院采取诉前扣押或者仲裁前扣押,在起诉后或提起仲裁后是否自动转为诉讼中或仲裁中的扣押这个问题,以及当判决生效后进入民事执行程序,诉讼中的扣押是否自动转为执行扣押的这个问题,在香港特别行政区成文法中没有具体的规则。从香港特别行政区法院执行民事扣押的程序规则考察,其特征是申请发出执行令状必须获得法庭的许可,法庭要授予许可之前,亦需要传唤被申请人,听取被申请人的陈述和答辩,以裁判是否授予许可,当然法庭也可以不传唤被申请人。然而,执达主任以执行令状的先后日期确定其优先次序,并且执行令状可以多次延期。因此,可以判断原告或保全申请人只要在上一次民事扣押期满之后,继续向法庭申请执行令状续期,就可以坚持到民事案件的实体判决生效并执行完结。香港特别行政区法院以执行令状的优先次序来解决轮候查封(扣押)的问题,以赋予原告或保全申请人多次续期执行令状,来解决民事扣押在不同诉讼阶段之间继续有效衔接的问题。

三、澳门特别行政区法院区际财产保全执行程序

澳门特别行政区法院办理区际财产保全案件,在法院批准采取财产保全措施后,如果是诉讼阶段批准采取假扣押措施,则法院作出相应的司法文书移送财产保全裁决法院的执行机构;如果是执行阶段批准采取查封措施,则法院作出相应的司法文书移送财产保全裁决法院的执行机构。根据《澳门民事诉讼法典》的相关规定,澳门特别行政区法院批准假扣押和查封的司法文书是法院命令状或批示,而澳门特别行政区法院设置的执行机构是各类法院办事处。同时,根据《澳门法院及检察院办事处之组织架构》的规定,每一级法院都有一个办事处,每一个法院办事处由一个中心科和若干个程序科组成。法院办事处由书记长主管,程序科由书记

主管,配备助理书记、庭差、缮录员若干。澳门特别行政区法院作出采取假扣押和查封的命令状或批示后,交给法院办事处的程序科处理,程序科主管书记安排庭差出外勤,执行财产保全措施。为了执行假扣押措施和查封措施,澳门特别行政区法院办事处的执行人员得请求澳门特别行政区政府任何当局给予合作,同时亦可请求警方协助其实施对外措施,或在执行期间确保公共秩序得以维持。由于澳门特别行政区法院的财产保全执行程序带有双重属性,既属于财产保全程序的组成部分,又属于民事执行程序的组成部分,所以,执行财产保全措施必须遵循《澳门民事诉讼法典》的法律规则。澳门特别行政区法域主要涉及的是以下法律问题:澳门特别行政区法律关于财产的法律定义是什么?哪些财产不纳入被财产保全的范围?财产被保全之后的法律后果是什么?下文将根据澳门特别行政区法律的相关规定,对这 3 个方面的问题展开论述。

(一)澳门特别行政区法律关于财产的法律定义

澳门特别行政区法院执行假扣押和查封的标的物也是财产,因此,要明确财产在澳门特别行政区法律中的定义是什么。澳门特别行政区法律对财产的法律定义与内地法律有诸多相通之处,澳门特别行政区法律对财产的法律定义也是财产权利,财产权利的相关法律渊源体现在澳门特别行政区的相关法典中。其中涉及财产的法典有《澳门民法典》和《澳门商法典》,这两部澳门特别行政区的法典将民事财产权利的定义与范围规定得非常清晰。在《澳门民法典》中,民事财产权利分为债权、物权、知识产权;在《澳门商法典》中,企业的股权和债权证券(票据)也被列为民事财产权利。上述这些民事财产权利对应的客体是财产,如物权对应的客体是动产与不动产;知识产权对应的客体是作品、专利、商标等智力成果或知识产品;股权对应的客体是记载股权的凭证,例如股票;债权证券对应的客体是票据及有价证券等。所以,上述财产都可以作为澳门特别行政区法院执行财产保全措施的标的物。再根据《澳门民事诉讼法典》的相关规定，债务人之财产中凡可予以查封，且依据实体法之规定属用作清偿透过执行予以清偿之债务者，均可执行；另外，在法律特别规定之情况下，只要执行程序系针对第三人提起，亦得查封第三人之财产。具体而言，《澳门民事诉讼法典》规定可以执行财产保全措施（假扣押和查封）的8类财产：（1）共有财产；（2）第三人持有财产；（3）不动产；（4）动产；（5）权利；（6）债权证券中所包含之权利；（7）银行存款；（8）商业企业。从上述规定可以看出，澳门特别行政区法院执行财产保全措施的财产范围，主要限定在被保全人及有关联的第三人占有的动产、登记在被保全人名下的不动产、特定动产及其他财产权利；对于被保全人与他人共有的财产，或者是第三人持有的财产，澳门特别行政区法院也可以执行财产保全措施。

（二）澳门特别行政区法院不纳入保全范围的财产

在司法实践中，并不是所有的财产都可以被澳门特别行政区法院纳入财产保全的范围。《澳门民事诉讼法典》通过列举的方式，明确规定了不纳入保全范围的财产类别。该法典将不可查封的财产分为3类：绝对不可查封、相对不可查封和部分不可查封。第一类是绝对不可查封之财产。该法典规定具有法定豁免权的财产可免除查封，除此之外下列7项财产亦属于绝对不可查封之财产，（1）不可转让之物或权利；（2）本地区及其他公法人之公产；（3）一旦予以扣押将侵犯善良风俗之财产，或因市值低微而经济上不具理由予以扣押之财产；（4）专门用作公开进行宗教礼拜之财产；（5）坟墓；（6）在被执行人之永久居所内、对任何家居生活均属不可缺少之财产，但有关执行旨在支付该财产之取得价金或支付其维修费用者除外；（7）对残疾人士属不可缺少之器具以及用作治疗病人之对象。第二类是相对不可查封之财产。该法典规定相对不可查封之财产有2项：（1）本地区及其他公法人、公共工程或公共事业之被特许实体以及公益法人之私产，只要专门用作实现公益目的者，均不可查封，但属交付一定物之执行或清偿设有物之担保之债务之执行除外。（2）对被执行人担任职务或从事职业又或对其职业培训属不可缺少之对象，亦不可查封,但下列情况除外:被执行人指定查封该等对象;执行旨在支付该等对象之取得价金或支付其维修费用;该等对象作为一商业企业之组成要素而被查封。第三类是部分不可查封之财产。该法典规定部分不可查封之财产有2项:(1)被执行人薪俸或工资之三分之二。(2)以退休金、其他社会福利、保险、因事故之损害赔偿或终身定期金之名义,又或其他属相同性质之定期金名义而获支付之定期给付金之三分之二。但存在例外的情形,即上述规定所指收益之可查封部分,由法官考虑透过执行予以清偿之债务之性质及被执行人之经济条件而定于三分之一与六分之一之间。经考虑透过执行予以清偿之债务之性质及被执行人及其家庭之需要,法官得例外免除查封部分不可查封之财产所指收益之全部。以上不纳入查封范围的财产,已经由《澳门民事诉讼法典》列举式明文规定,但该法典规定的具有法定豁免权的财产,由其他澳门特别行政区法律予以规定。涉及法定豁免权的澳门特别行政区法律渊源,包括列入《澳门特别行政区基本法》附件三的12部全国性法律(在澳门特别行政区实施),当中有4部法律涉及财产保全(扣押)的内容。这4部全国性法律分别是《外交特权与豁免条例》《领事特权与豁免条例》《中华人民共和国澳门特别行政区驻军法》《外国中央银行财产司法强制措施豁免法》。根据这4部全国性法律的相关规定,大使馆和外交人员的财产,领事馆和领事人员的财产,澳门特别行政区驻军的财产,外国中央银行的财产不得被澳门特别行政区法院财产保全。同时根据澳门特别行政区法律的相关规定,对以国家为单位参加的国际组织和国际会议,中央人民政府决定适用于澳门特别行政区,以及澳门特别行政区加入不以国家为单位参加的国际组织和国际会议,这些公约、条约、协定的法律文件中规定豁免扣押的财产,澳门特别行政区法院不得采取财产保全措施。上述财产不纳入澳门特别行政区法院财产保全的范围,这也符合澳门特别行政区作为一个自由港城市的定位。

(三)澳门特别行政区法院执行财产保全的法律后果

澳门特别行政区法院执行财产保全措施之后产生的法律效力,从法理角度来理解，与内地人民法院是相通的。同样是分为2个方面来理解：一方面是对公权力的法律效力。包括：已被法院执行假扣押和查封的财产不得重复执行；已假扣押和查封的财产在财产保全裁决法院解除扣押和查封之前，其他的澳门特别行政区法院不得再为司法处分，如裁定以物抵债等；澳门特别行政区政府也不得再为强制处分，如罚没等。另一方面是对私权利的法律效力。包括：所有权人不得再自行处分被执行假扣押和查封的财产，如禁止在被假扣押和查封的财产上设定新的抵押担保等；而其他相关权利人（信托人、受益人、租户等）权利的行使或义务的履行应配合假扣押和查封财产的目的，例如假扣押和查封不动产之后的租金收益要缴存法院，抵押权的行使应经财产保全裁决法院的同意等；被假扣押和查封后的财产转让行为无效，但属于第三人善意取得的除外。澳门特别行政区法院作出采取财产保全措施的司法文书，主要是指采取假扣押和查封的命令状或批示，根据《澳门民事诉讼法典》的相关规定，该法典关于查封的规定，凡与假扣押不相抵触者，均适用之。换言之，澳门特别行政区法院在执行假扣押和查封的过程中，可以适用查封的全部措施。具体而言，在不同的情形下，对不同性质的财产采取不同的假扣押或查封措施，但是特别之处在于该法典没有规定假扣押的期限，也没有规定假扣押到期后可否申请继续假扣押。该法典规定假扣押失效的情况一般有5类：(1)申请人自接获命令采取保全措施之裁判通知之日起30日内，仍未提起该措施所取决之诉讼，但不影响第2款规定之适用；(2)提起诉讼后，因申请人之过失而导致诉讼程序停顿逾30日；(3)有关诉讼被裁定理由不成立，而该裁判已确定；(4)对被告之起诉被驳回，而申请人未有及时提起新诉讼，以致未能利用先前起诉之效果；(5)申请人欲保全之权利已消灭。在其他情况下，如果命令采取保全措施前并无听取申请所针对之人陈述，则该措施所取决之诉讼提起的期间为10日，自申请人获通知已向申请所针对之人作出本法典第330条第5款所规定之通知之日起算。如果保全措施由担保替代，则须命令终止该担保措施。诉讼卷宗内一旦显示发生使保全程序消灭之事实，法官须裁定保全程序消灭以及有关保全措施终止,但事先须听取申请人之陈述。在司法实践中,假扣押除了在上述情形下会失效,还存在其他失效情形,如果履行债务之给付之诉中已有确定判决,而债权未获满足之债权人未于继后之2个月内提出执行,或已提出执行,但该程序因请求执行之人之过失停止进行逾30日者,则假扣押亦失效。当民事判决生效后进入民事执行阶段,按照该法典的相关规定,如果财产已被假扣押,则通过法院批示将假扣押转为查封。从上述内容来看,澳门特别行政区法院的假扣押没有固定期限,亦可以在民事执行阶段转为查封措施,但不是自动转为而是要经法官批准。另外,关于轮候查封(扣押)问题,《澳门民事诉讼法典》没有对该问题作出任何规定,澳门特别行政区法院的设置模式已经决定了不存在相同审级的不同法院之间,对同一被保全人的财产同时采取假扣押和查封措施的情况。所以,该法典没有必要对轮候查封(扣押)问题作出相关规定,留待法院在具体个案中自由裁量处理即可。

四、执行程序冲突产生的影响

从上文可以看出,中国三法域的法院各自执行财产保全措施的途径和方法存在很大的程序差异,这些差异有4项:(1)中国三法域的法院关于财产的法律定义不同,极有可能出现相同法律术语指向的标的物不同,反过来同一标的物的法律术语表述亦不同。(2)中国三法域的法院不纳入被保全财产的范围不同。一个域内法院认为可以被财产保全的财产,在一个域外法院有可能被认为是不得财产保全的财产,导致中国三法域的法院对于可供财产保全的财产范围存在极大的不确定性。(3)中国三法域的法院对轮候保全的规定不同,内地人民法院有轮候保全的制度,香港特别行政区法院没有轮候保全但可申请延展执行令状,澳门特别行政区法院没有轮候保全但是没有对假扣押措施规定具体期限。(4)中国三法域的法院关于诉讼阶段财产保全措施与执行阶段财产保全措施的衔接不同，内地人民法院的诉讼阶段财产保全措施可以自动转为执行阶段财产保全措施，香港特别行政区法院和澳门特别行政区法院均不可由诉讼阶段财产保全措施自动转为执行阶段财产保全措施，必须经当事人申请并且获得法官批准才可转换。鉴于执行程序中存在这些差异，中国三法域的法院对执行财产保全措施也没有统一的标准流程，特别是财产保全措施到期之后如何续期和延展是无法克服的困难；因此，在现有条件下，一个域内法院是不可能跨法域向一个域外法院请求认可和执行财产保全措施的。综上所述，中国三法域的法院现阶段无法实现相互认可和执行区际财产保全的裁决和命令，即使是香港特别行政区法院作出了资产冻结令这种具有域外执行力的财产保全措施，由于中国三法域的法院之间财产保全措施的执行程序存在很大差异，也不可能得到一个域外法院的认可和执行。

第四节　中国区际财产保全异议程序的冲突

中国三法域的法院在具体的区际民事案件和区际民事司法协助案件中，如果批准采取财产保全措施，将会由财产保全裁决法院的执行机构来强制执行，被告或被保全人的财产将被采取查封、冻结、扣押等强制措施。那么，被告或被保全人的民事财产权利亦会受到限制，万一出现错误的财产保全或者不合理的财产保全，极有可能损害被告或被保全人的合法权益。正如法谚所云，“无救济则无权利，有权利则有救济”，司法对权利的救济必须体现在全部司法程序中；所以，在任何一宗区际财产保全程序案件中，如果被告或被保全人对财产保全裁决法院采取财产保全措施不服，或者认为财产保全措施有错误，又或者案外人（第三人）认为财产保全的执行程序将会或已经损害了其合法权益，则上述相关的当事人有权向财产保全裁决法院提出复议、复核、异议、上诉、起诉等司法救济请求。因此，一个完善的区际财产保全程序应当包含异议程序，赋予当事人提起复议、复核、异议、上诉、起诉等司法救济请求的权利和途径。区际财产保全异议程序发挥着对错误财产保全措施进行纠正或矫正的作用，也可以被称为一项司法纠错程序。[1] 在司法实践中，中国三法域的法院都有自己的区际财产保全异议程序，但是中国三法域的法院有不同的异议程序规则，下文针对中国三法域的区际财产保全异议程序的重大差异展开论述。

一、内地人民法院的区际财产保全异议程序

内地人民法院在办理区际财产保全案件的过程中，如果当事人提起异议程序，那么当事人可选择针对财产保全的复议、异议和财产保全损害赔偿之诉等司法救济途径。[2] 当然，这些司法救济途径针对的是不同的民事诉讼主体。例如，当事人、利害关系人对财产保全裁决法院作出财产保全民事裁定不服的，可以在收到财产保全民事裁定书后向财产保全裁决法院申请复议一次，复议期间不停止裁定的执行；当事人、利害关系人认为财产保全裁决法院执行财产保全措施的行为违反法律规定并且侵犯自己合法权益的，可以向执行法院提出执行异议的请求。经过财产保全执行异议程序之后，案外人、当事人对财产保全裁决法院的执行异议民事裁定不服，如果当事人认为原裁定有错误，则按照审判监督程序办理申诉；如果当事人认为与原裁定无关，则可以向财产保全裁决法院提起执行异议之诉；如果事后被告或被保全人有证据证实财产保全措施是错误的，原告或保全申请人应当赔偿被告或被保全人因财产保全所遭受的损失，遭受错误财产保全的被告或被保全人，可以向财产保全裁决法院提起财产保全损害赔偿之诉。总的来说，内地人民法院适用的区际财产保全异议程序最为简单，具体内容于下文展开论述。

---

〔1〕 参见李喜莲：《财产保全“申请有错误”的司法考量因素》，载《法律科学（西北政法大学学报）》2018 年第 2 期。

〔2〕 参见范卫国：《法院财产保全错误：发生机理与救济路径》，载《河北法学》2016 年第 8 期。

（一）财产保全复议程序

内地人民法院办理财产保全案件的复议程序，其法律依据是《民事诉讼法》（2023 年）第 111 条，该条规定当事人对保全或者先予执行的裁定不服的，可以申请财产保全裁决法院复议一次；但是，复议期间不停止裁定的执行。同时《民事诉讼法解释》（2022 年）第 171 条规定，当事人对保全或者先予执行裁定不服的，可以自收到裁定书之日起 5 日内向作出裁定的人民法院申请复议。人民法院应当在收到复议申请后 10 日内审查。裁定正确的，驳回当事人的申请；裁定不当的，变更或者撤销原裁定。《民事诉讼法解释》（2022 年）第 172 条还规定，利害关系人对保全或者先予执行的裁定不服申请复议的，由作出裁定的人民法院依照《民事诉讼法》第 111 条规定处理。另外有一部重要的司法解释即最高人民法院《关于人民法院办理财产保全案件若干问题的规定》第 25 条也规定，申请保全人、被保全人对保全裁定或者驳回申请裁定不服的，可以自裁定书送达之日起 5 日内向作出裁定的法院申请复议一次。人民法院应当自收到复议申请后 10 日内审查。对保全裁定不服申请复议的，人民法院经审查，理由成立的，裁定撤销或变更；理由不成立的，裁定驳回。对驳回申请裁定不服申请复议的，人民法院经审查，理由成立的，裁定撤销，并采取保全措施；理由不成立的，裁定驳回。从《民事诉讼法》和相关司法解释的相关规定来看，当事人包括原告或保全申请人、被告或被保全人，利害关系人包括案外人、第三人，如果他们认为财产保全有错误，损害了他们的合法权益，都有权向人民法院申请复议。但是该内地人民法院的财产保全复议程序的相关规定相对简单，既没有规定由财产保全裁决法院的上级法院进行复议，也没有规定由财产保全裁决法院另行组成合议庭复议或者由财产保全裁决法院行使审判监督职权的法官进行复议。因此，这种复议程序在实质监督的有效性方面有所欠缺。

（二）财产保全执行异议程序

内地人民法院的执行机构在执行财产保全措施的过程中，当事人有可能会提起执行异议程序，该执行异议程序与前述的复议程序是完全不同的两项司法救济程序。执行异议程序和复议程序分别处于财产保全程序的两个阶段，涉及的实体法律关系不同，并且它们需要解决的争议也不同。按照内地人民法院办理区际财产保全案件的审批流程，是独任庭、合议庭或执行庭的法官批准财产保全，然后将民事裁定书移送财产保全裁决法院的执行机构去执行具体的财产保全措施。正如上文所述，复议程序是因为有关当事人、利害关系人对财产保全裁决法院批准或不批准财产保全不服而提起的司法救济程序，复议程序针对的法律问题是法官应不应当批准财产保全；而执行异议是财产保全已经得到法院批准，财产保全裁决法院的执行机构在具体执行过程中存在违法执行的情形，有关当事人、利害关系人向法院的执行机构提起执行异议，不涉及应不应当采取财产保全措施的问题，而是涉及被保全的财产是否属于应当被保全的财产范围，是否超标或超范围保全财产等。根据最高人民法院《关于人民法院办理财产保全案件若干问题的规定》第 26 条的规定："申请保全人、被保全人、利害关系人认为保全裁定实施过程中的执行行为违反法律规定提出书面异议的，人民法院应当依照民事诉讼法第二百二十五条[1]规定审查处理。"根据《民事诉讼法》(2023 年)第 236 条的规定，当事人、利害关系人认为执行行为违反法律规定的，可以向负责执行的人民法院提出书面异议。当事人、利害关系人提出书面异议的，人民法院应当自收到书面异议之日起 15 日内审查，理由成立的，裁定撤销或者改正；理由不成立的，裁定驳回。当事人、利害关系人对裁定不服的，可以自裁定送达之日起 10 日内向上一级人民法院申请复议。但此处所言的对执行异议裁定的复议，并不是前述对财产保全民事裁定不服的复议，而是对执行异议程序的复议。根据最高人民法院《关于人民法院办理财产保全案件若干问题的规定》第 27 条规定："人民法院对诉讼争议标的以外的财产进行保

---

[1] 作者按：《最高人民法院关于人民法院办理财产保全案件若干问题的规定》引用的是 2017 年的《民事诉讼法》，2017 年《民事诉讼法》第 225 条，2023 年已经修改为《民事诉讼法》第 236 条。

全，案外人对保全裁定或者保全裁定实施过程中的执行行为不服，基于实体权利对被保全财产提出书面异议的，人民法院应当依照民事诉讼法第二百二十七条[1]规定审查处理并作出裁定。案外人、申请保全人对该裁定不服的，可以自裁定送达之日起十五日内向人民法院提起执行异议之诉。人民法院裁定案外人异议成立后，申请保全人在法律规定的期间内未提起执行异议之诉的，人民法院应当自起诉期限届满之日起七日内对该被保全财产解除保全。"根据《民事诉讼法》（2023 年）第 238 条的规定，执行过程中，案外人对执行标的提出书面异议的，人民法院应当自收到书面异议之日起 15 日内审查，理由成立的，裁定中止对该标的的执行；理由不成立的，裁定驳回。案外人、当事人对裁定不服，认为原判决、裁定错误的，依照审判监督程序办理；与原判决、裁定无关的，可以自裁定送达之日起 15 日内向人民法院提起案外人执行异议之诉。为了落实当事人对财产保全执行异议之诉的权利，《民事诉讼法解释》（2022 年）中专门规定了执行异议之诉。根据《民事诉讼法》第 234 条规定，案外人、当事人对执行异议裁定不服，自裁定送达之日起 15 日内向人民法院提起执行异议之诉的，由执行法院管辖。[2]

（三）财产保全损害赔偿之诉

内地人民法院办理区际财产保全案件的过程中，如果出现财产保全错误的情形，当事人有可能提起财产保全损害赔偿之诉。根据《民事诉讼法》（2023 年）第 108 条的规定，申请保全有错误的，保全申请人应当赔偿被申请人因保全所遭受的损失。按照该法律条款的精神，民事诉讼法免除了内地人民法院因错误财产保全而承担的国家赔偿责任。换言之，在

---

[1] 作者按：《最高人民法院关于人民法院办理财产保全案件若干问题的规定》引用的是 2017 年的《民事诉讼法》，2017 年《民事诉讼法》第 227 条，2023 年已经修改为《民事诉讼法》第 238 条。

[2] 作者按：《最高人民法院关于适用〈中华人民共和国民事诉讼法〉的解释》（2022 年）中引用的是 2021 年《民事诉讼法》的法条，2021 年《民事诉讼法》第 334 条，2023 年已经修改为《民事诉讼法》第 238 条。

任何一宗区际财产保全案件中，即便最终出现了错误财产保全的情形，也只是由保全申请人承担损害赔偿责任，而财产保全裁决法院无须承担任何国家赔偿责任。因此，保全损害赔偿之诉就有了法律依据。为了落实民事诉讼法规定的财产保全损害赔偿责任，2011 年 2 月 28 日公布的最高人民法院第一次修正的《民事案件案由规定》，对财产保全损害赔偿之诉的案由细分为 2 个案由，2 个第二级案由分别是因申请诉前财产保全损害责任纠纷和因申请诉中财产保全损害责任纠纷。2020 年 12 月 29 日公布的最高人民法院第二次修正的《民事案件案由规定》，将 2 个第二级案由申请诉前财产保全损害责任纠纷和因申请诉中财产保全损害责任纠纷，合并为 1 个第二级案由即因申请财产保全损害责任纠纷。所以，凡是因错误财产保全遭受损害的被告或被保全人，都可以根据这两个案由向有管辖权的法院提起财产保全损害赔偿之诉。提起财产保全损害赔偿之诉，必须按照完整的民事案件实体判决程序进行，必须先明确实体判决法院才可以方便当事人起诉。关于财产保全损害赔偿之诉的实体判决法院，根据《民事诉讼法解释》(2022 年)第 27 条的规定，当事人申请诉前保全后没有在法定期间起诉或者申请仲裁，给被申请人、利害关系人造成损失引起的诉讼，由采取保全措施的人民法院管辖。当事人申请诉前保全后在法定期间内起诉或者申请仲裁，被申请人、利害关系人因保全受到损失提起的诉讼，由受理起诉的人民法院或者采取保全措施的人民法院管辖。除此之外，还有一种情形在《民事诉讼法解释》中没有作出具体规定，即在民事诉讼过程中，原告或保全申请人向法院申请诉中财产保全，给被告或被保全人、利害关系人造成损失引起的诉讼，该由哪个法院管辖，是不清晰、不明确的。按照本书观点，诉中财产保全损害赔偿之诉也由实体判决法院管辖比较合适，这样符合侵权之诉由侵权行为地法院管辖的法律原则。

二、香港特别行政区法院的区际财产保全异议程序

香港特别行政区法院在办理区际财产保全案件的过程中，如果当事

人提起异议程序，那么当事人可选择的异议程序并不包括针对民事临时措施的复议、执行异议和民事临时措施损害赔偿之诉。因为在普通法系中没有复议、执行异议、财产保全损害赔偿之诉的做法和规定，但这并不意味着香港特别行政区法院没有相应的异议程序。在司法实践中，有关当事人、利害关系人对香港特别行政区法院采取民事临时措施的命令、令状或手令不服，可以通过普通法系特有的异议程序实现司法救济的目的。例如，被告或被保全人只要向法院提供保证或担保，法院即可解除民事临时措施而不附加任何条件；如果原告或保全申请人不具有充分的理由，却申请法院判予针对被告或被保全人的民事临时措施，则法院有权判予补偿被告或被保全人。如果被告或被保全人获得补偿，将不得再针对该民事临时措施提起普通损害赔偿之诉；法院通过讼费评定由败诉方承担讼费并赔偿胜诉方讼费，以达到遏制当事人滥用民事临时措施之目的。还有就是当事人可以对法院判予民事临时措施的命令、令状和手令提起上诉，当然普通法的上诉必须获得上诉许可（leave），因此，可以说民事临时措施的上诉也是一项异议程序。总的来说，香港特别行政区法院关于民事临时措施的异议程序具有非常突出的普通法系特点，具体内容于下文展开论述。

（一）提供保证或担保即可解除财产保全措施

香港特别行政区法院的民事临时措施不适用复议程序，因为复议程序大多出现在大陆法系的民事程序制度安排和设计当中，普通法系中没有复议程序。如果被告或被保全人对香港特别行政区法院采取民事临时措施的命令、令状和手令不服，是不可以向法院申请复议的。当然，普通法系有另外的司法救济途径，香港特别行政区法院允许被告或被保全人提供保证或担保以替代民事临时措施，而不附加任何条件，亦无须得到原告或保全申请人的同意，只要满足香港特别行政区法院的要求，便可以即刻解除民事临时措施。这种不附加任何条件，向香港特别行政区法院提供保证或担保，换取即刻解除民事临时措施的程序设计，也是被告或被保全人获得司法救济的途径之一。为什么说香港特别行政区法院的这种做法是一种司法救济途径呢？理由是该做法与内地人民法院以担保替代财产保全的做法有很大区别。尽管内地人民法院对于已经被财产保全的财产允许被告或被保全人提供保证或担保，但是必须经原告或保全申请人同意，而不区分被保全的财产是不是双方争议的财产，内地人民法院将获得原告或保全申请人的同意作为解除财产保全的附加条件。如果原告或保全申请人不同意，内地人民法院未必会同意解除财产保全，除非被告或被保全人的理据非常充足，否则存在极大的不确定因素；反而香港特别行政区法院的做法充满确定性，被告或被保全人对提供保证或担保之后的预期很稳定，从而充分实现双方当事人的权利义务平衡。普通法系的法律观点认为，财产保全就是为了防止被告或被保全人在民事诉讼过程中处置其财产或转移财产，妨碍将来的生效实体判决或命令的执行。所以，普通法系在财产保全的制度设计上，允许原告或保全申请人在起诉时、起诉后直至最终判决作出为止的任何时间，向香港特别行政区法院申请传唤被告或被保全人提供足够的保证或担保。香港特别行政区法院有权要求被告或被保全人将其财产或其财产的价值，或财产中足以应付任何可能会在该宗民事诉讼中针对他作出的判决的部分财产交出，并交由香港特别行政区法院处置。如果被告或被保全人没有提供该项保证或担保，原告或保全申请人可向香港特别行政区法院申请作出指示，指示扣押任何属于被告的财产（不论动产或不动产），直至法院作出进一步的命令为止。但是，民事扣押被告或被保全人的财产并不是香港特别行政区法院的首选，如果被告或被保全人提供足够的保证或担保，则民事扣押即告解除而无须附加任何条件，也无须得到原告或保全申请人的同意，但是同时没有减损原告或保全申请人的权益，将来的生效实体判决和命令同样能够得到有效执行。为了实现与被告或被保全人提供保证或担保的制度设计相配套，普通法系的制度设计之一是诉讼人储存金规则。香港特别行政区法院有一整套完善的诉讼人储存金规则，规管诉讼人的款项、证券及动产在法院的存放、缴存、支出、交付、转拨、转入及转出。被告或被保全人提供保证或担保的时候，也可选择将保证金存入香港特别行政区法院的官方账户。

（二）不合理的民事临时措施可获补偿

香港特别行政区法院为了遏制民事临时措施被滥用，如果法院认定原告或保全申请人在不具有充分理由的情况下申请授予民事临时措施并获得法院批准，事后法院有权判给被告或被保全人一定的补偿。那么香港特别行政区法院如何认定不具有充分理由而判予民事临时措施呢？主要的考虑因素有 4 个方面：(1)香港特别行政区法院认为民事扣押财产的申请并无充分理由；(2)原告或保全申请人提起的民事诉讼已被撤销或撤回；(3)香港特别行政区法院判定原告败诉的判决，是因为他们欠缺行动或其他理由而作出的；(4)香港特别行政区法院认为原告或保全申请人并无颇有可能的理由提起民事诉讼。如果符合以上 4 个方面因素之一，则香港特别行政区法院可应被告或被保全人在判决宣告之前或之时提出的申请，就被告或被保全人因被民事扣押而蒙受的任何损害或损失，判令原告或保全申请人给予被告或被保全人合理的补偿；合理补偿的范围由香港特别行政区法院按照公平的原则来自由裁量。但是，香港特别行政区法院根据被告或被保全人有权获得补偿的裁判规则，判给被告或被保全人的补偿金额，不得多于香港特别行政区法院在普通损害赔偿之诉中正常判给被告或被保全人的补偿金额。换言之，香港特别行政区法院不得超过普通损害赔偿之诉判予的金额来给予被告或被保全人补偿金额。与此同时，被告或被保全人在获得香港特别行政区法院根据补偿规则判予的补偿之后，不得再就该项民事临时措施向法院提出任何要求损害赔偿的民事诉讼。但是，这并不妨碍在香港特别行政区法院没有判给被告或被保全人补偿的情况下，被告或被保全人因民事临时措施遭受损害或损失，另案提起追索损害赔偿的民事诉讼。但从普通法系的传统来看，香港特别行政区法院并没有单独设立一个民事临时措施损害赔偿之诉的民事案件案由，只是按照普通财产侵权之诉追索损害赔偿。所以，本书没有将被告或被保全人有可能按照普通财产侵权之诉程序来追索民事临时措施损害赔偿的民事诉讼,视为一项区际财产保全的异议程序。当然,如果香港特别行政区法院在办理民事临时措施案件中,出现原告或保全申请人在不具有充分理由的情况下申请授予民事临时措施并获得法院批准的情况,事后被告或被保全人有权向香港特别行政区法院申请获得合理补偿,这实为一项司法救济程序,也是一项异议程序。

(三)通过评定讼费遏制当事人滥用民事临时措施

根据普通法系的传统和香港特别行政区各类法院条例及法院规则,诉讼参与人在香港特别行政区法院进行的所有民事程序中的讼费及附带费用,包括民事临时措施程序的费用,均可由香港特别行政区法院酌情决定(discretion)应付或获得讼费金额。普通法中的酌情决定权,可以理解为由审案法官和聆案官行使自由裁量权对讼费进行评定,这是普通法系特有的讼费评定制度。讼费评定制度当然可以运用到区际财产保全案件中,用于遏制当事人滥用民事临时措施。香港特别行政区法院可酌情决定民事临时措施的讼费金额,包括必须由何人支付以及必须支付讼费的范围。需要特别指出之处是支付讼费的人员范围,在香港特别行政区法院进行的全部民事程序或民事诉讼中,除了诉讼参与人(双方当事人)外,还包括非民事程序的一方(包括第三方或案外人),都属于需要支付讼费的人员范围。普通法规定,在香港特别行政区法院所有的民事程序或民事诉讼中,在以不损害法院的自由裁量权,由审案法官或聆案官评定由哪一方当事人支付讼费的一般性原则下,如果香港特别行政区法院作出的讼费评定命令,判定由并非有关民事程序一方的人(第三方或案外人)来支付讼费属于秉行公正,则香港特别行政区法院可按照法院规则评定讼费并如此作出评定讼费的命令。为了惩戒滥用诉讼权利的行为,在香港特别行政区法院进行的任何民事程序或民事诉讼中包括民事临时措施程序,香港特别行政区法院可按照法院规则,凭借命令否决任何虚耗讼费的全部或部分,或命令有关的法律代表支付任何虚耗讼费的全部或部分。香港特别行政区法院在决定是否作出虚耗讼费的相关命令时，除须考虑所有其他有关情况外，亦须考虑在辩论式诉讼的司法制度下进行无顾忌讼辩的利益。所谓虚耗讼费（wasted costs），指民事程序中的一方因任何法律代表作出或通过其雇员或代理人作出的下述2类行为而招致的任何讼费：第一类行为是任何不恰当或不合理的作为或不作为；第二类行为是任何不当的延误或其他不当行为或过失。此处所指的法律代表（legal representative）就任何民事程序中的一方而言，指代表该方进行诉讼的大律师或律师。上述的不恰当、不合理、不当延误或其他不当行为包括滥用民事临时措施和错误民事临时措施，香港特别行政区法院可判定有责任的一方支付讼费以及负责虚耗的讼费。香港特别行政区法院通过讼费评定规则来遏制滥用民事临时措施，同时胜诉一方也可获得讼费，因此这也可作为对不合理或错误民事临时措施的一项司法救济途径。本书将讼费评定制度也纳入香港特别行政区法院的区际财产保全异议程序进行论述。

（四）民事临时措施的上诉程序

如果被告或被保全人对香港特别行政区法院判予民事临时措施的命令、令状和手令不服，可以提起民事临时措施的上诉程序。普通法系针对程序性请求例如民事临时措施亦存在上诉程序，所以，普通法系没有民事临时措施复议程序和执行异议程序这样的司法救济程序。普通法系民事程序中的司法复核（judicial review）制度却不适用于民事临时措施程序的司法救济。虽然说普通法系的民事程序中存在司法复核程序，但是司法复核程序是针对政府官员及履行公共职能的机构和行使公共权力的人士作出的决定进行司法审查，类似于大陆法系的行政诉讼程序，但又不完全等同于行政诉讼程序，所以其不适于作为当事人对民事临时措施不服的司法救济途径。当事人不服香港特别行政区法院采取的民事临时措施的命令、令状和手令，可能通过上诉（appeal）途径获得司法救济。香港特别行政区区域法院和香港特别行政区高等法院原讼法庭采取民事临时措施的命令、令状和手令,都必须向香港特别行政区高等法院上诉法庭提出上诉。根据普通法系的传统,当事人提起上诉前必须获得上诉许可,而获得上诉许可的途径又有不同。一般而言,上诉许可由上诉人向原审法官提出,如果原审法官判予上诉许可,则该案件移送上诉法庭进入上诉审程序;如果原审法官不判予上诉许可,则上诉人可以向上诉法庭申请上诉许可。向上诉法庭申请上诉许可又区分两种情况:如果上诉法庭判予上诉许可,则该案件移送上诉法庭进入上诉审程序;如果上诉法庭不判予上诉许可,则该案件不得上诉。此外,还有一种上诉的情形是针对来自内庭的聆案官采取民事临时措施的命令、令状和手令,不论该聆案官是仅基于书面陈词而作出的,还是经法庭聆讯后作出的,都必须向在该内庭的法官提出上诉,而不是向法庭的法官提出上诉。但是,当事人对于来自法庭的法官采取民事临时措施的命令、令状和手令的上诉,必须按照获得上诉许可的程序进行。上诉人提起对民事临时措施的上诉程序,并不具有搁置民事临时措施的作用,但如果上诉法庭或原审法庭有允许搁置执行该民事临时措施的命令,则属例外。如果民事临时措施进入上诉程序,则上诉法庭聆讯上诉时,上诉法庭可行使全部应由下级法庭行使的权力,可以作出应由下级法院作出的判决、决定或命令,并可作出情况所需的进一步或其他命令或将有关事宜连同上诉法庭的意见,发还下级法庭重新作聆讯及裁定。除非上诉法庭认为因错误指示或证据的不当接纳或不当拒纳已造成实质上的错误或司法不公,否则无须仅以此为理由而判上诉得直。上诉法庭判定上诉得直,可行使如下 2 项权力:第一项权力是强制令的授予、更改、撤销或强制执行,或为代替强制令而作出的承诺;第二项权力是搁置执行或搁置民事程序的采取或撤销。至于在上诉期间能否搁置执行,取决于下级法庭或上诉法庭(包含该法院的单 1 名法官)是否决定作出不执行或将民事程序搁置的命令。针对民事临时措施的命令、令状和手令进行上诉,香港特别行政区高等法院上诉法庭的决定是最终决定,不得再上诉到香港特别行政区终审法院。

三、澳门特别行政区法院的区际财产保全异议程序

澳门特别行政区法院在办理区际财产保全案件的过程中，如果当事人提起异议程序，那么当事人可选择的异议程序不包括针对财产保全的复议、执行异议和财产保全损害赔偿之诉。因为在澳门特别行政区法律中没有复议、执行异议、财产保全损害赔偿之诉的做法和规定，但这并不意味着澳门特别行政区法院没有相应的财产保全异议程序。澳门特别行政区法院有其独特的财产保全异议程序，当事人、利害关系人对澳门特别行政区法院作出的财产保全措施不服，有提起申辩程序、上诉程序和声明异议程序等三种司法救济途径，这些程序可适用于区际财产保全案件的不同阶段和不同情况。例如在宣告之诉阶段，澳门特别行政区法院必须于批准采取财产保全措施之前，传唤被告或被保全人并听取被告或被保全人之陈述和答辩；如果法官未经听取被告或被保全人之陈述和答辩而直接作出采取财产保全措施之命令状或批示，则法院在执行该财产保全措施之后，必须通知被告或被保全人。被告或被保全人接获法院通知后，仍有权针对已经采取的财产保全措施提出申辩；被告或被保全人不服法院采取的财产保全措施或者认为财产保全措施有错误的，既可以不经申辩直接提起财产保全的上诉程序，也可以在经申辩之后，针对法官维持原财产保全措施提起上诉程序；当被告或被保全人对错误财产保全提起上诉程序，被原审法院不同意上诉或留置上诉后，被告或被保全人还可以通过声明异议途径寻求司法救济。如果法官推翻先前采取财产保全措施的命令状或批示，原告或保全申请人有可能要承担错误财产保全的法律责任，但前提是有关的财产保全措施被认为不合理，或者因可归责于原告或保全申请人之事实而失效，并且原告或保全申请人行事时缺乏一般应有之谨慎，此时其必须承担损害责任。但是原告或保全申请人如何承担错误或不当财产保全的具体法律责任，《澳门民事诉讼法典》中未作明确和具体的规定。所以，无法确定被告或被保全人是否有权向澳门特别行政

区法院提出财产保全损害赔偿之诉,但是提起普通侵权之诉应当是没有法律障碍的。总的来说,澳门特别行政区法院适用的区际财产保全异议程序具有非常突出的大陆法系特点,具体内容于下文展开论述。

(一)财产保全的申辩程序

根据《澳门民事诉讼法典》的相关规定,当事人不服澳门特别行政区法院批准或不批准财产保全的命令状或批示,不适用复议程序。所以,在司法实践中,原告或保全申请人认为不批准财产保全有错误,以及被告或被保全人认为财产保全有错误的,当事人不可以向澳门特别行政区法院申请复议。但是,《澳门民事诉讼法典》赋予被告或被保全人针对财产保全措施的申辩权。该申辩权是为了确保被告或被保全人获得司法救济及促使澳门特别行政区法院公正行使司法权力。根据《澳门民事诉讼法典》的相关规定,澳门特别行政区法院在办理区际财产保全案件时,如果法院批准采取财产保全措施,则必须通知被告或被保全人并听取被告或被保全人的陈述和答辩。其目的是给予被告或被保全人充分的抗辩机会,防止原告或保全申请人滥用财产保全措施。除非法院认为听取被告或被保全人的陈述和答辩,有可能严重妨碍该财产保全措施达致其目的或者妨碍财产保全措施产生其效力,法官才可以在不听取被告或被保全人的陈述和答辩的前提下,作出批准财产保全的命令状或批示。因此,澳门特别行政区法院以听取被告或被保全人的陈述和答辩为原则,以不听取被告或被保全人的陈述和答辩为例外。无论是在宣告之诉阶段,还是执行之诉阶段,通常情况下法官必须在听取被告或被保全人的陈述和答辩后,才能决定是否批准财产保全。原告或保全申请人向法院提出财产保全的申请之后,法官必须通知被告或被保全人并给予充分的时间和机会,便于其提出陈述和答辩。如果是存在无法传唤被告或被保全人的情形,例如被告或被保全人已经下落不明而无法传唤,则法官可不听取被告或被保全人的陈述和答辩。还有一种情形是被告或被保全人已被传唤而拒不到庭时,由法院根据实际情况缺席裁判。假如在出现上述法官未听取被告或被保全人陈述和答辩的特定情形，法官在批准财产保全之后，必须通知被告或被保全人，而被告或被保全人接获法院通知后，针对已经批准的财产保全措施仍然享有申辩权。被告或被保全人可以向法官提出申辩，向法官陈述和答辩关于法官在批准财产保全之时未曾考虑的事实，或者提出使用法官未曾考虑的证据方法，且该等事实或证据方法可以使批准财产保全措施的依据不成立，或可以导致采用比较轻的财产保全措施。在被告或被保全人提出申辩之后，当事人还享有听证的权利，该听证程序相当于内地人民法院的开庭或者香港特别行政区法院的聆讯。申辩程序进行中的听证程序，一般是在被告或被保全人提出申辩的期间届满后，如果法官已经听取被告或被保全人的陈述和答辩后，还认为需要对申请调查或法官依职权调查的证据进行调查，则双方当事人及诉讼代理人都应当出席听证，同时法官亦可传唤证人出席听证。被告或被保全人在申辩程序和听证程序中，均有权陈述和答辩，由法官决定是否采纳被告或被保全人的意见，并据此作出命令。要么法官命令维持先前采取的财产保全措施，要么法院命令采用较轻的财产保全措施或者废止先前采取的财产保全措施。对于法官在申辩程序之后命令采取、维持和废止财产保全措施的命令状和批示，任何一方当事人不服都有权提起上诉。因此，被告或被保全人的申辩权不影响后续的上诉权及上诉程序。

（二）财产保全的上诉程序

上文述及被告或被保全人不服财产保全措施或者认为财产保全有错误，既可以不经申辩程序直接提起上诉，也可以在经过申辩程序后对法官维持原先采取的财产保全措施提起上诉。根据《澳门民事诉讼法典》的相关规定，澳门特别行政区法院适用的上诉程序有 2 种：第一种是平常上诉；第二种是非常上诉。按照该法典的定义，非常上诉是指再审上诉以及基于第三人反对而提起之上诉，其余的上诉则均属于平常上诉。据此，被告或被保全人对法院采取的财产保全措施不服或者认为财产保全有错误而提起上诉，属于平常上诉。但是根据澳门特别行政区法律的规定，民事上诉案件是需要根据上诉利益值来判定能否上诉的。《澳门民事诉讼法典》规定，在某个民事案件的裁判中，如涉及案件、附随事项或保全程序之利益值时，以该利益值超过作出上诉所针对之裁判之法院之法定上诉利益限额为上诉依据。换言之，被告或被保全人提起针对财产保全的上诉，如果要向澳门特别行政区中级法院上诉，则上诉利益值必须超过澳门特别行政区初级法院的上诉利益限额；如果向澳门特别行政区终审法院上诉，则上诉利益值必须超过澳门特别行政区中级法院的上诉利益限额。关于上诉利益值的确定，根据《澳门特别行政区司法组织纲要法》第18条的规定，法定上诉利益限额在民事及劳动法上的民事方面，第一审法院（初级法院）及中级法院的法定上诉利益限额分别为澳门币10万元及100万元。澳门特别行政区法院采取的财产保全措施主要就是假扣押和查封，《澳门民事诉讼法典》也明确规定如果上诉针对假扣押和查封，则上诉利益值为欲保障之债权金额，以假扣押和查封的标的金额来确定上诉利益值。另外，需要强调的是，针对财产的保全措施，当事人上诉到澳门特别行政区终审法院的可能性微乎其微。按照《澳门特别行政区司法组织纲要法》的相关规定，澳门特别行政区终审法院管辖案件的范围是涉及法律适用问题或者有重大社会影响的案件，未达此条件澳门特别行政区终审法院是不会管辖上诉案件的。因此，在司法实践中，绝大多数财产保全的上诉案件，基本上都由澳门特别行政区中级法院管辖。一般来说，被告或被保全人提起财产保全的上诉程序，不具有中止执行财产保全措施的效力，除非上诉人在提起上诉之申请中，请求赋予上诉中止效力，且经听取被上诉人之意见后，法官确认立即执行裁判可对上诉人造成不能弥补或难以弥补之损失者，方得赋予该上诉中止财产保全的效力。如果上诉人不服上诉裁判，欲向澳门特别行政区终审法院上诉，则必须超过澳门特别行政区中级法院的上诉利益限额并且涉及法律适用问题或者有重大社会影响，才有可能上诉到澳门特别行政区终审法院。同时澳门特别行政区终审法院亦要权衡是否针对该法律问题作出统一司法见解，未达此条件之上诉案件，澳门特别行政区终审法院不予管辖。

(三)上诉的声明异议程序

在司法实践中,当被告或被保全人不服澳门特别行政区法院的财产保全措施或者认为财产保全有错误,需要提起上诉程序时,还有可能存在无法上诉或不能上诉的情形。例如,未达到澳门特别行政区法律规定的上诉利益值而无法上诉;或者是案外人、第三人等利害关系人因财产保全措施遭受损害欲寻求司法救济,但是案外人、第三人等利害关系人不具备上诉资格而无法提起平常上诉或者非常上诉。因此《澳门民事诉讼法典》规定了被告或被保全人、利害关系人在不能通过上诉程序寻求司法救济时,还可以通过声明异议程序的途径寻求司法救济,以此作为一项补充救济程序。当被告或被保全人欲针对澳门特别行政区法院采取的财产保全措施提起上诉程序时,通常是上诉人通过向原审法院提交上诉申请书来开展上诉程序。上诉申请书必须向采取财产保全措施之原审法院的办事处提交,如果原审法院受理了上诉申请,法官就必须作出相应的受理批示,涉及将相关卷宗呈送上诉法院之事宜。但是,如果澳门特别行政区法律规定某些财产保全措施不得提起上诉,例如未达上诉利益值,或者上诉是逾期提起,又或者是上诉人系不具备上诉所必需之条件者,那么原审法院对这类上诉申请必须予以驳回或留置上诉,即原审法院不启动上诉程序并且卷宗也不呈送上诉法院。上诉人针对上诉申请被驳回或被留置,有权通过声明异议程序来寻求司法救济。当原审法院作出驳回上诉或留置上诉的批示时,上诉人有权向有管辖权的上诉法院院长提出声明异议。该声明异议必须自接获驳回上诉或留置上诉之批示的通知起10日内提出,声明异议书必须向原审法院的办事处提交。上诉人提出声明异议书,应阐述支持上诉须予受理或须将上诉卷宗立即上呈上级法院之理由,并指明其拟附于声明异议书之证据。声明异议书须以附文方式附于卷宗,且须立即提交予法官或裁判书制作人,以便其作出受理或命令进行上诉之裁判,又或维持声明异议所针对之批示之裁判。如上诉人提起的声明异议理由成立,上诉获受理或命令立即将上诉卷宗上呈给上诉法院,则上述附文并入主诉讼案件之卷宗。如上诉人提起的声明异议理由不成立，则法官将维持声明异议所针对之批示。总之声明异议程序，既适用于澳门特别行政区法院全部民事案件的上诉程序，也适用于财产保全案件的上诉程序，是区际财产保全异议程序的一项补充司法救济途径。

四、异议程序冲突产生的影响

从上文可以看出，中国三法域的法院各自适用的区际财产保全异议程序存在很大的差异，这些差异有6项：(1)内地人民法院适用的区际财产保全异议程序中，有复议程序和执行异议程序；但是，香港特别行政区法院和澳门特别行政区法院适用的区际财产保全异议程序中，却没有复议程序和执行异议程序。(2)内地人民法院适用的执行异议程序中，包含执行异议之诉，但是没有针对财产保全的上诉程序；香港特别行政区法院和澳门特别行政区法院适用的区际财产保全异议程序中，有上诉程序，但是却都没有执行异议之诉。(3)香港特别行政区法院适用的上诉程序包含上诉许可制度，即使是针对民事临时措施的上诉也需要获得上诉许可；澳门特别行政区法院适用的上诉程序包含上诉利益值制度，即使是针对财产保全措施的上诉程序也需要符合上诉利益值限额；内地人民法院既没有针对财产保全措施的上诉程序，也没有上诉许可制度和上诉利益值制度。(4)在香港特别行政区法院适用的区际财产保全异议程序中，当事人可以在提供保证或担保后，无条件换取香港特别行政区法院解除财产保全措施；但在内地人民法院和澳门特别行政区法院的区际财产保全异议程序中，当事人提供保证或担保后，是有条件换取法院解除财产保全。(5)中国三法域的法院各自都有规定错误财产保全的损害赔偿责任，但是追索财产保全损害赔偿的程序和起诉案由各不相同。内地人民法院设立了单独的财产保全损害赔偿诉讼的起诉案由并且规定由财产保全裁决法院管辖；香港特别行政区法院和澳门特别行政区法院没有设立单独的财产保全损害赔偿诉讼的起诉案由，均按照普通侵权之诉的起诉案由处理，并且没有规定是否由财产保全裁决法院管辖。(6)香港特别行政区法院有完善的诉讼人储存金制度和讼费评定制度，既可以遏制原告或保全申请人滥用财产保全权利，也可以作为一项补充司法救济程序；但是内地人民法院和澳门特别行政区法院却没有相应类似的诉讼人储存金制度和讼费评定制度作为一项补充司法救济程序。澳门特别行政区法院独有的针对上诉程序的声明异议程序是一项补充司法救济程序，但是，内地人民法院和香港特别行政区法院却没有声明异议程序。鉴于中国三法域的法院各自适用的区际财产保全异议程序存在重大差异，区际财产保全异议程序没有统一的标准流程。显然在现有条件下，中国三法域的法院之间不可能达成相互认可和执行财产保全措施的区际民事司法协助安排，更加谈不上区际财产保全的裁决和命令在中国三法域之间自由流动了。

第五节　区际财产保全程序冲突的评判

在本章中，本书论述了中国三法域之间存在的诸多区际法律冲突因素，这些因素导致中国三法域的法院各自的区际财产保全程序亦存在冲突，包括区际民事管辖权的冲突、区际财产保全审批程序的冲突、区际财产保全执行程序的冲突、区际财产保全异议程序的冲突。因此基本上可以得出相应的结论，即中国三法域的法院依据法院地法作出的财产保全措施，按照当前条件不可能得到一个域外法院认可和执行。

一、区际民事管辖权的冲突导致区际财产保全程序管辖权冲突

中国三法域的法院的区际民事管辖权存在许多差异，这些无法消除的差异导致了区际民事管辖权的积极冲突和消极冲突。积极冲突即争相管辖，容易产生平行诉讼；消极冲突即都不愿管辖，容易采用不方便法院原则。区际民事案件的当事人为了实现自身利益最大化，通过订立诉讼

管辖协议来挑选法院,但是挑选法院的结果亦存在域内法院不承认被挑选的一个域外法院享有实体管辖权的情形。所以,区际民事管辖权的冲突,直接导致区际财产保全程序管辖权的冲突;而克服这些冲突需要长期努力,绝不是一朝一夕可以克服的。

二、审批程序差异导致区际相互协助财产保全困难重重

中国三法域的法院各自的区际财产保全审批程序存在许多差异。中国三法域的法院要求原告或保全申请人提交的财产保全申请文件不同;中国三法域的法院是否要求原告或保全申请人提供担保的规定不同,即使需要原告或保全申请人提供担保,中国三法域的法院要求担保的形式也不同;中国三法域的法院是否传唤被告或被保全人并且听取被告或被保全人的陈述和答辩也不同。这些审批程序的差异导致区际相互协助财产保全困难重重,而解决这些困难需要多方配合,绝不是单方面可以解决的。

三、执行程序差异导致区际相互认可执行财产保全困难重重

中国三法域的法院各自的区际财产保全执行程序存在许多差异。中国三法域的法院关于财产的法律定义不同;中国三法域的法院不纳入被保全财产的范围不同;中国三法域的法院对轮候保全(查封)的规定不同;中国三法域的法院关于诉讼阶段的财产保全与执行阶段的财产保全的衔接不同。这些执行程序的差异导致区际相互认可执行财产保全困难重重,而解决这些困难需要求同存异共同努力,绝不是凭想象就可以解决的。

四、异议程序差异也导致区际相互认可执行财产保全困难重重

中国三法域的法院各自的区际财产保全异议程序存在许多差异。内地人民法院有复议程序和执行异议程序包含执行异议之诉,但是没有财

产保全的上诉程序，当事人向内地人民法院提供保证或担保后，不一定可以换取法院解除财产保全。香港特别行政区法院没有复议程序和执行异议程序，当事人可以向香港特别行政区法院提供保证或担保，换取法院无条件解除财产保全；香港特别行政区法院有民事临时措施的上诉程序，但是要获得上诉许可；香港特别行政区法院还有完善的诉讼人储存金制度和讼费评定制度作为配套救济程序。澳门特别行政区法院也没有复议程序和执行异议程序，当事人可以向澳门特别行政区法院提供保证或担保，但不一定可以换取法院解除财产保全；澳门特别行政区法院有财产保全措施的上诉程序，但是要达到上诉利益限额；澳门特别行政区法院有声明异议程序作为配套救济程序。此外，中国三法域的法院追索财产保全损害赔偿的程序大不相同，内地人民法院有财产保全损害赔偿之诉，香港特别行政区法院和澳门特别行政区法院则是按照普通侵权之诉追究错误财产保全的赔偿责任。这些异议程序差异也导致区际相互认可执行财产保全困难重重，而解决这些困难需要更高层次地提升共识，绝不是单靠区际民事司法协助就可以解决的。

五、现阶段区际财产保全的裁决和命令不能自由流动

正是因为中国三法域之间存在各种法律冲突和差异并且无法克服解决，所以作者得出相应的结论：中国三法域的法院作出的财产保全措施即区际财产保全的裁决和命令，在司法实践中不可能得到相互认可和执行；尤其是一个域内法院采取的财产保全措施若想要在一个域外法院得到认可和执行，存在无法克服的法律障碍和非法律障碍。所以，在当前条件下，中国三法域的法院之间，无法达成跨法域相互协助财产保全的区际民事司法协助安排，更加无法达成跨法域相互认可和执行财产保全的裁决和命令的区际民事司法协助安排，区际财产保全的裁决和命令不能自由流动。

第四章 国际经验的启示

在前一章论述了中国三法域的法院适用区际财产保全程序的冲突,包括区际民事管辖权的冲突、区际财产保全审批程序的冲突、区际财产保全执行程序的冲突、区际财产保全异议程序的冲突。这些因素叠加在一起,导致中国三法域的法院之间迄今为止,仍未在区际民事案件领域和区际民事执行领域达成跨法域相互协助财产保全和财产保全的裁决和命令相互认可执行的区际民事司法协助安排。因此,作者需要考察英国、美国等多法域或联邦制国家的法律安排,了解它们解决本国之内不同法域的法院作出财产保全的裁决和命令,能够在本国不同法域之间自由流动的做法;同时需要考察欧盟、海牙国际私法会议、联合国国际贸易法委员会、国际海事委员会和国际海事组织等区域一体化组织和国际组织,了解它们解决成员的法院作出财产保全的裁决和命令,能够在成员之间自由流动的做法。本书将上述多法域国家、联邦制国家、区域一体化组织、国际组织的合理做法提炼出来,为解决中国三法域的法院作出财产保全的裁决和命令,能够在中国三法域之间自由流动提供参考方案。当然,新的问题亦随之而来,即如果成功地实现区际财产保全的裁决和命令在中国三法域之间自由流动,那么被请求执行的法院对其审查判断的标准是什么呢?被请求执行的法院的具体执行程序是什么样的呢?可如果前述两个问题解决不了,不能实现区际财产保全的裁决和命令在中国三法域之间自由流动该怎么办呢?因此要找出阻碍自由流动或者说是不能相互认可和执行的真实原因是什么,并研究如何排除阻碍和提出解决方案。

第一节 英国模式

英国解决区际财产保全程序冲突的模式简称英国模式,本书先从了解英国本土三个法域之间的司法协助关系开始了解英国模式。大不列颠及北爱尔兰联合王国(The United Kingdom of Great Britain and Northern Ireland)的简称是英国(UK),由人称为英伦三岛的英格兰及威尔士、苏格兰、北爱尔兰这三个区域组成,但其实不是3个岛屿而是3个区域。此外,英国还拥有14处海外领地(overseas territories)。历史上曾经号称日不落帝国的大英帝国(后改称英联邦"The British Commonwealth of Nations")作为一个主权国家的政治实体已经不存在了,原因是大英帝国在第一次世界大战之后国力迅速衰落。1931年英国通过了《威斯敏斯特法案》,宣告各自治领地是独立和平等的主权国,共同拥戴英国国王为国家元首,英联邦已被改组为一个国际组织。英国本土的3个区域和14处海外领地由现代英国继承,下文所称的英国均指现代英国。英国作为一个发达的资本主义国家,其政体为议会君主立宪制的单一制国家,英国三权分立的国家体制不如美国般明显,其单一制又不如中国般集中统一。从英国立法权与司法权的对应关系来看,英国既有中央集权,又有地方分权自治,同时还能够保持司法权相对独立,英国本土形成了3个法域即英格兰及威尔士、苏格兰、北爱尔兰法域(以下简称英国三法域)。[1] 由于普通法系中的民事临时措施包含财产保全措施,因此,在本节内容中,本书将英国法院采取的民事临时措施表述为财产保全措施,以更加贴近主题。

一、英国的议会与司法管辖区的关系

为了让读者更好地理解英国三法域之间的司法协助关系,需要以英国的议会(parliaments)与司法管辖区(jurisdictions)的关系为切入点,深入浅出地阐述英国三法域之间复杂的司法协助关系。英国进入现代之后,英国本土的地方议会(政府)设置模式分为英格兰及威尔士、苏格兰和北爱尔兰四个地理范围(geographical extents),各地理范围的地方议会(政府)既不统一又非常复杂,基本上分为 3 层设置模式:第一层为郡(county)、大伦敦区(london borough)、市(city);第二层为区(district)或郡辖区(county borough);第三层为镇乡(township)和教区(parish)。英国各地理范围的地方议会(政府)体制采用一种以议会为中心的议行合一体制,议会等同于同级地方政府。[2] 地方议会(政府)由当地居民普选产生,拥有立法、决策、人事、预算、行政等权力,议员属于政务官。由议员选举其中一人为议会主席,议会主席相当于行政长官,无须经中央任命或认可程序。另外地方议会(政府)将司法职能剥离出去,转交给独立的法院系统,议会自己专注于地方行政,兼管少量地方立法。上述体制导致英国各地理范围的地方议会(政府)不存在一级议会对应一级法院的模式。英国三法域的法院都有自己的组织体系和司法管辖区,并按照英格兰及威尔士、苏格兰、北爱尔兰 3 个法域形成了 3 个司法管辖区。英国三法域的法院在区际民事案件领域和民事执行领域如何解决区际财产保全程序冲突的做法,是本书考察的重点。下面先从梳理英国地方议会(政府)与

---

〔1〕 参见朱志晟:《论英国的区际判决承认与执行制度》,载《河北法学》2011 年第 2 期。
〔2〕 参见苏祖安:《英国地方政府体制和职权研究》,载《科技创业月刊》2013 年第 10 期。

英国三法域的法院两者的法律逻辑关系作为切入点,阐明英国三法域虽然形成了英国本土三个司法管辖区,但是英国地方议会(政府)拥有的是有限立法权,英国三法域的法院拥有的也是相对独立的司法权,英国三法域并不是绝对独立的法域,只可称为相对独立的法域。因此英国解决区际财产保全程序冲突的模式,也是建立在英国三法域之间相对独立的司法协助关系的基础上的。

(一)英国议会的立法权范围

英国的议会包括英国国家议会(UK Parliament)和地方各级议会,其地方议会的多样性、复杂性呈现给世界的是一个独特的政治现象。英国国家议会和地方各级议会都有自己的立法权范围(legislative extents),即使是英国国家议会也不能行使无限立法权,必须按照事权划分的原则,仅对中央管辖事务享有立法权及效力覆盖全国。如果属于地方自治范围内的事权,英国国家议会无权立法,由该地方议会自行立法。下面分别阐述英国国家议会、苏格兰议会(Scottish Parliament)、威尔士国民议会(National Assembly for Wales)、北爱尔兰议会(Northern Ireland Assembly)的立法权范围。

1. 英国国家议会的立法权范围

英国国家议会制定的法案分为两大类,一类是涉及公众利益的一般公法法案(public general acts),另一类是私法法案(private acts);前者占多数,后者占少数,后者又再细分为地方法案(local acts)和个人法案(personal acts)。只有英国国家议会制定的一般公法法案才对整个英国(包括英格兰及威尔士、苏格兰和北爱尔兰)产生法律效力。英国国家议会制定的私法法案只在英格兰法域内产生法律效力,因为苏格兰、威尔士和北爱尔兰有权在自治范围内立法。

2. 苏格兰议会的立法权范围

目前的苏格兰议会是根据 1998 年《苏格兰法案》于 1999 年成立的,该议会的组建目的是就苏格兰的问题进行辩论并制定法律。苏格兰议会有权就一系列由中央移交过来的自治事项制定法律,然而某些中央事务仍然是由英国国家议会负责立法,这些被称为中央保留事项。2016 年《苏格兰法案》在税收、福利和选举等领域,赋予了苏格兰议会更多的权力。苏格兰议会制定的法律只在苏格兰法域内产生法律效力。

3. 威尔士国民议会的立法权范围

根据 1978 年《威尔士法案》,威尔士国民议会是代表威尔士及其人民的利益,由民主选举产生的,威尔士国民议会有权就特定事项制定法律在威尔士领域内施行。除了这些特定事项立法权外,其他的有权机构,例如地方政府或英国政府也有权制定法律在威尔士领域内施行。

4. 北爱尔兰议会的立法权范围

北爱尔兰议会是根据 1998 年《贝尔法斯特协议》设立的。该协议随后通过 1998 年《北爱尔兰法案》获得法律效力。该法案导致设立了一系列相互关联的权力机构,特别是北爱尔兰议会拥有充分的立法权和行政权,它运作时的立法事项涵盖北爱尔兰政府各个部门,包括由中央移交过来的自治事项。例外的事项即保留的中央事项仍然是由英国国家议会负责。英国国家议会负责保留的中央事项立法权,除非国务大臣决定将其中一些事项移交给北爱尔兰议会。

(二)英国三法域的司法管辖权冲突

英国三法域在英国本土形成了三个司法管辖区,即英格兰及威尔士、苏格兰、北爱尔兰。[1] 需要特别指出的是,英格兰及威尔士是一个司法管辖区,英格兰与威尔士根据 1536 年《英国联合法案》(Act of Union)合并之后,两个区域的法律制度被普通法逐步统一,被视为一个司法管辖区。从法理上说,英国所属 14 处海外领地亦是单独司法管辖区,但不在本节的探讨范围内。英国三个司法管辖区之间的司法协助关系颇为复杂。

---

〔1〕 参见郑先红、徐前、凌瑾:《英国司法制度概述及启示》,载《中国司法》2011 年第 12 期。

1. 英国三个司法管辖区之间的法律冲突

英国三个司法管辖区之间存在不同的法律与司法组织体系。英国三个司法管辖区之间的法律冲突呈现以下两大特点：第一个特点是英国是单一制国家，但一国之内却有两大法系并存，法系冲突的长期存在导致司法管辖权冲突。基于历史原因，英格兰及威尔士是普通法系区域，苏格兰是大陆法系区域。根据1707年《英国联合法案》，英国保留了苏格兰的大陆法系法律制度，即使是时至今日，苏格兰议会制定的法律仍有效；另外，北爱尔兰的法律体系与普通法系非常接近，也可归类于普通法系区域。因此，英国一国之内存在两大法系，从而产生区际法律冲突。第二个特点是英国三个司法管辖区所在的法域都有各自的议会，都拥有广泛的自治事项立法权，从而产生司法管辖权冲突。苏格兰议会在自治事项内的立法仍保留大陆法系的传统，即使是由英国国家议会通过并经英国国王御准（the royal assent）的公法法案，如涉及苏格兰的自治事项，法案都不能直接对苏格兰生效，必须经过苏格兰议会制定具体的苏格兰法律才生效。就北爱尔兰而言，北爱尔兰议会的自治事项立法非常广泛，除了国防、外交和税收等属于中央保留的事项外，北爱尔兰议会都可以行使立法权和行政权。就英格兰及威尔士而言，英国国家议会制定的法律并由英国国王御准的公法法案直接对英格兰及威尔士生效，英国国家议会制定私法法案对英格兰生效，威尔士国民议会就特定事项的立法对威尔士生效。

2. 英国三个司法管辖区拥有相对独立的司法组织体系

英国三个司法管辖区各自具有相对独立的司法组织体系。英格兰及威尔士、北爱尔兰两个法域的司法组织体系基本接近，对民事案件行使司法管辖权的司法机关，由基层至高层分别是：专门法庭、郡法院、高等法院和上诉法院，这两个法域的民事案件当事人最终可上诉至英国最高法院（the Supreme Court）。然而，苏格兰法域对民事案件行使司法管辖权的司法机关，由基层至高层分别是：专门法庭、郡法院，郡长亦有部分民事司法管辖权，以及最高民事法院。苏格兰最高民事法院分为内庭（inner house）和外庭（outer house），内庭审理民事案件当事人对外庭和郡法院的裁判不服而提起的上诉;如果民事案件当事人不服内庭的裁判而提起上诉,则上诉至英国最高法院。由此可见,上述因素的存在导致英国三法域存在司法管辖权的冲突。

二、英国三法域解决司法管辖权冲突的模式

英国三法域之间存在司法管辖权冲突,那么英国三法域的法院在区际民事案件领域和民事执行领域,如何解决区际财产保全程序的冲突呢?英国三法域的法院能否相互协助财产保全?任何一个法域的法院作出财产保全措施的命令、令状和手令,在另一个法域是否具有域外执行力?其能否获得另一个法域的法院认可和执行?接下来通过考察英国三法域解决司法管辖权冲突的模式,汲取解决区际民事管辖权冲突的经验。长期以来,英国普通法、衡平法都奉行判例法因而极少制定成文法。历经数百年的沉淀,英国法院作出的具有约束力的判例浩如烟海,不仅普通民众无力了解,即使是法官和律师等专业法律人士也深感费力。因此从近现代以来,英国不断加强及加快成文法的立法工作。英国国家议会的成文法就是制定法律最主要的表现形式,其立法程序是成文法须经两院即下议院(House of Commons)和上议院(House of Lords)通过后,呈送英国国王御准后公布施行。英国国家议会制定的公法法案才对全英国有效,所以,英国国家议会通过对各级法院的立法,统一各级法院的司法管辖权特别是民事管辖权,达到消除区际司法管辖权冲突特别是区际民事管辖权冲突的效果,以及赋予英国最高法院终审权以协调区际法律适用冲突。还有就是英国国家议会通过立法,为英国三法域的法院之间实现交互强制执行判决扫清障碍,也为英国与其他普通法系司法管辖区的法院之间相互协助财产保全措施奠定了法理基础。

(一)英国国家议会通过立法消除司法管辖权冲突

普通法系特征之一,就是对各级法院坚持"一机构一立法"和"一事

一授权”的立法原则,欲设置法院必须通过议会立法先行,这一点明显区别于大陆法系用一部法院组织法或司法组织法来统一规定全国各级法院的设置。英国国家议会按照上述立法原则对英国最高法院和三法域的各级法院分别进行立法规制。英国最高法院由《英国最高法院法案》作出规定;英国三个司法管辖区的高级法院,由《英国高级法院法案》作出规定;地方的郡法院由《英国郡法院法案》作出规定;专门法庭由有关的专门法庭法案,例如《英国劳工法庭法案》《英国土地法庭法案》等作出规定。英国各级法院的司法管辖权依据包括普通法管辖权、衡平法管辖权和成文法管辖权,看上去给人一种杂乱无章的印象;但是英国国家议会通过行使立法权,设置各级法院的组织机构,明确规定各级法院的司法管辖权和法官的职权,特别是统一各级法院的民事管辖权,并且理顺了各级法院之间的上诉关系,达到消除区际司法管辖权特别是区际民事管辖权冲突的效果。在英国法律和英国民事程序中,并不存在区际民事案件的法律概念,也不因某个民事案件涉及其他司法管辖区(other jurisdictions)或者其他国家(other countrys)而单独适用涉外民事诉讼特别程序。英国法院没有涉外民事诉讼特别程序,全部民事案件都是一视同仁适用本级法院的民事程序规则。但是,为了更好地与中国区际民事案件进行比较研究,本节将英国三法域的法院管辖的涉及其他司法管辖区因素的民事案件称为英国区际民事案件。英国法院也没有区际民事案件的集中管辖规则,英国各级法院,包括有关专门法庭、郡法院(地方法院)、高等法院内设的大法官法庭、家事法庭及皇座法庭(the chancery, family and queen's bench division of the high court of justice)以及高等法院的专利、海事和商事法庭(the patents, admiralty and commercial courts),都有权管辖区际民事案件。上文已经论证过财产保全程序管辖权可以与实体判决程序管辖权相对分离,但是两者仍然密切相关,理由是财产保全裁决法院最终成为执行法院的可能性最大。因此,在跨法域相互协助财产保全的区际民事司法协助案件中,不同法域之间的法院相互认可区际民事管辖权是非常重要的法理基础,理由是相互认可区际民事管辖权为将来相互认可和执行生效民事判决和命令奠定了法理基础。英国三法域的法院之间,基本消除了区际司法管辖权特别是区际民事管辖权冲突,三法域的法院之间都相互认可区际民事管辖权,三法域的法院的生效民事判决都能够相互认可和执行。在这些基础上,不同法域的法院在区际民事案件领域和民事执行领域,相互协助财产保全以及相互认可和执行财产保全的命令、令状和手令,就显得顺理成章和水到渠成了。

(二)英国最高法院发挥积极的协调作用

2009 年 10 月 1 日,英国最高法院正式运行,代替英国上议院上诉委员会(the Appellate Committee of the House of Lords)和枢密院司法委员会(the Judicial Committee of the Privy Council)行使最高终审权。长期以来,英国的法院组织体系存在复杂重叠、刑民低分高统的特点,英国上议院上诉委员会是英国本土上诉案件的终审机关,枢密院司法委员会是英国海外领地以及某些英联邦成员国或托管地、殖民地法院的上诉案件的终审机关。英国布莱尔政府于 2003 年 6 月正式提出设立英国最高法院,嗣后英国上议院通过 2005 年《英国宪法改革法案》,经过筹备,2009 年英国上议院上诉委员会和枢密院司法委员会更名为英国最高法院。英国最高法院的终审权包括对全英国的所有民事案件以及来自英格兰及威尔士、北爱尔兰的刑事案件的终审权,苏格兰拥有刑事案件的终审权。英国最高法院有权解释宪法和全国性法律。此外,英国最高法院还有司法复核权,但这项职权与本节无直接关联,所以不过多赘述。英国最高法院设有不超过 12 名大法官,大法官审理民事终审案件皆为法律审而不是事实审。英国最高法院聆讯每一个民事终审案件,通过解释法律和适用法律作出终审裁判。英国最高法院的民事判例对全英国所有的下级法院都有约束力,因此,英国三法域的法院都要遵循英国最高法院以判例形式确立的法律原则和法律规则。此举产生的最直接法律效果就是英国最高法院以具有约束力的判例为手段,消除英国三法域的法院之间存在的法律适用冲突,统一英国三法域的法院聆讯和裁定区际民事案件的法律适用标准,其也为英国三法域的法院之间交互强制执行生效判决奠定了法理基础。根据英国普通法,可交互强制执行的生效判决包括法院命令和判决(court orders and judgments),凡下文提及可交互强制执行的英国法院生效判决均包括法院命令和判决。

(三)英国三法域之间实现交互强制执行判决

上文所述的英国国家议会和英国最高法院为消除英国三法域之间的区际法律冲突和司法管辖权冲突发挥了积极的作用。正是英国国家议会的最高立法权和英国最高法院的终审权,在中央宏观层面协调解决英国三法域的区际法律冲突和司法管辖权冲突,为英国三法域的法院之间交互强制执行判决奠定了法理基础。

1.《英国外地判决(交互强制执行)法案》

在司法实践中,早在1933年英国国家议会就制定了《英国外地判决(交互强制执行)法案》,随后英国颁布交互强制执行判决适用于女王陛下全部领土的枢密院令,以便英国管辖下的任一领域(司法管辖区)的法院所作出的判决,都可以在英国管辖下的其他领域(司法管辖区)得到交互强制执行。但是,英国法律中所说的交互强制执行带有互惠执行的含义。正是由于英国管辖下的不同司法管辖区的法院之间,建立了交互强制执行判决的司法协助模式,让具有强制执行内容的法院判决,在英国管辖下的不同司法管辖区之间自由流动。可以被英国管辖下的法院交互强制执行的法院判决只限定于2类:一类是法院在任何民事程序中作出的判决或命令;另一类是法院在任何刑事附带民事程序中,判予受害方补偿或赔偿而作出的判决或发出的命令。

2.英国对不同司法管辖区的生效判决实行判决登记制

英国不同司法管辖区的法院之间交互强制执行判决,实行判决登记制(registration)。作出被请求执行的判决的法院即原讼法院(original court)所作出的生效判决,必须获得登记法院(registering court)的登记,才能在登记法院的司法管辖区内得到强制执行。受理登记判决的权限在高等法院,判决获得登记的3项条件如下:第一项条件是该判决对诉讼各方而言,是最终及不可推翻的判决;第二项条件是根据判决须付一笔款项,而该笔款项既非就税款或类似性质的其他收费而缴付的款项,亦非就罚款或其他罚则而缴付的款项;第三项条件是原讼法院须向判定债权人发出一份经核证的判决书副本连同一份证明书,内载包括诉讼因由的诉讼详情及就根据判决须付款项而应缴的利息(如有的话)所订明利率的详情。英国管辖下的另一个司法管辖区的法院作出的生效判决,在获得登记法院的登记后,该判决便犹如由登记法院原先作出的一样。

3. 英国不同司法管辖区生效判决登记后作废的情形

英国不同司法管辖区的生效判决经登记法院审查后,如果已登记的判决存在法定必须或可予作废的事由,该已经登记的判决可以被作废并不予执行。这些法定必须或可予作废的事由有7项:(1)该判决并非终审判决;(2)该判决的执行内容并非判定债务人向判定债权人给付金钱及利息;(3)原讼法院对该案件无司法管辖权,或者在对该诉讼有司法管辖权的法院作出最终及不可推翻的判决之后,原讼法院对同一诉讼重复作出判决;(4)判定债务人作为原讼法院诉讼程序中的被告没有被妥善送达,或者没有被给予充分时间进行抗辩,亦没有到法院应诉;(5)该判决是以欺诈手段(虚假诉讼)取得的;(6)强制执行该判决违背登记法院地的公共政策;(7)该判决下的权利,并非归属于登记申请人。若存在上述事由,经被执行人或判定债务人申请,则登记法院将该判决的登记作废。英国三法域的法院之间相互认可区际民事司法管辖权,早已实现交互强制执行判决。英国三法域的法院,基于相互认可将来生效判决可以在本司法管辖区得到交互强制执行的共识,愿意相互协助财产保全。

三、英国解决区际财产保全程序冲突的具体做法

英国判例法亦称为法官造法(judge-made law),换言之就是法官有权通过解释法律(interpret law)来创设法律适用的规则。随着时代的发展

进步,以英国国家议会成文法为主要表现形式的成文法案(acts),在普通法法律体系中的比重越来越大。长期以来,英国各级法院的立法原则是"一机构一立法"和"一事一授权",给人以政出多门、九龙治水的感觉。英国各级法院民事程序错综复杂,主要表现在4个方面:(1)上诉法院、高等法院、郡法院、专门法庭的司法管辖权不同;(2)普通法管辖权、衡平法管辖权、成文法管辖权三种民事诉讼的起诉方式不同;(3)各级法院都有权制定本级法院的民事程序规则(rules)、规程(regulations)、命令(orders)和实务指示等,这些民事程序规则的多元化、多重性非常明显,不同类型民事案件适用不同的司法管辖权依据及不同的诉讼程序;(4)法官自由裁量权过大,适用的实体法经常模糊不确定。基于上述原因,英国民事程序非常复杂,当事人离开了代理律师,自己很难在英国参与民事诉讼。随着英国各界对民事司法改革的呼声越来越高涨,英国在20世纪末启动民事司法改革进程,改革的成果就是英国国家议会制定了1997年《英国民事程序法案》以及英国国家议会制定附属立法1998年《英国民事程序规则》。这两部成文法为解决英国法院民事程序复杂混乱作出了突出贡献,基本上统一了英国三个司法管辖区的上诉法院、高等法院、郡法院的民事程序规则,但未涉及专门法庭。统一民事程序规则,包括统一英国三法域的法院适用区际财产保全程序的规则,使英国三法域的法院之间跨法域相互协助财产保全,以及相互认可和执行财产保全的命令、令状和手令更加顺畅和方便。下面阐述英国法院解决区际财产保全程序冲突的具体做法。

(一)英国法院认可财产保全程序管辖权

英国法院的民事执行程序包括英国三法域的法院之间交互强制执行判决程序,任何一个法域的法院在管辖具体案件时,既有可能在有实质司法程序的前提下采取财产保全措施,又有可能在无实质司法程序的前提下采取财产保全措施,还有可能在交互强制执行生效判决的前提下采取财产保全措施。因此,在前述三种情况下,英国法院既可以是实体判决法院,又可以是财产保全裁决法院,还可以是被请求执行的法院,在这三种情况下英国法院都可以单独行使财产保全程序管辖权。当英国法院行使财产保全程序管辖权时,就成为财产保全裁决法院,最终也会成为执行法院。如果被告或被执行人在财产保全裁决法院的司法管辖区内有财产可供扣押,那么该英国法院可授予原告或申请执行人财产保全的命令、令状和手令,并交由本级法院的执行部门(bailiff)执行财产保全的命令、令状和手令。上文所述三种财产保全模式即主办财产保全模式、协办财产保全模式和扣押管辖权模式,这三种模式均适用于英国三法域的法院。就具体司法实践而言,英国法院解决区际财产保全程序冲突的关键在于,如果被告或被保全人、被执行人在财产保全裁决法院的司法管辖区内没有财产可供扣押,但是在英国另一个司法管辖区内有财产可供扣押,在该种情况下,当事人可以跨法域向另一个司法管辖区的英国法院请求协助采取财产保全措施。被请求协助采取财产保全措施的英国法院,不以本法院对案件享有区际民事管辖权为前提。只要已经或者将要管辖该区际民事案件的英国法院作出的实体判决,将来可以在采取财产保全措施的财产保全裁决法院得到交互强制执行,那么该财产保全裁决法院就可以行使财产保全程序管辖权,授予当事人财产保全的命令、令状和手令。这种做法实质上就是英国三法域的法院之间或者英国三个司法管辖区之间,已经实现了跨法域相互协助财产保全。英国区际民事案件的当事人或申请交互强制执行生效判决的当事人,如果拿到了英国三法域中任何一个法院的胜诉实体判决,便既可向本司法管辖区的实体判决法院申请强制执行,又可向另一个司法管辖区的被请求执行的法院申请强制执行。如果另一个司法管辖区的被请求执行的法院此前已经授予当事人财产保全的命令、令状和手令,并且成功扣押被告或被保全人、被执行人的财产,则可以将被扣押的财产用于执行生效的外地判决。在英国三法域的法院中,只有高等法院才是交互强制执行外地判决的登记法院,也只有高等法院才有权力跨法域协助财产保全和行使扣押管辖权;其他的下级法院例如郡法院和专门法庭,既没有权力跨法域协助财产保全,也没有权力交互强制执行外地判决,更没有权力行使扣押管辖权。

(二)英国法院有权向司法管辖区外送达司法文书

英国法院在管辖区际民事案件的过程中,必然会遇到当事人一方或双方的住所或居所在司法管辖区外的情形,因此,管辖法院向司法管辖区外送达司法文书是一种常见现象。英国普通法规定民事诉讼送达传讯令状或原讼传票等司法文书,一般由原告或申请人的代理律师完成送达。如果遇到需要向司法管辖区外送达司法文书的情形,管辖案件的英国法院既无须经上级法院审批,也无须经其他有权机关层层转递,只须由管辖法院批准即可向司法管辖区外送达司法文书。此处所言的司法管辖区外是指英国本土任何一个司法管辖区之外的另外两个司法管辖区,而不是英国之外的外国司法管辖区。正是因为英国本土三个司法管辖区的法院都实现了跨法域相互送达司法文书,所以,当不同法域的法院之间相互协助采取财产保全措施的时候,就不存在无法向司法管辖区外的被告或被保全人送达司法文书的问题。例如,英格兰及威尔士高等法院审理一起原告英格兰人起诉被告苏格兰人的民事案件,被告苏格兰人在管辖法院的司法管辖区内没有财产,但在另一个司法管辖区苏格兰有财产。那么原告英格兰人有权向苏格兰最高民事法院提出申请,请求苏格兰最高民事法院对被告在该法院司法管辖区内的财产采取财产保全措施。如果苏格兰最高民事法院认为该民事案件的实体判决将来可以在苏格兰交互强制执行,就有权批准对被告苏格兰人位于当地的财产进行扣押。在这种协办财产保全模式下,英格兰及威尔士高等法院和苏格兰最高民事法院都涉及向司法管辖区外送达司法文书,但是英国普通法允许两个司法管辖区的法院依职权跨法域送达司法文书,不存在任何向司法管辖区外送达司法文书的障碍。

(三)英国三法域之间相互认可法院的全部司法文书

英国法院在管辖区际民事案件的过程中,如果原告或保全申请人向另一个司法管辖区的法院申请了跨法域协助采取财产保全措施，而另一个司法管辖区的法院批准采取财产保全措施，必然会要求两个法域的法院之间实现相互认可对方法院的全部司法文书。英国法院适用于各类民事案件的全部司法文书多种多样，除了上文提及的判决和生效证明书（certificate）等用于执行生效实体判决的司法文书外，在英国不同法域的法院之间跨法域相互协助采取财产保全措施的过程中，还会涉及使用大量的程序性司法文书，而且这些程序性司法文书也带有强制执行的法律效力。例如，令状就有传讯令状、传召出庭令状、扣押财产令状、管有令状、交付令状、暂时扣押令状、复还令状等；还有其他法院传票、法院通知书（notices），誓章以及各种英国法院用于扣押财产的命令，如押记令（charging order）、搜查令（distress warrant）、扣押令（warrant of attachment）、债权扣押令（garnishment）等，在此不一一赘述。英国三法域的法院之间早已实现相互认可法院出具的全部司法文书，根据英国普通法，英国本土任何一个司法管辖区的法院，对于其他司法管辖区的法院出具的全部司法文书，只要该司法文书上有出具文书的法院印章和法院司法人员（法院司法人员包括法官、司法常务官、书记官、执行官等）的签名，就可以得到相互认可，从而免除了英国本地不同司法管辖区的法院之间，对法院司法文书烦琐的公证、认证手续。正是由于英国本土已经实现不同司法管辖区的法院之间相互认可法院的全部司法文书，为不同司法管辖区的法院之间跨法域相互协助财产保全创建了极大的便利条件。

（四）英国三法域之间人财物等要素可自由流动

英国三法域的法院之间跨法域相互协助财产保全，得以成功实现的主要原因之一，是英国国家议会制定高级法院法案时，通过成文法明确规定三个法域的高等法院都有权力协助其他法域的法院采取财产保全措施。然而，正如孟子曰："徒法不足以自行"，法律制度是不会自动在司法实践中得到有效落实的，除了要有司法机关的贯彻执行，还得有配套措施作为辅助条件方可落实。英国三法域的法院之间实现跨法域相互协助财产保全的配套措施中，非常重要的一项就是英国三法域之间的人员、资金、财产、货物、服务等要素可以自由流动。在司法实践中，一个域内法院办理一件区际财产保全案件，不单纯是该财产保全裁决法院授予采取财产保全措施的命令、令状和手令这一环节，还需要其他的诉讼参与人以及相关协助方积极配合法院，才能顺利完成整个区际财产保全程序。假如英国三法域之间不能实现人财物等要素的自由流动，那么办理区际财产保全案件非常困难。例如，原告或保全申请人、申请执行人不能跨越司法管辖区自由地行动，那么本司法管辖区的当事人就不能顺利地到另一个司法管辖区的法院递交相关申请文件；如果资金不能在司法管辖区之间自由流动，那么若要办理财产保全的担保等事项，当事人的资金就很难从一个司法管辖区跨越到另一个司法管辖区。人财物等要素在英国三法域之间自动流动，可以极大地配合不同司法管辖区的法院实现跨法域相互协助财产保全，具体包括以下 4 方面的内容。首先，区际财产保全案件的当事人可以在英国不同司法管辖区之间自由流动。只有人员自由流动，才能方便原告或保全申请人、申请执行人从一个司法管辖区，前往另一个司法管辖区的法院申请协助财产保全的事宜。其次，区际财产保全案件的代理律师可能在英国不同司法管辖区之间自由流动。此处所言英国律师可以在不同司法管辖区之间自由流动，并非指英国律师可以在英国本土不同的司法管辖区内执业。英国律师只可在已经登记的司法管辖区执业，在未登记的司法管辖区不能执业。需要指明的是，英国普通法规定，英国三法域的法院，都认可代理律师接收送达司法文书或代理送达司法文书的合法有效性，而英国三法域的高等法院既允许代理律师送达法院的司法文书，也允许代理律师跨法域之间送达司法文书。这样的制度保障为区际财产保全案件的代理律师帮助当事人跨越司法管辖区申请协助财产保全，创造了非常方便的条件。再次，英镑作为英国国家货币能够在不同司法管辖区之间自由流通，三法域之间不存在资金管制。区际财产保全案件的当事人缴纳诉讼费、保全费、保证金以及缴存法院规定的费用都不会有任何支付障碍。如果区际财产保全案件的当事人不能实现自由、方便、快捷地缴纳相关费用，对跨越司法管辖区申请协助财产保全也是一件非常麻烦的事情。最后，区际财产保全案件当事人的财产信息，可以在英国不同司法管辖区之间自由流动。原告或保全申请人、申请执行人向另一个司法管辖区法院申请协助财产保全，必须提供被告或被保全人、被执行人位于另一个司法管辖区内的财产信息。这里涉及两个司法实务操作的问题：一个问题是原告或保全申请人、申请执行人可以跨法域去查询被告或被保全人、被执行人名下的各类财产信息，例如不动产登记信息、商事登记信息、股权证券登记信息等；另一个问题是上述被告或被保全人、被执行人的财产信息，在不同司法管辖区的法院之间被相互认可。只有符合这样的条件，当事人跨法域申请协助财产保全，才可以做到财产保全裁决法院、实体判决法院、执行法院一致认可被告或被保全人、被执行人的财产信息，为当事人顺利跨法域申请协助财产保全创造条件。

（五）英国马利华禁制令具有域外执行力

英国普通法特有的马利华禁制令（Mareva injunction）是具有域外执行力的民事临时措施，也可以说该禁制令是具有域外执行力的财产保全措施之一。该禁制令由英国法官在马利华一案中创设，由英国法院及普通法系的法院沿用至今，有些国内文献将其翻译为马利华冻结令或资产冻结令，但其内在含义都是一样的。该禁制令就是英国法院禁止被告或被保全人处分或处置自己名下的资产，目的是保障判决将来生效后得到有效执行。因此，马利华禁制令的强制作用的着眼点在于被告或被保全人名下的资产，其所针对的资产既可以是有形资产或无形资产（财产权利），又可以是不动产或动产，非常灵活且可以全面覆盖被告或被保全人名下的全部资产。它与人们平常所理解的财产保全措施的最大区别之一，就是强制作用的着眼点不同。人们通常认为财产保全措施仅是一项针对被保全的财产采取的查封、扣押、冻结等措施，其强制作用的着眼点是限制物权的行使；然而，马利华禁制令是英国普通法创设的一项针对人的民事临时措施，其强制作用的着眼点是通过对人的行为的限制，来达到限制物权的目的。因此,该禁制令与大陆法系中的行为保全类似,但又兼有普通法系中对物裁决的法律效力。授予当事人马利华禁制令的职权属于英国的高等法院,郡法院和专门法庭都没有权力授予当事人马利华禁制令。英国高等法院在管辖区际财产保全案件中,可以依据原告或保全申请人、申请执行人的申请,向被告或被保全人、被执行人发出马利华禁制令,并且由英国高等法院规定该禁制令的适用范围。关于马利华禁制令的适用范围存在3种情形:第一种情形是在发出马利华禁制令的高等法院所在的司法管辖区内适用;第二种情形是在英国本土三法域内适用;第三种情形是在全球范围内适用。按照第一种情形适用马利华禁制令,应当没有什么争议;按照第二种情形适用马利华禁制令,由于英国普通法允许马利华禁制令具有执行力,所以也能够顺理成章地被另一个司法管辖区的法院认可和执行;按照第三种情形适用马利华禁制令,如果是英联邦成员国、英国海外领地、前殖民地或托管地等普通法系国家和地区的高等法院,则认可和执行马利华禁制令的可能性较大,但是其他国家和地区特别是大陆法系国家和地区就不一定会认可和执行英国的马利华禁制令了,[1]而且不予认可和执行的可能性更大。总言之,英国马利华禁制令的域外执行力也有适用范围的限制,总体上脱离不了普通法系国家和地区的地域限制。其名义上在全球范围内适用,但并不是真正意义上能够得到全球各国各地区的法院认可和执行。但是,英国马利华禁制令有它的存在合理性,如果被告或被保全人、被执行人不遵守、不履行马利华禁制令,则英国法院也会给予相应的法律制裁,对此下文将在英国法院的法律制裁措施中进行阐述。

(六)英国法院以藐视法庭罪保障财产保全措施的执行

英国法院向被告或被保全人、被执行人发出财产保全的命令、令状和

---

〔1〕 参见胡彦萍:《英国的马利华禁令》,载沈四宝主编:《国际商法论丛》第2卷,法律出版社2000年版。

手令之后,如果被告或被保全人、被执行人拒绝、逃避、违反财产保全措施的命令、令状和手令,包括上述的马利华禁制令,英国法院将按照藐视法庭罪(contempt of court)对被告或被保全人、被执行人进行严厉处罚,迫使被告或被保全人、被执行人遵守或履行法院发出的财产保全的命令、令状和手令。在民事程序中用于保障法院命令、令状和手令得到执行的是民事藐视法庭罪(civil contempt),顾名思义民事藐视法庭罪是指英国法院对拒不遵守或执行法院在民事程序中发布的命令、令状和手令的行为进行的民事惩戒。在英国普通法历史上,藐视法庭罪区分为民事藐视法庭罪和刑事藐视法庭罪(criminal contempt),但有英国法官据此概括称藐视法庭的行为人进出监狱大门的钥匙,其实都装在他们自己的口袋里。理由是故意藐视和非故意藐视很难判定,再加上惩戒方式趋同,绝大多数普通法系国家和地区如今已不再区分刑事藐视法庭罪和民事藐视法庭罪。本节中的藐视法庭主要涉及被告或被保全人、被执行人违反法院发布的财产保全措施的命令、令状和手令,属于民事藐视法庭罪的范畴。无论被告或被保全人、被执行人在英国法院的司法管辖区之内还是之外,只要被告或被保全人、被执行人违反财产保全措施的命令、令状和手令被查证属实,英国法院便可以按照民事藐视法庭罪对其处以罚金或监禁的惩罚;同时可以强制被告或被保全人、被执行人缴存保证金到法院账户或者强制扣押其财产。这种民事藐视法庭罪对当事人具有极大的威慑力,当事人不敢轻易违反财产保全措施的命令、令状和手令。正是由于民事藐视法庭的制度设计,让英国法院特别有权威,当事人和其他诉讼参与人都比较自觉遵守英国法院发布的财产保全措施的命令、令状和手令,从而确保财产保全措施落到实处。民事藐视法庭罪可以处以最高刑为 2 年的不定期监禁,尽管对构成民事藐视法庭罪的人可以判处罚金或监禁,但是一般情况下监禁只是最后选择,如果使用其他方式能保证当事人遵守英国法院发布的财产保全措施的命令、令状和手令,就不应该判处监禁。此外,在审理程序上,民事藐视法庭罪必须由英国法院按照普通法系刑事诉讼程序审理,被告或被保全人、被执行人享有抗辩权和上诉权,在此不展开论述。总的来说,民事藐视法庭罪为迫使被告或被保全人、被执行人履行英国法院发布的财产保全措施,发挥了极大的威慑作用。

第二节 美国模式

美国解决区际财产保全程序冲突的模式简称美国模式,接下来从了解美国联邦(federation)与州(state)之间、各州之间的司法协助关系了解美国模式。美利坚合众国(The United States of America)的简称是美国(US),它是由华盛顿哥伦比亚特区(以下简称华盛顿特区)(Washington District of Columbia)、50 个州以及关岛、波多黎各、北马里亚纳、美属萨摩亚、美属维尔京群岛等领地(territories and possessions)组成的联邦制共和国。[1] 美国是典型的三权分立制资本主义发达国家,美国国会参众两院是立法机构(legislative branch),掌管立法权(makes laws);美国总统、副总统及其内阁是行政机构(executive branch),掌管行政权(carries out laws);美国联邦最高法院和其他联邦法院是司法机构(judicial branch),掌管司法权(interprets laws)。美国联邦政府直接管辖华盛顿特区和关岛、波多黎各等海外领地(以下简称联邦直辖区),美国联邦政府及联邦直辖区与美国各州享有平行主权(parallel sovereignty),50 个州政府(authorities)对本州内事务享有绝对主权,各州都有自己的州宪法(state constitution)、州议会(state legislature)、州行政长官(state executive)、州终审法院(highest court of appeal)。[2] 美国的 50 个州形成了 50 个相对独立的法域,而美国联邦政府及联邦直辖区也可视为一个相对独立的法域,可称为美国联邦法域。为了更好地进行学理论述,本节将美国法院管辖的涉及其他州的民事案件称为美国区际民事案件,主要是指美国各州

---

〔1〕 参见白雪峰:《论美国法形成的历史轨迹》,载《史学月刊》2001 年第 3 期。

〔2〕 参见苏雅:《联邦制下的中央与地方立法权划分模式之比较——美国与德国》,载《法制与社会》2011 年第 4 期。

之间的跨州(across state)或涉及外州(related to foreign state)的民事案件。[1] 但美国区际民事案件不单独适用涉外民事诉讼特别程序,而是一视同仁地适用本级法院的民事程序规则;美国法院也没有区际民事案件的集中管辖,但是却有专属管辖。因此,美国法院适用区际财产保全程序的模式是相对完善的。由于在普通法系中民事临时措施包含财产保全措施,所以在本节内容中将美国法院采取的民事临时措施表述为财产保全措施,以更加贴近主题。

一、美国联邦与各州的双轨制法律体系

在全美国范围内既有联邦法域,又有 50 个州形成的 50 个相对独立的州法域,最主要的原因是美国的法律体系有联邦和各州的双轨制法律体系。双轨制意味着两套平行的法律体系,并且两套法律体系中包括判例法与成文法两种法律渊源。更为复杂的状况是各个州的法律体系也不统一,50 个州有 50 套州法律体系,其中路易斯安那州还是属于大陆法系的州,与其他属于普通法系的州的差别更大。至于其他联邦直辖区只享有较低权限的地方立法权,而该地方立法权还是来自联邦国会的授权,这与 50 个州依据《美国联邦宪法》保留的相对独立权力是不同的。所以,整个美国法律的立法体系、司法组织体系、法律渊源皆体现出双轨制的特点,而美国的区际法律冲突也体现出美国模式的特点。从法律渊源来看,美国属于最重要的普通法系国家之一,判例法在美国法中占有重要的地位,尤其是美国联邦最高法院在标志性案件(landmark case)中作出的判决,其所确立的法律原则或规则对本院以后的判决以及下级法院均具有约束力或影响力;所以,美国的法官造法现象更突出。美国国会将颁布的成文法编纂成法典,最负盛名的是《美国法典》(United States Code,

[1] 参见罗晓辉、谭岳奇:《美国联邦法院管辖的跨州管辖权案件研究》,载《武汉大学学报(社会科学版)》2003 年第 3 期。

USC),它是美国人从1926年起,把美国建国200多年以来美国国会所有的成文法(除《独立宣言》《美国联邦条例》《美国联邦宪法》外)按50个项目系统分类编纂而成的。各州也跟随联邦的脚步,美国50个州基本上有自己的判例法、成文法和州法典。

(一)美国立法体系的双轨制

美国立法体系的双轨制源于《美国联邦宪法》的规定,《美国联邦宪法》对联邦和各州的立法权的划分,采取的是联邦列举、各州保留的原则。[1] 凡在《美国联邦宪法》中已经授予联邦的立法权限,联邦均可行使立法权但各州不能行使;凡在《美国联邦宪法》中未曾禁止各州行使的立法权限,各州均可行使立法权。《美国联邦宪法》按照限制而非授予(limitation-not-grant)的原则规定各州的立法权,这意味着各州的立法权在受到联邦法院及本州宪法的限制前被推定为有权。与此相反,《美国联邦宪法》则按照授予而非限制(grant-not-limitation)的原则规定联邦的立法权,除非《美国联邦宪法》明确授予联邦立法权,否则推定为无权。根据《美国联邦宪法》第1条第8款授予美国国会的立法权有6项:(1)征税和提供公共福利,发行货币和国债;(2)管理国际贸易、州际贸易、移民归化、破产、专利、邮政、度量衡标准等;(3)管理国防、武装力量,宣战和行使捕获权;(4)惩治伪造证券和货币的犯罪,惩治海盗等违反国际公法的犯罪,镇压叛乱、平息暴乱等;(5)组建美国联邦最高法院的下级法院和立法保护公民权利;(6)其他宪法和联邦法律赋予的立法权。同时《美国联邦宪法》明文规定,凡是未经《美国联邦宪法》授予联邦的权力皆不得行使,但凡已经授予联邦之权力,各州亦不得行使;《美国联邦宪法》保留给各州行使的权力,只要不是已经授予联邦的权力,各州均可行使;《美国联邦宪法》第1条第10款也明确规定,禁止各州行使之权力是:各州不

[1] 参见金月蓉:《美国的二元立法体制及其对我国的借鉴意义》,载《甘肃政法学院学报》2004年第2期。

得缔结任何条约、结盟或组织邦联；不得颁发捕获特许证；不得发行货币和信用证券；不得通过任何剥夺公权的议案、追溯既往的法律和损害契约义务的法律；不得颁发任何贵族爵位。未经国会批准，各州不得对进出口货物征收任何税金或关税，为执行该州的商检法除外，因此所征的税金应归联邦国库使用，国会有权修订商检法。未经国会同意，各州不得征收船舶吨位税，不得在和平时期保持军队和军舰，不得与他州或外国缔结协定或盟约，除非实际遭到入侵或遇到刻不容缓的紧迫危险时，亦不得交战。从《美国联邦宪法》的法律精神来看，美国联邦政府是有限权力的政府，《美国联邦宪法》授予联邦部分立法权，同时禁止各州行使联邦性质的权力，剩余的全部权力保留给各州和人民。简言之，《美国联邦宪法》将全国的立法体系分为 2 套，一套是联邦立法体系，另一套是各州立法体系。

（二）美国法律渊源的双轨制

美国联邦法律和各州法律皆同属普通法系（路易斯安那州除外），但是美国普通法与英国普通法存在很大差别。主要原因是美国的法律渊源具有混合性特征，也就是说美国法律渊源吸收了普通法系的要素和大陆法系的要素。美国建国前的殖民者除了英国，还有西班牙、法国、荷兰、芬兰、瑞典等，导致美国个别州的法律渊源含有大陆法系的要素，例如路易斯安那州就是大陆法系。当然，在美国建国之后的法律发展进程中，普通法系占主导地位，尤其是在私法领域，代表英国普通法的传统法律文化，例如律师制度、法官选任制度、法律职业教育制度、司法判例集等普通法系的法律文化，在美国得到延续并被发扬光大，最明显的例证是美国的法院适用普通法、衡平法、陪审团制、法官造法、遵循先例等做法。但是，在公法领域，美国却走向成文法为主导的发展方向，特别是以《独立宣言》《美国联邦条例》《美国联邦宪法》等几部重要的成文法为标志，美国联邦主要形成以《美国法典》为载体的成文法体系，从而形成了独特的美国法律渊源双轨制。尽管美国在许多方面尤其是私法领域保持普通法系传统，但它在一些方面尤其是公法领域更靠近大陆法系传统。美国普通法仍然处于不断发展变化当中，例如遵循先例原则在美国联邦最高法院和美国各州终审法院不断被打破，当然这与美国快速发展进步是分不开的。相比之下，英国到目前为止也没有一部成文宪法，不成文仍是英国普通法的特点之一。美国各州法律的法典化现象也比较突出，最负盛名的是由美国法律人菲尔德发动的法典化运动，《菲尔德民事诉讼法典》被大约30个州所采纳，16个州制定了《菲尔德刑法典》和《菲尔德刑事诉讼法典》，包括加利福尼亚州在内有5个州采用并且保留了《菲尔德民法典》。今天美国的许多州都有所谓的法典，如《美国统一商法典》。[1] 美国还有一种可被视作非官方的法典化运动，即制定《法律重述》（Restatements of the Law），是旨在使美国的判例法系统化、条文化的系列汇编工程，由美国法学会主持，始于20世纪20年代。《法律重述》的编成要经历一系列严谨而慎重的程序。由于美国的判例法积年累月，并且数十个法域各自发展，所以法律体系极其复杂庞大。在《法律重述》的编成程序中，由各部门法学学科公认权威的学者们进行各种权衡，综合考虑某一做法在美国各法域适用的范围及程度，并且从合理性上加以诱导，在此基础上再将各种判例、原则等加以归纳总结，使之条理化、条文化，再配以说明和举例，从中推断预测其发展方向，指明其发展、演化的由来。这虽然是至难作业，但却给美国判例法的有效运用带来极大的方便，并有力地推动着美国法的统一。[2] 尽管美国出现许多法典化的成文法，但是在众多法律领域，美国仍然处于普通法系的传统之中，仍被归类于普通法系国家。

（三）美国的区际法律冲突

美国有50个州而每一个州是一个法域，每个州的法律自成体系并且

---

〔1〕 参见徐向华：《一个致力于消除州际法律冲突的民间实体——介绍全美统一州法典委员会》，载《中国法学》1993年第6期。

〔2〕 参见许庆坤：《美国法学会"法律重述"及其对我国民间法研究之镜鉴》，载《暨南学报（哲学社会科学版）》2014年第6期。

每个州有自己的州终审法院或州最高法院,所以,美国法院管辖区际民事案件亦会遇到区际法律冲突问题。美国普通法中的对人诉讼、对物诉讼以及衡平法管辖权在美国各州法院的划分,同样影响着区际法律冲突。

1. 美国区际法律冲突的影响因素

对美国区际法律冲突产生影响的 4 项因素为:(1)属人法连结点的确定会影响对人诉讼管辖权。对美国这样一个人口自由迁徙和定居的多法域国家,公民可以在各州自由流动,属人法会产生冲突。(2)识别的适用会影响诉讼管辖权。美国各州区际冲突法中既有各州的区际规则又有联邦宪法性规则,对宪法性法律问题的识别必须依据宪法,对其他问题的识别一律适用州法。程序事项一般适用法院地法,但实体事项的识别必须考虑该州法院对该法律的解释。(3)反致的适用会影响诉讼管辖权。美国法院在反致问题上处理区际法律冲突的规则,历来是对反致抱着一种保守的肯定态度。如果法院驻在州与争议问题涉及的当事人没有实际联系,通常适用管辖法院驻在州法律。(4)各州的公共秩序保留权力影响诉讼管辖权。美国各州法院有权以公共程序保留为由,不适用和不承认外州的法律。虽然美国的州法院严格限制适用公共程序保留原则,也较少适用,但是该原则毕竟还是会影响管辖权的相互认可,导致区际法律冲突。

2. 美国解决区际法律冲突的做法

美国法院解决区际法律冲突的实践经验和做法极为丰富,其中具有较高参考价值的做法有三:一是从解决区际法律冲突的途径上看,美国法院不对区际和国际作严格区别,区际(interstate)和国际(internation)的冲突法(conflict of laws),既适用于涉及外国因素(related to foreign country)的民事案件,也适用于涉外州因素(related to foreign state)的民事案件。[1] 二是采取措施逐步统一各州法律。美国长期以来统一各州

---

〔1〕 参见章晶:《美国司法辖区与行政区划之关系——兼论中国跨行政区划法院改革》,载《清华法律评论》编委会编:《清华法律评论》第 8 卷 · 第 2 辑,清华大学出版社 2015 年版。

法律的呼声很高,最具代表性的两个组织是统一州法全国委员会和建议州立法委员会。[1]。统一州法全国委员会采用制定统一法和示范法的方式来消除各州法律之间的差异。制定统一法的依据是该委员会有实质性的理由认为大多数州将参加该法案,并在各州之间就此事项达成统一,成为各州共同的目标。制定示范法的依据是该委员会认为在该事项上各州要求统一的意见并未达到普遍性,即使大多数州不采纳该示范法,其仍有助于促进统一化,减少各州间的法律分歧。美国统一州法全国委员会推进各州的法律统一,已成功制定了许多统一法典,如《美国统一商法典》已经在美国各州甚至全球产生了重大影响。与统一州法全国委员会不同,建议州立法委员会的主要工作不是起草新的法律,而是搜集和整理各州已经实施的法律。它把各地推荐来的比较有价值的法律编纂成册,提供给各州的立法机构做参考,使各州在相互模仿的过程中完善本州法律,并在一定程度上实现各州法律的统一。三是《美国联邦宪法》规定州际诉讼或跨州诉讼由联邦法院行使司法管辖权。《美国联邦宪法》第 3 条第 2 款规定合众国司法权适用的范围如下:一切基于本宪法、合众国法律以及根据合众国权力所缔结的及将缔结的条约而产生的普通法及衡平法的案件;一切涉及大使、其他使节及领事的案件;一切有关海事法和海事司法管辖权的案件;以合众国为当事人的诉讼;两个州或数个州之间的诉讼;一州与另一州的公民之间的诉讼;一州公民与另一州公民之间的诉讼;同州公民之间对不同州转让与土地的所有权的诉讼;一州或其公民与外国或外国公民或国民之间的诉讼。因此,联邦法院行使对州际案件和跨州案件的专属管辖权,也可以说是联邦法院对区际民事案件享有专属管辖权。

---

〔1〕 参见杨成良:《美国的统一州法运动》,载《山东师范大学学报(人文社会科学版)》2004 年第 6 期。

二、美国联邦法院与各州法院的双轨制

美国联邦法院的司法管辖权来源于《美国联邦宪法》的授予，所以，美国联邦法院的司法管辖权是有限的，其余的司法管辖权保留给各州法院。这种司法管辖权的分立模式决定了美国联邦与各州之间的双轨制法院组织体系。美国设置了两套法院组织体系，联邦法院组织体系与各州法院组织体系。联邦法院自成一个组织体系，由美国联邦最高法院和下级联邦法院（lower federal court）等司法机构组成；各州均有不同的州法院组织体系，但基本上各州法院可分为初审法院（trial courts）和上诉审法院（appellate courts）两个层级。虽然联邦法院组织体系和各州法院组织体系是并立的双轨制司法体系，但美国联邦最高法院仍然是联邦法律的最终裁决者。虽然各州的终审法院或最高法院拥有对本州司法问题的终审权，但如果案件的法律适用涉及《美国联邦宪法》和联邦法律，则美国联邦最高法院有权推翻各州终审法院或最高法院的判决，美国联邦最高法院通过解释宪法来维持美国双轨制法院组织体系的平衡。

（一）美国联邦法院的组织体系和司法管辖权

美国联邦法院的组织体系由最高法院及其下级法院组成，下级法院分为普通下级法院和专门下级法院。普通下级法院由联邦地区法院（district courts）、联邦上诉法院（courts of appeal）组成；专门下级法院由破产法院（US Bankruptcy Courts）、武装部队上诉法院（US Court of Appeals for the Armed Forces）、联邦巡回上诉法院（US Court of Appeals for the Federal Circuit）、联邦索赔法院（US Court of Federal Claims）、国际贸易法院（US Court of International Trade）、税务法院（US Tax Court）、退伍军人索赔上诉法院（US Court of Appeals for Veterans Claims）

等组成,[1]那些不涉及民事诉讼的美国联邦刑事司法机构在本节不予阐述。全美国范围内设立了94个联邦司法区,分布在50个州、华盛顿特区和各海外领地,每个州至少设立一个联邦司法区,较大的州可能设立2至4个联邦司法区,例如加利福尼亚州、纽约州和得克萨斯州都设立4个联邦司法区;另外华盛顿特区和关岛、波多黎各、美属维尔京群岛、北马里亚纳均有单独设立1个联邦司法区。94个联邦司法区设有94个联邦地方法院作为初审法院。联邦上诉法院管辖来自联邦地区法院的上诉案件,全美国50个州、华盛顿特区和各海外领地共划分为12个上诉巡回区(circuits),共设立12个联邦上诉法院,因此有一些国内文献将联邦上诉法院翻译成联邦巡回法院,其实不完全准确。在司法实践中美国联邦法院的体制中确有联邦巡回法院,但正确的名称是联邦巡回上诉法院。该法院将全美国视为一个巡回区,其上诉管辖权的地理范围涉及全美国,而管辖的案件仅限于由各联邦地区法院及有关联邦独立管理机构如美国国际贸易委员会等转来的涉及专利、商标、版权、合同、税收的上诉案件,以及对联邦索赔法院和国际贸易法院的判决上诉的案件。《美国联邦宪法》第3条第2款已经明文规定的联邦法院司法管辖权的适用范围是:两个或两个以上的州之间的争议案件;一个州与另一个州的公民之间的争议案件;不同州的公民之间的争议案件;同州公民之间争议不同州土地的案件;一个州或该州公民,与外国、外国公民或属民之间争议的案件。据此,美国的区际民事案件均由联邦法院行使司法管辖权。

(二)美国州法院的组织体系和司法管辖权

美国各州的地方法院设置各自为政、极不统一,绝大多数州按照普通法系的传统,根据"一机构一立法"和"一事一授权"的立法原则自行立法设置地方法院,但是各州的终审法院或最高法院都根据州宪法授权设置。

---

〔1〕 参见黄国桥:《美国法院体制与中国法院体制之比较》,载《云南财贸学院学报》2004年第4期。

因为美国各州的地方法院设置与各州的地方政府有密不可分的联系,所以需先简要了解美国各州地方政府的设置模式。

1. 美国地方政府的设置

美国各州地方政府的设置基本上分为三个系列:第一个系列是州辖县设置模式(state to county),分为两个层级,即州以下只设置县级政府;第二个系列是州辖县,县辖镇、乡、区的设置模式(state to county, county to town, township, district),分为三个层级,即州以下设置县级政府,县级政府下设置镇、乡、区级政府;第三个系列是州辖县和自治实体(municipalities)混合的设置模式,即自治实体按需设立,自治实体名称、职权、管辖范围因州而异。自治实体包括市(city)、镇(town)、区(borough)、村(village)等。从行政级别上而言,县级政府与自治实体政府为并行关系皆由州政府直辖(states to county, municipalities)。

2. 美国各州地方法院的设置

美国各州的地方法院要适应地方政府的设置模式,所以,美国各州的地方法院五花八门、各自为政,但通常按照初审管辖权和上诉管辖权将州法院分为两类:初审法院和上诉审法院。初审法院又可细分为两级:无限管辖权(unlimited jurisdiction)的初审法院和有限管辖权(limited jurisdiction)的初审法院、专门管辖权(special jurisdiction)的初审法院。上诉审法院亦可细分为两级:中级上诉法院(court of intermediate appeal or appellate division of superior court)、最高上诉法院或终审法院(court of last resort or highest appeal court)。但是,并非各个州都按照初审两级、上诉审两级设置四级法院,也有些州法院是初审和上诉审由同一法院内部的初审法庭和上诉法庭来完成。美国大多数州的初审法院由三级法院组成,即一般是由高等法院内设的原讼法庭行使无限司法管辖权,地区法院和县法院行使有限司法管辖权,另外再设立一些专门法院行使特定案件的司法管辖权,例如市政法院(municipal court)、城市法院(city court)、治安法院(magistrate court)、家事法院(family court)、遗嘱法院(probate court)、青少年法院(juvenile court)、交通法院(traffic court)、小额诉讼法院(small claims court)等。这些专门法院只审理特定案件,有时适用陪审团审判,有时不适用陪审团审判。按照普通法系的传统做法,不服初审法院的判决,向上诉法院提起上诉要取得上诉许可。在初审法院与终审法院之间插入中级上诉法院有双重目的,即既可减轻终审法院的案件负担,维系其紧凑的审判组织,保证法律发展的统一与连贯,又可提高整个法院系统处理上诉审的能力。如今美国大多数的州已设置中级上诉法院,通常用的名称为上诉法院。各州终审法院皆由州宪法设立,常用名称为最高法院。多数州只设立一间终审法院,少数州把民事终审法院和刑事终审法院分立。美国各州法院对本州内各类民事和刑事案件行使司法管辖权。

3. 美国纽约州地方法院的组织体系

以美国纽约州的法院组织体系为样板,从而以小见大地说明美国的州法院之组成结构的复杂性。纽约州的法院系统充分体现出了普通法系法院的设置传统,即没有行政法院和行政法庭的设置模式。纽约州通过制定州法设立初审法院,按照司法管辖权由低至高将初审法院分为 3 个系列,排列如下:第一个系列的初审法院是专门法院。专门法院又可再细分为 2 大类:第一大类专门法院包括地区法院、城市法院、纽约市民事法院、纽约市刑事法院、镇村法院等,第一大类的专门法院的上诉法院是县法院;第二大类专门法院包括遗嘱法院、家事法院、索赔法院,第二大类专门法院的上诉法院是高等法院上诉法庭。纽约州高等法院的英文名称为 Supreme Court,虽然说可以翻译为最高法院,但是它上面还有纽约州终审法院,故其不是纽约州最高审级的法院。所以,在本节中将其翻译为高等法院比较合适,在司法实践中它的司法管辖权等同于英国的高等法院。第二个系列的初审法院是较高级的县法院,行使有限司法管辖权。第三个系列的初审法院是最高级的高等法院的原讼法庭,行使无限司法管辖权。此外,纽约州的上诉审法院分为中级上诉法院和最高上诉法院两层。中级上诉法院分别是高等法院上诉法庭和高等法院特别上诉法庭;最高上诉法院是纽约上诉法院。纽约上诉法院,即纽约州最高法院。在美国绝大多数州,州最高法院都是终审法院。肯塔基州、马里兰州和纽约州使用上诉法院这一名称作为州的最高审级法院;缅因州和马萨诸塞州则称为最高审判法院;西弗吉尼亚州则称为最高上诉法院。

三、美国解决区际财产保全程序冲突的具体做法

上文通过对美国联邦和各州的双轨制法律体系和双轨制法院组织体系的分析论述,可以清楚得出一个结论,即在美国联邦体制下的 50 个州,虽然说对本州事务拥有主权,从而形成各州之间相对独立的法域,但是 50 个州享有的主权是有限主权,并不是无限主权。因此,美国各州法域仅是相对独立法域而不是绝对独立法域,不能把美国各州之间形成的法域,等同于国家与国家之间的独立法域。因此,美国的区际民事案件也不能等同于国际民事案件。下面本书根据《美国联邦宪法》授予美国联邦法院对区际民事案件的专属管辖权,阐述美国解决区际财产保全程序冲突的具体做法。

(一)美国联邦法院对区际民事案件行使专属管辖权

尽管美国 50 个州形成了 50 个相对独立的法域,但是各州法院无权管辖州际案件或跨州案件,无论是刑事案件还是民事案件。美国各州法院无权管辖区际民事案件,《美国联邦宪法》将美国区际民事案件的司法管辖权授予联邦法院行使。所以,美国联邦法院对区际民事案件享有专属司法管辖权,各州法院只能管辖其本州领域内的民事案件。本书仍以纽约州的地方法院为例,来阐述美国的州地方法院管辖的案件种类。

1. 州法院只能管辖其本州领域内的民事案件

因为纽约州亦属于普通法系区域,按照普通法系传统,纽约州没有设立行政法院或行政法庭,上文述及的纽约州设置的各级地方法院,它们既有民事案件管辖权,又有刑事案件管辖权,还有一些带有行政诉讼和行政处罚性质的案件管辖权,例如司法复核权、交通违法处罚权、违反州法例

处罚权等。本节不讨论纽约州法院的刑事案件和行政案件管辖权，只讨论纽约州法院的民事案件管辖权。纽约州各级地方法院管辖的民事案件的起诉案由或诉讼因由主要是：侵权（tort）诉讼、合同（contract）诉讼、不动产（real property）诉讼、家事（family）诉讼、遗嘱（probate）诉讼、小额（small claims）诉讼等。其中家事诉讼细分为：收养（adoption）诉讼、监护（guardianship）诉讼、赡养（supports）诉讼、生父确认（paternity）诉讼、家暴（domestic violence）诉讼、青少年（juvenile）诉讼、离婚（marriage dissolution）诉讼。当然这些民事案件的案由只是大的分类，其还可以细分为更多的案由或诉讼因由，其中最关键的一点是州法院管辖的民事案件，不能包含外州因素。

2. 包含外州因素的民事案件由联邦地区法院管辖

各州法院管辖的民事案件必须不能包含外州因素（foreign state factors），如果有任何一方当事人是外州公民，或者双方当事人争议的不动产位于外州，那么该州法院无司法管辖权，即使原告向该州法院提起民事诉讼，被告亦可行使抗辩管辖权（challenge jurisdiction），并可向该州法院所在的联邦地区法院申请调卷令（writ of certiorari），使该民事案件由州法院移送给联邦地区法院审理。如果该民事案件符合联邦专门法院管辖的条件，则应当移送给联邦专门法院管辖。既然州法院没有区际民事案件的司法管辖权，州法院在管辖本州民事案件过程中，也不涉及适用区际财产保全程序的问题。但是联邦地区法院或联邦专门法院在管辖区际民事案件时，也不涉及区际财产保全程序问题，理由是联邦法院司法管辖权覆盖全美国范围，当事人在全美国范围内任何地域的财产，理论上都可以被联邦法院采取财产保全措施。除此之外，还有一种情形是美国各州法院在认可和执行外州判决过程中，如果一个州法院登记执行另一个外州法院的判决，那么被请求执行的州法院可以对被执行人位于本州范围内的财产采取财产保全措施。这种情形发生在执行阶段，几乎不存在区际财产保全程序的冲突。

(二)美国联邦地区法院可自由裁量适用联邦法律和所在州的州法

美国联邦地区法院或联邦专门法院在管辖区际民事案件过程中,联邦法官根据美国冲突法,有权自由裁量对该区际民事案件适用的法律,其既可以适用联邦法律,又可以适用所在州的州法。具体到区际财产保全程序中,联邦法官有权决定适用联邦法律或者财产所在州的法律,对当事人采取财产保全措施。美国国会制定联邦法院的法律时,亦是按照普通法系的传统立法习惯,即"一机构一立法"和"一事一授权"的原则。联邦地区法院的法律或联邦专门法院的法律,由美国国会制定后按照惯例编入《美国法典》。普通法系还有一个传统就是每一级联邦法院都有自己的法院规则,以法院规则的形式制定民事程序规则或刑事程序规则。以美国联邦地区法院为例,联邦地区法院管辖民事案件时,适用的民事程序规则就是《美国联邦地区法院民事程序规则》(Federal Rules of Civil Procedure for the United States District Courts)。有些国内文献将其翻译成"美国联邦法院民事程序规则",但遗漏了地区两个字是不完整的。同时在州法院亦是如此,每个州的法院都有自己的法院法案和法院规则。以纽约州为例,纽约州议会为本州的地区法院制定了《纽约州统一地区法院法案》(Uniform District Court Act)和纽约州各个纪录法庭的《纽约州民事诉讼法律和规则》(Civil Practice Law and Rules),相当于纽约州的法院法案和法院规则。例如派驻在纽约州的联邦地区法院管辖区际民事案件的时候,联邦法官根据《美国联邦地区法院民事程序规则》赋予的职权,既可以适用联邦法律规定的财产保全措施,也可以适用纽约州的州法律规定的财产保全措施。这种充分授权的做法其实受益于美国联邦法律和州法律的双轨制体系;而联邦法律和州法律均有相应的民事程序规则对财产保全措施作出具体规定。然而令人称奇的是,两者是兼容与互补关系,而不是非此即彼的对立和冲突关系。联邦地区法院驻在州的州法规定的财产保全措施,既可适用于起诉前也可适用于起诉后,可贯穿于整个民事诉讼的过程中;联邦法官可依据《美国联邦地区法院民事程序规则》,自由裁量适用州法规定的财产保全措施,还是适用联邦法律规定的财产保全措施。但是,联邦法官采取财产保全措施,必须符合《美国联邦宪法》中载明的正当程序条款(due process clause)。正当程序条款要求美国法院对当事人财产予以扣押或剥夺,即便是通过民事诉讼财产扣押的方式,一般情况下也需要预先通知当事人,并给予当事人听审(聆讯)和抗辩的机会。《美国联邦宪法》确立的正当程序条款同样适用于各州的州法。所以,联邦法官无论是适用州法的规定,还是适用联邦法律的规定,在采取财产保全措施之时,必须遵守正当程序条款的要求,通知当事人,给予当事人听审(聆讯)和抗辩的机会。

(三)美国联邦法院与各州的法院之间实现司法文书互认

美国联邦法院与各州的法院之间实现司法文书互认,是解决区际财产保全程序冲突非常重要的条件之一。根据《美国联邦宪法》第 4 条第 1 款的规定,美国任何一个州对其他州的公共法案、记录和司法程序,应给予充分的信任和尊重。美国国会有权制定公共法律,用以规定这种法案、记录和司法程序的验证方法及其效力。这就是国内许多文献提到的《美国联邦宪法》规定的充分信任和充分尊重条款(clause of full faith and credit)。充分信任和充分尊重条款要求美国各州法院之间实现司法文书的互认,从理论上说,各州法院之间除了相互认可和执行判决外,还应当相互认可其他州法院的司法文书,这些司法文书包括令状(writ)、法院传票(summons)、法院通知书(notice),誓章(affidavit),以及各种法院命令(court order)等,在此不一一赘述。以美国联邦法院为视角,根据《美国法典》中关于联邦法院的法律规定,联邦法院与各州法院之间相互认可和执行判决以及法院之间对司法文书相互认可,只要法院的司法文书有出具文书的法院印章和法院司法人员(司法人员包括法官、书记官、执法官、司法文职人员等)的签名,就可以在联邦法院与州法院之间得到相互认可。当然,《美国法典》中关于联邦法院司法管辖区范围的相关规定,已经明确规定联邦法院作出的判决和命令,在全美国范围均具有法律效力。

因此，联邦法院管辖区际民事案件时授予当事人财产保全的命令、令状和手令以及其他相关的司法文书，在全美国范围内是有法律效力的，自然可以得到各州法院的认可和执行。还有一种情况是联邦法院为执行生效的实体判决，而对涉案被告或被保全人、被执行人采取财产保全措施的命令、令状和手令，这种情况下的司法文书亦是在全美国范围内具有法律效力。上文述及美国各州法院作出的生效实体判决，如果被告或判定债务人在本州法院的司法管辖区没有财产可供执行，但是在外州却有财产可供执行，原告或判定债权人可以向财产所在地的外州法院申请认可和执行生效实体判决。美国各州法院在认可和执行外州判决时亦是实行判决登记制，即在本州法院对外州判决登记后，该外州判决在本州法院进入执行程序，本州法院可以授予当事人财产保全的命令、令状和手令。但是，美国各州之间相互认可和执行生效实体判决，在判决登记之后属于执行阶段，被请求执行的法院即本州法院对被告或被保全人、被执行人采取财产保全措施，等同于本州法院执行自己的判决，不涉及各州法院之间跨法域相互协助财产保全，也不涉及相互认可和执行财产保全的命令、令状和手令。从司法实践中看，类似英国法院授予当事人的马利华禁制令，在同为普通法系的美国，只有美国联邦法院才有权授予当事人马利华禁制令，各州法院没有权力授予当事人马利华禁制令。

(四)美国联邦执法局负责执行联邦法院的财产保全措施

美国联邦法院有自己的执行机构即美国联邦执法局(US Marshals Service)，负责执行联邦法院作出的判决和命令，包括美国联邦法院采取的财产保全措施的命令、令状和手令。因此，联邦法院的判决和命令无须求助于各州法院和各州的执行机构来执行。美国联邦执法局直属于美国联邦司法部，其执行职务的范围是全美国，所以，美国法院的执行机构也是双轨制的，即联邦法院有联邦执行机构，各州法院有本州执行机构。美国各州法院的执行机构是根据本州的法律设置的执行官(sheriff or bailiff)，负责执行本州法院的判决和命令，当然包括财产保全的命令、令状和手令;但是,美国联邦执法局无义务去执行各州法院的判决和命令,其只负责执行联邦法院的判决和命令,包括联邦法院采取财产保全措施的命令、令状和手令。国内的许多文献介绍美国警察的时候,把美国警察的范围描述得十分宽泛,有些文献把美国各州法院的执行官和联邦执法官这两类执行人员也归类于美国警察,但其实他们是专门负责强制执行的法院判决和命令等司法文书的司法执行人员。当然,这也是普通法系美国的特色之一,即美国法院自己不设立属于法院系统的执行机构,而且将执行法院判决和命令等司法文书的事务,交给带有警察特色的专门执行机构来执行。美国联邦执法局受美国联邦司法部部长即总检察长领导,美国联邦执法局的局长(director)必须由总统提名并征得参议院建议和同意后任命;美国联邦执法局的权力除了由联邦法律规定外,还得由美国司法部部长授予其职权。全美国共有 94 个联邦司法区,每个区都设立一名联邦执法官,由总统根据参议院建议和同意任命,任期 4 年。各联邦司法区的联邦执法官服从美国联邦执法局的统一领导,美国联邦执法局局长有权任命职员协助完成执行法律的工作。联邦执法官、副执法官和其他职员在工作中都被统称为联邦执法官。根据《美国法典》第 28 编第 566 节的规定,联邦执法官的权力和职责是:为联邦地区法院、联邦上诉法院和国际贸易法院等维护安全,遵守、执行这些法院的所有命令;在联邦地区法院、联邦上诉法院或国际贸易法院等在该司法区开庭时,每一个司法区的联邦执法官就是该法院的执法官,有关法院可自行要求执法官出席庭审;除非法律或程序规则另有规定,联邦执法官执行所有依据联邦法律颁发的司法令状、诉讼传票及其他法院命令;为了执行职责,其可以取得所有必要的协助;每个联邦执法官、副执法官及局长任命的执法局中的其他任何官员,均可以佩带轻武器,可以在没有逮捕令的情况下逮捕任何在他面前出现的针对联邦的犯罪人,或者任何根据联邦法可以审理的重罪人,如果他有理由相信被逮捕的人已经或者正在实施该重罪。联邦执法官被授权实施下列行为:保护联邦陪审员、法院官员、证人的人身安全,以及其他被威胁的与司法程序有关的人。根据美国司法部部长的指示,在国内及国外追查逃犯。联邦执法官在州内执行联邦法律时,可以行使州内执行官在执行州法律时所行使的权力。这是因为美国关于执行程序的法律基本都是州法。在美国一些州内,地方执行官亦被称为县治安官,由公众选举产生,其主要职责是协助刑事法庭和民事法庭,如维持法庭秩序、送达传票、传唤陪审员、执行判决和命令、主持司法拍卖及类似活动,但同时是县辖区内的主要治安维持人员,有时也负责管理县的监所。有的县副治安官也称为(bailiff),如佛罗里达州法律规定 sheriff 是执行官,执行官的副手为 bailiff。综上所述,美国法院执行机构为双轨制,联邦法院采取财产保全措施的命令、令状和手令,由联邦执法官负责执行,执行的范围是全美国境内,不存在涉及跨州无法执行的问题。美国各州法院采取财产保全措施的命令、令状和手令,由各州的执行官负责执行,也不存在去外州执行的问题。

第三节　欧盟模式

欧盟解决跨国财产保全程序冲突的模式简称欧盟模式,接下来先从了解欧盟与成员国之间、成员国与成员国之间的司法协助关系了解欧盟模式。欧洲联盟的简称是欧盟,它是一个拥有立法权、行政权、司法权的政治、法律、经济实体,总部设在比利时首都布鲁塞尔,其前身是欧洲共同体,创始成员国分别为德国、法国、意大利、荷兰、比利时和卢森堡 6 个国家。1957 年 3 月 25 日,六国外长在罗马签订建立欧洲经济共同体与欧洲原子能共同体的两个条约,即《罗马条约》(Treaties of Rome)。1958 年 1 月 1 日欧洲经济共同体和欧洲原子能共同体正式成立,目的是创造欧洲共同市场,取消成员国间的关税,促进成员国间商品、人员、服务、资金的自由流通,在欧洲各国人民之间建立不断、愈益密切、联合的基础,清除分裂欧洲的壁垒,保证各国经济和社会的进步,不断改善人民生活和就业的条件,并通过共同贸易政策促进国际交换。1965 年 4 月 8 日,上述六国签订《布鲁塞尔条约》(Brussels Treaty Organization),决定将欧洲煤钢共同体、欧洲原子能共同体和欧洲经济共同体统一起来,统称欧洲共同体或欧共体。1992 年 2 月 7 日,欧共体马斯特里赫特首脑会议通过了建立欧洲经济货币联盟和欧洲政治联盟的条约,即《欧洲联盟条约》(Treaty on European Union),又称为《马斯特里赫特条约》(Maastricht Treaty),标志着欧洲联盟正式成立。欧洲三大共同体纳入欧盟,这标志着欧共体从经济实体向经济政治实体过渡,同时发展共同外交及安全政策,并加强司法及内务上的合作。欧盟各成员国是主权国家可被视为独立的法域,而欧盟本身拥有立法权也可被视为一个相对独立的法域,可称为欧盟法域。为了更好地进行学理论述区际民事案件,本节将欧盟各成员国法院管辖的涉及其他成员国的民事案件称为欧盟跨国民商事案件,主要是指欧盟各成员国之间的跨国(transnation)民事案件。由于欧盟大部分成员国为大陆法系国家,欧盟各成员国法院采取的临时保全措施包含财产保全措施,所以在本节内容中将欧盟各成员国法院采取的临时保全措施表述为财产保全措施,以更加贴近主题。

一、欧盟与各成员国的法律关系

欧盟有独立的组织机构系统和法律体系,欧盟的主要组织机构有 7 个:(1)欧洲理事会(European Council),又称欧盟首脑会议或欧盟峰会,是欧盟最高决策机构,由成员国国家元首或政府首脑及欧洲理事会主席、欧盟委员会主席组成。(2)欧盟理事会(Council of the European Union),又称欧盟部长理事会,是欧盟立法与政策制定、协调机构,由每个成员国各一名部长级代表组成,在欧盟理事会会议上代表其成员国政府进行投票表决。(3)欧盟委员会(European Commission),是欧盟立法建议与执行机构,现每届委员会由每个成员国各委派一名代表组成,其中主席 1 人,副主席 7 人。(4)欧洲议会(European Parliament),是欧盟监督、咨询和立法机构,议员由成员国直接普选产生,任期 5 年,设议长 1 人,副议长

14 人,任期两年半,可连选连任。(5)欧盟法院(Court of Justice of the European Union)是欧盟的仲裁机构,负责审理和裁决在执行欧盟条约和欧盟法律中发生的各种争议。(6)欧洲审计院(European Court of Auditors),由 12 人组成,均由欧盟理事会在征得欧洲议会同意后予以任命,负责审计欧盟各机构的账目和收支状况。(7)欧洲中央银行(European Central Bank),总部设在德国法兰克福,是欧元区中央银行,也是世界上第一个管理超国家货币的中央银行。欧盟各成员国是主权国家,也有自己的法律体系。截至目前,欧盟原有 28 个成员国由于英国脱欧,还有 27 个成员国。此外,欧盟还有候选成员国阿尔巴尼亚、黑山、北马其顿、塞尔维亚、土耳其等五国,潜在入欧候选国有波斯尼亚和黑塞哥维那。还有一些非欧盟的欧洲国家:安道尔、白俄罗斯、冰岛、列支敦士登、摩尔多瓦、摩纳哥、挪威、俄罗斯、圣马力诺、瑞士、乌克兰、梵蒂冈。

(一)欧盟与各成员国皆为独立法域

尽管欧盟作为一个政治、法律、经济共同实体,拥有立法权、行政权、司法权,但并不能将欧盟等同于一个主权国家,毕竟它的组织结构没有达到一个主权国家的标准。[1] 欧盟与各成员国之间的紧密度,远不及一个主权国家与其所辖各州、各自治区、各省、各行政区、各领地之间的紧密度,但是欧盟与各成员国之间的紧密度又大于一般的国际组织,理由是各成员国将一部分国家主权让渡给欧盟行使,所以,欧盟拥有一定的主权,但不是全部主权。尽管如此,欧盟各成员国仍然是具有独立主权的国家,不因为让渡了部分主权给欧盟而失去一个国家的法律地位。[2] 所以,欧盟因受让各成员国让渡的部分主权而有立法权、行政权和司法权。因此,可在某种程度上将欧盟法的管辖范围视为一个独立法域,欧盟法域与美

---

〔1〕 参见刘兆兴:《论欧盟法律与其成员国法律之间的关系》,载《环球法律评论》2006 年第 3 期。

〔2〕 参见王薇:《论国家主权的演进与流变——从欧盟法与成员国法关系的角度》,载《经济与社会发展》2005 年第 2 期。

国联邦法域有些类似。但是在欧盟法域内,各成员国亦是各自独立的法域,理由是各成员国仍然具有完整的立法权、行政权和司法权,没有因为让渡了部分主权给欧盟而失去主权。欧盟法域由欧盟法律构成,对于欧盟法律,各成员国和各欧盟组织机构都必须遵守执行;各成员国法域由各成员国的国内法构成,各成员国的国内法只对本国及本国公民、法人、实体有效,对其他成员国和欧盟组织机构无效。当前欧盟的 27 个成员国,在欧盟法域内部构成了 27 个独立法域。这些成员国之间既存在法系的差异,又存在宪法的差异,所以欧盟成员国之间的法律冲突非常有特色。这也为欧盟各成员国法院管辖涉及跨国因素(transnational factors)的民事案件带来一系列国际私法问题,具体包括法律适用问题、司法协助问题以及如何适用跨国财产保全程序的问题。

(二)欧盟各成员国法律体系的差异

欧盟各成员国之间法律体系的差异主要体现在三个方面:第一个方面是法系的差异,即普通法系与大陆法系之间的差异。英国作为全世界最主要范围内的普通法系国家之一,虽然已经脱欧,但欧盟内部仍有爱尔兰、塞浦路斯、马耳他等国,它们要么是前英联邦成员国,要么是历史上被英国殖民统治过,这些成员国的法律仍然带有普通法系的特征,可归类为普通法系成员国,与其他大陆法系的欧盟成员国之间,依旧存在很大差异。[1] 第二个方面是大陆法系成员内部的差异。大陆法系成员国分为两部分,一部分是老牌资本主义国家,包括法国、德国、意大利、奥地利、比利时、丹麦、卢森堡、荷兰、西班牙、瑞典、葡萄牙、芬兰、希腊等,它们都基本上采用大陆法系的法律传统;另一部分是原先为社会主义国家,后全盘西化成为资本主义国家的国家,包括罗马尼亚、保加利亚、斯洛文尼亚、捷克、爱沙尼亚、匈牙利、拉脱维亚、立陶宛、波兰、斯洛伐克等,它们制定新法时保留自己的特点,在一定程度上不同于老牌资本主义国家。有些成

---

〔1〕 参见胡译之:《论两大法系国家在欧盟法发展中的影响》,载《法制博览》2016 年第 9 期。

员国法院审理民事案件实行三审终审,有些成员国法院审理民事案件实行二审终审。第三个方面是宪法的差异。在欧盟各成员国中,实行君主立宪制的国家有比利时、丹麦、卢森堡、西班牙、瑞典以及脱欧的英国,这些君主立宪制国家尽管属于资本主义的三权分立制国家,但是它们的法律与其他实行议会共和制的资本主义的三权分立制国家的法律,毕竟存在差异;由于它们的宪法差异,有些成员国实行联邦制(如德国),有些成员国实行单一制(如波兰);因为各成员国的宪法不同所以法院设置也不同,有些成员国法院设置四级法院,有些成员国设置三级法院,有些成员国有最高法院、宪法法院和行政法院,有些成员国没有宪法法院和行政法院,只有最高法院。所以说,欧盟各成员国法律体系的多样性非常突出。

(三)欧盟法律与各成员国法律的关系

1. 欧盟的法律渊源

欧盟的法律渊源主要包括以下 5 个方面:(1)原始渊源或称为一级渊源,是指创建欧盟的骨干条约,例如《罗马条约》《布鲁塞尔条约》《马斯特里赫特条约》等构成欧盟法律的骨干条约。(2)派生渊源或称为二级渊源,它是指欧盟立法机构根据骨干条约规定的基本法律原则,制定的具有法律效力的欧盟法律文件分别是:①欧盟条例。欧盟条例具有普遍适用性,不需要转换为成员国的国内法,成员国有义务遵守和实施。②欧盟指令。欧盟指令对接受指令的成员国具有约束力,接受指令的成员国需要将其转换为国内法予以实施。③欧盟决定。欧盟有权机构如欧洲议会与欧洲理事会、欧盟理事会与欧盟委员会均有权作出决定,包括特指决定、其他决定和一般决定;欧盟决定只针对接受决定者产生法律效力,接受决定者包括一个或几个成员国,也可指向某个法人或自然人。(3)司法解释及其判例。欧盟法院对欧盟法律的解释、对法律的适用方面的说明与实践,以及欧盟法院的判例,均具有法律效力。(4)欧盟的内部规范性文件。欧盟有权机构发布的内部通告、通知、决议、框架文件等,成为欧盟软法的组成部分。(5)外部条约和协定。依据欧盟骨干条约的相关规定,欧盟与第三国、国际联盟或国际组织缔结的条约或协定,也是欧盟法律的组成部分,并且欧盟内部的各成员国之间签订的条约或协定,也是欧盟法律的组成部分。

2. 欧盟法律对其成员国的直接效力

在实践中,当欧盟法律与其成员国法律之间产生冲突时,欧盟法律具有优先于成员国法律的效力,这就是欧盟法律对其成员国的优先适用原则。欧盟法律对其成员国的直接效力和优先适用,是指欧盟法律针对任何成员国及其国民(自然人、法人、实体)具有普通法律效力,不需要经过成员国的再立法程序或制定实施办法就能直接为成员国或其国民所援引,其国内法院亦得直接适用。换言之,欧盟法律自动成为任何成员国的国内法的组成部分,成员国不必再采取任何转换。

3. 欧盟法律的优先适用原则

欧盟法律的优先适用原则体现在 4 个方面:(1)欧盟法律中的骨干条约对所有成员国具有直接效力。当然,欧盟骨干条约自身未规定这种直接效力,而是欧盟法院通过司法实践在其具体案件裁判中确认了直接效力原则。(2)欧盟条例对所有成员国具有直接效力。依据《罗马条约》第 189 条(新第 249 条)的规定,欧盟条例具有普遍意义,欧盟条例的各个组成部分都具有约束力并直接适用于所有成员国。只有在少数欧盟条例中,有个别例外条款在其成员国适用时是有条件的。(3)欧盟指令亦具有直接效力。依据《罗马条约》第 189 条(新第 249 条)第 3 款的规定,欧盟有权机构发出的指令中所规定的应达到何种结果的要求,对任何接受欧盟指令的成员国均具有约束力,但是采取何种形式和方法以达到欧盟指令所要求的结果,则由接受欧盟指令的成员国的机构行使管辖权。这就是说,欧盟指令的实施需要接受指令的成员国的有权机构起到转换作用,由此正好得出欧盟指令不具有直接效力的结论。但是,随着时代进步,欧盟发出的指令条文越来越明细兼具直接操作性,不需要再经接受指令的成员国转换,而且,欧盟法院通过司法判例确立了欧盟指令的直接效力。(4)欧盟决定的直接效力问题。依据《欧洲经济区域协定》

(Agreement on The European Economic Area)第七编第二章第104条的规定,欧盟机构欧洲经济区联合委员会作出的决定对缔约国具有约束力。关于欧盟决定是否具有直接效力的问题存在不同的观点和争议。欧盟法院对此持肯定的态度,其在针对德国的征税法的判决中支持了欧盟决定具有直接效力的观点,认定欧盟决定同样能在成员国内及其国民之间产生直接效力,并且能在其诉讼中直接援引。各个成员国在加入欧盟之前已经形成了各自独立的国内法体系,各成员国虽然各自承担根据欧盟法律相应调整其国内法的义务,但是各成员国尚未调整的国内法部分,以及加入欧盟之后国内新的或修改的立法,也会与欧盟法律产生冲突。这就是说,对于相同的法律适用问题,要同时面对欧盟法律这一特有的法律体系和成员国的国内法体系,两者共同调整各成员国国内以及各成员国之间的复杂关系。因此,这就产生了欧盟法律在其成员国内的地位问题,而解决这一问题的途径就是欧盟法律对其成员国的优先适用原则。[1]

二、欧盟法院的司法权发挥积极的协调作用

欧盟法院在欧盟成立之前被称为欧洲法院,1952年欧洲法院建立,其设立的法律依据是1952年生效的《欧洲煤钢共同体条约》(Treaty Establishing the European Coal and Steel Community),首创之初它的任务是确保用公开透明的方式解释和适用条约。嗣后的《罗马条约》《布鲁塞尔条约》《马斯特里赫特条约》等条约,不断完善和增加欧洲法院的任务和司法管辖权。欧洲法院的官方英文名是"Court Of Justice",《里斯本条约》(The Treaty of Lisbon)生效后,正式结束欧洲共同体称谓,凡依条约组建之机构实体皆被冠名为欧洲联盟,欧洲法院遂改称为欧盟法院,其官方英文名称是"Court of Justice of the European Union",简称CJEU,在本

---

〔1〕 参见刘畅:《欧盟的超国家性——以欧盟法的优先原则为视角》,载《法制与社会》2018年第11期。

节中一律称为欧盟法院。

(一)欧盟法院的管辖权范围

现欧盟法院坐落于卢森堡,平时统称的欧盟法院其实是两个法院机构的统称,包括初审法院即欧盟普通法院(General Court)和终审法院即欧盟法院(Court of Justice),两者共同构成真实的欧盟法院。[1] 欧盟普通法院由每个欧盟成员国选派两名法官组成,欧盟终审法院则由每个欧盟成员国选派1名法官加上11名总律师组成。欧盟法院负责对欧盟法律进行解释,以确保欧盟法律被以同一种方式适用于所有欧盟成员国,并且解决成员国政府与欧盟机构之间的法律纠纷(诉讼)。在某些特定情况下,如果成员国的个人、公司或组织认为某个欧盟机构侵犯了其权利,其也可以向欧盟提起针对该机构的法律诉讼并且采取行动。欧盟通过对其管辖的案件作出裁判来行使司法管辖权。欧盟法院审理的最常见五类案件为:(1)解释法律(初步裁定)。欧盟要求每个成员国的法院必须确保欧盟法律被正确地适用,但是不同成员国的法院可能会对欧盟法律有不同的解释。如果成员国法院对欧盟法律的解释或者其效力有疑问,可以要求欧盟法院释明含义。这样的机制也可以用来确定一个成员国的法律或司法实践是否符合欧盟法律。(2)执行欧盟法律(侵权之诉)。这类诉讼案件是针对某个成员国政府没有遵守欧盟法律,可以由欧盟委员会或其他欧盟国家提起诉讼。如果在审理过程中发现这个成员国存在错误,它必须立刻纠正错误,否则将面临第二次起诉,这可能会导致被罚款的判决结果。(3)撤销欧盟法案(撤销之诉)。如果某个欧盟法案被认为违反了欧盟条约或基本权利,则欧盟成员国政府、欧盟理事会、欧盟委员会都有权要求欧盟法院撤销该欧盟法案;在某些情况下欧洲议会也享有该撤销权。私人也有权请求欧盟法院撤销与他们存在直接利害关系的欧盟法案。(4)确保欧盟履行职责(不作为之诉)。欧洲议会、欧盟理事会

---

[1] 参见马朝莹:《欧盟法院管辖权初探》,载《公民与法(法学)》2011年第3期。

和欧盟委员会必须在特定情况下作出特定决定。如果他们不作为,欧盟成员国政府和其他欧盟机构以及在某些情况下私人或公司都有权向欧盟法院起诉。(5)制裁欧盟机构(损害赔偿之诉)。任何私人或公司,如果其合法利益因欧盟或其职员的作为或不作为而受到损害,有权向欧盟法院提起普通损害赔偿之诉。

(二)欧盟法院审理案件的模式

欧盟法院的终审法院,主要审理由成员国法院提起的初步裁定(解释法律)诉讼请求,审理某些撤销之诉和上诉案件。欧盟法院的普通法院,审理由私人、公司以及在某些情况下由欧盟成员国政府提起的撤销之诉。在司法实践中,欧盟普通法院主要审理涉及竞争法、国家补贴、贸易、农业、商标等领域的诉讼案件。欧盟法院的工作机制分为书面审理和公开开庭审理两个阶段:书面审理阶段由诉讼各当事方向欧盟法院提交书面陈述状,当事方包括成员国政府、欧盟机构,私人也可以提交陈述状,全部陈述状由法官担任报告起草人,提交法院全体大会讨论,视案件的重要性和复杂性由全体大会决定该诉讼案件由法官 3 名、5 名或全体法官审理;但是,欧盟法院大多数案件由 5 名法官审理,全体法官审理一个案件的情形极少。公开开庭审理阶段,案件由双方的代理律师提交开庭审理的法官和总律师,法官和总律师都可以向当事方的代理律师提出问题。如果审理法官认为必须听取总律师的法律意见,那么开庭后几周内总律师需给出法律意见,然后,审理法官经深思熟虑后作出裁判。欧盟普通法院的审理程序与欧盟终审法院基本相似,不同之处在于欧盟普通法院的大多数案件由 3 名法官审理,以及审理的法院没有要求总律师给予法律意见。欧盟法院的司法管辖权更倾向于违宪审理和行政诉讼,目的是统一执行欧盟法律(含条约)实施标准,对解决各成员国之间的法律冲突发挥了积极的作用。

三、欧盟国际私法领域的布鲁塞尔体系

欧盟法律在国际私法领域关于跨国民商事案件的管辖权以及判决承认与执行的相关条约、条例、指令、司法解释和判例，主要集中于布鲁塞尔体系。布鲁塞尔体系是指欧盟从建立之初至今，为协调跨国民商事案件管辖权方面的冲突，为实现其成员国之间民商事案件判决的自由流动，一直进行着不懈的努力，通过缔结及制定一系列公约、条例、指令、司法解释和判例等具有法律约束力的法律文件，逐渐形成了一整套以《布鲁塞尔公约》（Brussels Convention）为核心内容并具有法律效力的欧盟法律体系，故国内许多学者称为布鲁塞尔体系。

（一）布鲁塞尔体系的构成

1.《布鲁塞尔公约》

欧盟各成员国在保持独立主权的前提下，将部分国家主权让渡给欧盟统一行使，欧盟已经拥有完善的立法、行政和司法程序，一直致力于消除成员国间的法律冲突，从而促进商品、人员、服务、资金自由流动。为达此目的，必须实现各成员国法院的民商事案件判决自由流动，以解决成员国之间的民商事法律纠纷，促进欧盟共同市场的建设。但是，各成员国法院在管辖民商事案件过程中，仍然依照国内法行使财产保全程序管辖权，并没有将财产保全程序管辖权让渡给欧盟。欧盟的布鲁塞尔体系以《布鲁塞尔公约》为基石，该公约于 1968 年由法国、德国、意大利、荷兰、比利时、卢森堡 6 国在比利时首都布鲁塞尔缔结，全称是 1968 年《布鲁塞尔关于民商事案件管辖权及判决执行的公约》，简称为《布鲁塞尔公约》，这是当时欧洲共同体成员国在跨国民商事案件领域合作的成果，影响非常深远。

2.《卢加诺公约》

1988 年欧洲共同体 12 个成员国比利时、丹麦、德国、希腊、西班牙、

法国、爱尔兰、意大利、卢森堡、荷兰、葡萄牙、英国,与欧洲自由贸易联盟(European Free Trade Association, EFTA)的4个成员国冰岛、列支敦士登、挪威、瑞士,以及其他欧洲国家奥地利、芬兰、瑞典等,在瑞士边境小城卢加诺缔结了1988年《卢加诺关于民商事案件管辖权和判决执行公约》,简称《卢加诺公约》。《卢加诺公约》和《布鲁塞尔公约》的内容基本保持一致,只是《卢加诺公约》增加海事司法管辖权及扣押管辖权的内容,使《布鲁塞尔公约》的效力范围从欧洲共同体成员国之间,扩展到欧洲大陆的欧洲共同体成员国与非欧洲共同体成员国之间。迄今为止《卢加诺公约》的缔约国瑞士、挪威、冰岛仍未加入欧盟,而《卢加诺公约》的保存国正是瑞士(永久中立国)。换言之,《布鲁塞尔公约》包含的国际私法原则,通过《卢加诺公约》扩展适用于欧洲大陆的非欧共体成员国。

3. 2001年《布鲁塞尔条例Ⅰ》

欧洲共同体成员国内部缔结《布鲁塞尔公约》,和欧洲共同体成员国与欧洲的非欧洲共同体成员国缔结《卢加诺公约》,奠定了现存欧盟布鲁塞尔体系的基础。随着时间的推移,1991年《马斯特里赫特条约》签订标志着欧盟取代欧洲共同体。随后1997年签订的《阿姆斯特丹条约》(Treaty of Amsterdam)是对《马斯特里赫特条约》的进一步完善,目的就是加强欧盟内部的司法互助与合作。《阿姆斯特丹条约》生效后,欧盟统一成员国之间跨国民商事案件管辖权和判决执行的方法,不再是采用欧盟成员国之间缔约的模式,而是采用欧盟立法的模式,即欧盟制定条例(regulations)或指令(directives)的模式,由欧盟立法机构发布直接对各成员国发生法律效力的欧盟条例。2001年《布鲁塞尔条例Ⅰ》的全称为欧盟2001年第44号条例《关于民商事案件管辖权与判决承认及执行条例》,于2000年11月22日在欧洲议会和欧盟理事会获得通过,2002年正式生效。2001年《布鲁塞尔条例Ⅰ》与前两部公约《布鲁塞尔公约》《卢加诺公约》的内容基本保持一致,主要是增加了电子商务消费合同纠纷案件的有关规定,增设住所地国法院的绝对管辖权以保护消费者权利。不可否认,2001年《布鲁塞尔条例Ⅰ》在解决欧盟成员国之间跨国民商事案件的管辖权和判决执行方面,起到了巨大的推进和促进作用,但是同时面临新的问题。

4.2012年《布鲁塞尔条例Ⅰ(重订)》

2009年欧洲议会和欧盟理事会启动修订条例工作,并于2012年年底发布了2012年《布鲁塞尔条例Ⅰ(重订)》,其全称为欧盟2012年第1215号条例《关于民商事案件管辖权与判决承认及执行条例(重订)》,并于2015年1月10日起,对所有欧盟成员国生效并至今有效。所以,上述的《布鲁塞尔公约》、《卢加诺公约》、2001年《布鲁塞尔条例Ⅰ》和2012年《布鲁塞尔条例Ⅰ(重订)》是构成欧盟布鲁塞尔体系的主要内容。然而,欧盟还制定了一些调整成员国之间承认与执行具体领域的民商事案件判决的有关条例,主要有6项:(1)2003年11月27日《关于婚姻事项及父母亲责任事项的管辖权及判决的承认与执行并废除第1347/2000号条例的第2201/2003号条例》,又称《布鲁塞尔条例IIBis》,已于2004年8月1日生效。(2)2010年12月20日《关于在离婚和依法别居法律适用方面实施强化合作的第1259/2010号条例》,该条例于2012年6月21日生效,适用于欧盟14个成员国。(3)2008年12月18日《关于扶养义务判决承认与执行以及司法合作适用法第4/2009号条例》。(4)2012年7月4日《关于继承事项管辖权、法律适用、决定的承认与执行、公证文书的认可与执行以及建立欧洲继承证书第650/2012号条例》。(5)2007年7月11日《关于建立欧洲小额债权程序的第861/2007号条例》。(6)2000年5月29日《关于破产程序的第1346/2000号条例》,其内容由1995年欧盟《关于破产程序的公约》转换而来。除了上述的欧盟条例外,为简化承认程序和节约诉讼成本,欧盟先后还通过了2004年4月21日《关于为无争议债权实行欧洲执行令的第805/2004号条例》以及2006年12月12日《关于建立欧洲支付令程序第1896/2006号条例》。以上全部公约和条例构成了欧盟成员国之间跨国民商事案件管辖权以及判决的承认与执行的欧盟法律体系,由于其以《布鲁塞尔公约》为基础,又以2001年《布鲁塞尔条例Ⅰ》为主导,故国内学者称为布鲁塞尔体系。

(二)布鲁塞尔体系的特点

上文论述了欧盟法律布鲁塞尔体系产生、发展、形成的脉络,以及现有布鲁塞尔体系的内容,从中可以发现布鲁塞尔体系具有3个特点:(1)欧盟成员国之间跨国民商事案件管辖权规则趋向统一,逐步消除各成员国之间法律适用的差异,解决各成员国之间的法律冲突问题,布鲁塞尔体系成为欧盟国际私法的组成部分。(2)布鲁塞尔体系通过简化各成员国法院之间承认民商事案件判决的程序,提高民商事判决的执行效率,节约了当事人的时间、精力和成本,消除了各成员国法院执行程序规则不一致导致当事人诉讼成本和周期增加的弊端,有效地提高了民商事判决在欧盟各成员国之间自由流动的效率。(3)布鲁塞尔体系提高效率的同时,兼顾对于实体公正的保障。其不仅保护原告或申请执行人的利益,还规定了针对被告或被执行人的保障措施,确实保护被告或被执行人能够对相关成员国法院的强制执行判决行为进行抗辩,免受简化后的判决承认与执行程序的不当侵害。布鲁塞尔体系为实现完全废除许可证书程序提供了权利平衡机制,让实体正义免受简化后的判决承认与执行程序的影响。特别是2012年《布鲁塞尔条例Ⅰ(重订)》中的程序规则更加严谨,极大限度地消除了平行诉讼,其根本原因还是在于欧盟不同于一般意义上的国际组织。欧盟是区域一体化的国际组织,欧盟在国际私法领域特别是跨国民商事案件上的立法权、行政权和司法权都远超一般性的国际组织。如果欧盟没有如此强大的权力作为支撑,欧盟内部是无法形成布鲁塞尔体系的。

四、欧盟解决跨国财产保全程序冲突的具体做法

上文通过论述欧盟法律体系和布鲁塞尔体系可以清楚地得出相应的结论,即欧盟作为一个政治、法律、经济共同实体,其自己就是一个相对独立的法域,可称为欧盟法域。尽管欧盟拥有立法权、行政权、司法权,但是

欧盟各成员国仍然保持独立法域，27 个成员国（英国已经脱欧）就形成了 27 个法域；欧盟各成员国是享有独立主权的法域。所以，欧盟各成员国之间的跨国民商事案件，与中国区际民事案件、英国区际民事案件和美国区际民事案件，既有联系又有区别，它们之间不能完全画等号。下面，本书阐述欧盟各成员国法院运用布鲁塞尔体系的相关规定，解决各成员国之间跨国财产保全程序冲突的具体做法。

（一）欧盟认可跨国财产保全程序的管辖权

欧盟法律的布鲁塞尔体系涉及众多公约、条例、指令等法律文件，其对各成员国法院单独行使跨国财产保全程序管辖权的规定基本一致。从法律术语的传统意义上来看，财产保全属于大陆法系的法律概念。为了适应欧盟内部多法系成员国的现实需要，布鲁塞尔体系中没有使用财产保全的法律概念，而是以临时保全措施的法律概念来覆盖财产保全的法律概念。因为布鲁塞尔体系所规定的临时保全措施的适用范围大于财产保全的适用范围，财产保全只是众多临时保全措施中的一类，例如扶养和赡养案件领域的临时付款令和知识产权案件领域的临时保护令都属于临时保全措施。《布鲁塞尔公约》关于临时保全措施的相关规定出现在该公约第二篇管辖权的第九节临时保全措施的第 24 条，该条规定：即使按本公约规定，某一个缔约国法院对案件的实质性问题有管辖权，亦得向另一个缔约国法院申请该国法律所允许的临时保全措施。《卢加诺公约》关于临时保全措施的相关规定也是出现在该公约第二篇管辖权的第九节临时保全措施的第 24 条，该条同样规定：即使按本公约规定，另一个缔约国法院对案件的实质性问题有管辖权，亦得向某一个缔约国法院申请该国法律所容许的临时保全措施。2012 年《布鲁塞尔条例Ⅰ（重订）》和 2001 年《布鲁塞尔条例Ⅰ》关于临时保全措施的相关规定，均出现在第二章管辖权的第十节临时保全措施的第 35 条，该条规定：即使另一成员国法院按本条例之规定对案件实质性问题有管辖权，亦得向某一成员国法院申请该国法律所允许的临时措施和保护性措施。由此可见，布鲁塞尔体系的做法是使跨国民商事案件的实体管辖权与跨国财产保全程序管辖权脱钩,欧盟任一成员国法院可以单独根据原告或保全申请人的申请,跨国协助采取财产保全措施成为财产保全裁决法院,进而在实体判决生效后成为被请求执行的法院。这种制度设计为欧盟各成员国之间跨国相互协助财产保全扫清了法律障碍。但是,布鲁塞尔体系并没有单独为各成员国制定一套完整的跨国财产保全程序规则,任何成员国之间跨国相互协助财产保全,都应当将财产保全裁决法院所在成员国的国内法中关于财产保全程序的申请条件、审理程序、执行方式等具体内容作为准据法。布鲁塞尔体系所起的作用,就是将跨国民商事案件实体管辖权和跨国财产保全程序管辖权两权相分离。实体判决法院和财产保全裁决法院可以分属不同的成员国法院,而任何一个成员国法院成为财产保全裁决法院后,另一个成员国法院作出的实体判决生效后,都可以在财产保全裁决法院得到承认与执行。可见欧盟法律的布鲁塞尔体系充分尊重各成员国的国内法关于财产保全程序的规定,同时运用欧盟法律的布鲁塞尔体系协调各成员国之间关于民商事案件管辖权的冲突;民商事管辖权无冲突的生效实体判决,可以在欧盟各成员国之间相互承认与执行。基于这样的法律共识和运行机制,欧盟任何一个成员国法院都可以单独行使财产保全程序管辖权,欧盟各成员国法院之间可以跨国相互协助财产保全。任何一个成员国的法院扣押被告或被保全人的财产后,当其他成员国法院的实体判决生效,原告或申请执行人可以向财产保全裁决法院申请承认与执行,那么,财产保全裁决法院便顺理成章地成为被请求执行的法院。

(二)欧盟认可扣押管辖权

世界各国法院的跨国民商事案件往往耗时很长,欧盟各成员国之间的跨国民商事案件亦不例外,因此,欧盟各成员国法院之间跨国相互协助财产保全,被认为是确保将来实体判决生效后,能够得到有效执行的一项重要措施。然而,任何一个成员国法院作为实体判决法院,在主办财产保全模式下采取财产保全措施,能够被另一个成员国法院承认与执行都面临许多困难和障碍,欧盟亦是如此。为了解决欧盟各成员国法院之间相互承认与执行跨国财产保全措施的问题,布鲁塞尔体系通过认可扣押管辖权的制度设计,在一定程度上解决跨国财产保全措施在成员国之间不能自由流动的问题。《卢加诺公约》第二篇管辖权的第二节特别管辖权的第5条第7项规定了在一个缔约国有住所的人得在其他缔约国被诉的第7种情形。有关货物或运费的赔偿而起之争议,对争议中的货物或运费有管辖权的法院须符合2个条件:第一个条件是货物或运费被其扣押以确保救助款项偿付者;第二个条件是本有权予以扣押货物或运费,由于提供了保释金或其他保证而免予扣押者。该条适用的条件是:被告对该货物或运费有利益或者在救助之时有利益。还有《卢加诺公约》第54条第A款第1项规定:在一个缔约国有住所者就海事请求得在上述任何一国法院被诉,如果与诉讼请求有关之船舶或他所拥有的任何其他船舶在后一国家为保证判决执行而被扣押,或本来已经被扣押,但由于其提供了保证金或其他保证而未被扣押者,或有下列6类情形之一者。这6类情形分别是:(1)请求人在后一国家有住所。(2)海事请求发生在后一国家。(3)扣押或理应进行的扣押发生在航程中,就此所生之请求。(4)因碰撞而生之请求,或因一船舶对另一船舶、货物、任一船舶人员造成损害而生之请求;这种损害不论是由于驾驶中的行为或不行为,还是由于不遵守海上交通规则所致。(5)请求救助费用。(6)有关船舶或船货抵押的请求。上述规定充分说明《卢加诺公约》认可任何一个缔约国法院在成功扣押财产后对该跨国民商事案件有实体管辖权。2012年《布鲁塞尔条例Ⅰ(重订)》第二章管辖权的第二节特别管辖权的第7条第7项亦规定了在某一成员国有住所的人得在其他成员国被诉的第7种情形,其中涉及的法院是指在有关海上运输货物的海难救助报酬支付争端中货物为担保付款而被扣押地的法院,或者货物本应被扣押,但由于提供了保释金或其他保证而免于扣押的所在地法院。当然,只有在主张被告对该货物具有利益或在救助时曾有利益的情况下,该条款才能适用。2012年《布鲁塞尔条例Ⅰ(重订)》第六章过渡条款的第73条规定:本条例不影响《卢加诺公约》的适用。由此可见,布鲁塞尔体系的两个重要法律文件《卢加诺公约》和2012年《布鲁塞尔条例Ⅰ(重订)》都认可扣押管辖权,认可的前提条件是被告在欧盟任何一个成员国有住所,而任何一个成员国法院只需要扣押了被告的财产,包括陆地货物扣押和海事扣押,就获得了对该跨国民商事案件的实体管辖权,有权审理并作出实体判决。虽说扣押管辖权的理论起源于普通法系国家的对物诉讼管辖权,但其在欧盟亦得到认可。从民事程序理论上说,欧盟成员国法院行使扣押管辖权分为3个阶段:第一个阶段是原告或扣押申请人向任何一个成员国法院提出扣押被告或被保全人财产的请求,此时法院行使的权力是跨国财产保全程序管辖权。但是此时跨国民商事案件并未进入实体判决程序,所以其与诉前财产保全相似。第二个阶段是扣押法院成功地扣押了被告或被保全人的财产(包括陆地财产和海事财产),扣押法院从而获得对该跨国民商事案件的实体管辖权,成为实体判决法院并且进一步对该跨国民商事案件进行实体审理并作出判决。第三个阶段是实体判决生效后,扣押法院成为执行法院,将此前被扣押财产用于执行生效实体判决。当然,可适用扣押管辖权的情形多数出现在国际运输纠纷和国际海事纠纷引起的跨国民商事案件中。扣押管辖权也是布鲁塞尔体系解决跨国财产保全程序冲突的做法之一。

(三)欧盟有条件认可财产保全措施的域外执行力

2012年《布鲁塞尔条例Ⅰ(重订)》第2条规定:为实现本条例之目的,本条例定义的判决系指某一成员国法院(courts)或法庭(tribunals)所作的判决,而不论该判决名称如何,诸如裁决、命令、决定或执行令状以及由法院书记官就诉讼费或其他费用所作的决定。为实现本条例第三章之目的(判决在各成员国之间得以承认与执行),判决包括根据本条例对案件实体诉讼具有管辖权的法院或法庭所作的临时保全措施,但不包括该法院或法庭在未传唤被告出庭的情况下作出的临时保全措施,除非包含该临时保全措施的判决在执行前已送达被告。由此可见,欧盟有条件认可财产保全措施的域外执行力;同时欧盟鼓励成员国法院之间相互承认与执行临时保全措施,并且将临时保全措施视为成员国法院判决或法庭判决的其中一种。当然,欧盟认可财产保全措施的域外执行力的条件有三:第一,具有域外执行力的临时保全措施,是由对该跨国民商事案件享有实体管辖权的法院或法庭作出的,也就是财产保全裁决法院如果对该跨国民商事案件无实体管辖权,其作出的临时保全措施不能得到其他成员国法院的承认与执行。第二,财产保全裁决法院即使对该跨国民商事案件享有实体管辖权,其行使实体管辖权的依据也必须符合布鲁塞尔体系的规定,如果财产保全裁决法院的实体管辖权存在争议,其他成员国将不予承认和执行。第三,财产保全裁决法院必须保障被告的听审权和抗辩权,作出临时保全措施之前未通知被告或未给予被告充分的时间抗辩,在被告缺席审判的情况下作出的临时保全措施,不能得到其他成员国的承认与执行,也不在条例规定的可以在成员国之间自由流动的判决范围内。欧盟布鲁塞尔体系的上述制度设计,仍然是以解决实体管辖权冲突为切入点,通过解决实体管辖权的冲突,达到消除临时保全措施冲突的目的。退一步来说,欧盟任何一个成员国法院如果没有对跨国民商事案件享有实体管辖权,其作出的临时保全措施只在该法院的司法管辖区内有效,不具有域外执行力,也不能在成员国之间自由流动。当然,欧盟任何一个成员国法院在享有实体管辖权的前提下作出的临时保全措施,如果原告或保全申请人想要在其他成员国法院得到承认与执行,也需要向被请求执行的法院履行与承认与执行判决同样的申请程序,从理论上来说同样存在被其他成员国法院以法定理由拒绝承认与执行的情形。上述内容充分说明欧盟是有条件地认可财产保全措施的域外执行力,这也是欧盟解决跨国财产保全程序冲突的一个突破口,目的是让欧盟成员国法院作出的临时保全措施,也可以在欧盟成员国之间自由流动。欧盟的做法类似于普通法系的法院特别是英国法院马利华禁制令的做法,两者有异曲同工之妙。

(四)欧盟法院承担布鲁塞尔体系监督者的职责

欧盟法院监督包括布鲁塞尔体系在内的欧盟法律的施行。欧盟布鲁塞尔体系的相关规定,说到底还是属于欧盟国际私法领域的法律,各成员国法院有义务遵守布鲁塞尔体系涉及的全部条约、公约、条例、指令、司法解释和判例等欧盟法律。但是,任何法律条文都存在歧义进而导致争议,因此需要权威机构对存在歧义的法律条文进行解释,以明确其含义,减少甚至最大限度地消除法律争议,确保欧盟法律的顺利实施。欧盟法院就是这样的一个权威机构,它有权对布鲁塞尔体系涉及的法律条文进行解释。欧盟国际私法领域的布鲁塞尔体系,如果欧盟的成员国之间对跨国民商事案件实体管辖权的认定标准存在争议,或者成员国法院对跨国民商事案件实体管辖权的解释存在争议,存在争议的成员国法院可以提请欧盟法院对布鲁塞尔体系的相关规定作出司法解释(初步裁定)。欧盟法院针对布鲁塞尔体系的相关规定或者具体条例作出的司法解释具备法律效力,欧盟成员国及成员国法院必须受其约束并遵照执行。另外,在欧盟法域内的跨国民商事案件的当事人,包括涉案的自然人、法人和其他实体,如果认为任何一个成员国法院有违反或不遵守布鲁塞尔体系相关规定的行为,例如某个成员国法院拒绝行使跨国财产保全程序管辖权(消极管辖冲突),或者某个成员国法院滥用跨国财产保全程序管辖权(积极管辖冲突),或者某个成员国法院违反布鲁塞尔体系的条例拒绝承认与执行其他成员国法院作出的财产保全措施的判决等行为,有关的当事人可以逐级上诉,并可以一直上诉到欧盟法院,由欧盟法院对该成员国法院不遵守布鲁塞尔体系相关规定的行为进行纠正。此外,欧盟内部的有关机构如欧盟委员会,发现某个成员国法院有不遵守或违反布鲁塞尔体系相关规定的行为,亦可将该成员国法院起诉至欧盟法院,由欧盟法院判断该成员国法院是否违反了布鲁塞尔体系,并且以作出判决的形式予以纠正。综上所述,欧盟法院担当了欧盟法律督促者的角色,确保欧盟国际私法领域的布鲁塞尔体系与其他欧盟法律一样得到有效施行。

第四节　海牙国际私法会议模式

海牙国际私法会议(Hague Conference on Private International Law, HCCH)解决跨国财产保全程序冲突的模式简称海牙国际私法会议模式,接下来先从了解该国际组织的缔约方之间的司法协助关系了解海牙国际私法会议模式。海牙国际私法会议成立于1893年,是研究和制定国际私法条约的专门性政府间国际组织,因会议地址在荷兰海牙而得名。1893—1951年,海牙国际私法会议仅是临时性的国际会议,1951年,第七届海牙国际私法会议通过《海牙国际私法会议章程》,标志着它已演变成一个以逐渐统一国际私法为目的的常设性政府间国际组织。海牙国际私法会议截至2017年10月22日有83个正式成员,包括82个国家和1个区域一体化组织即欧盟。海牙国际私法会议各缔约方是主权国家及区域一体化组织也是独立法域,而海牙国际私法会议本身是一个国际组织不能被视为一个相对独立的法域,作为认识对象可被暂称为海牙国际私法会议法域。为了更好地对比中国区际民事案件,本节将海牙国际私法会议各缔约方法院管辖的涉及其他缔约方的民事案件称为海牙国际私法会议跨国民商事案件,主要是指海牙国际私法会议各缔约方之间的跨国民商事案件。由于海牙国际私法会议的缔约方中有各法系的国家,因此,海牙国际私法会议解决跨国财产保全程序冲突的模式兼容性更强。海牙国际私法会议各缔约方法院采取的临时保全措施包含财产保全措施,因此,在本节内容中将海牙国际私法会议各缔约方法院采取的临时保全措施表述为财产保全措施,以更加贴近主题。

一、海牙国际私法会议关于跨国财产保全程序的相关内容

海牙国际私法会议主要是制定国际私法领域的公约，包括法律适用(准据法)、司法管辖权、判决的承认与执行、司法文书的送达、域外取证等跨国司法协助领域。其特点是以解决具体的法律冲突问题为导向，通过缔结一部具体的国际私法公约来解决具体的法律冲突问题。但是海牙国际私法会议无意制定一部内容完备的国际私法法典，理由是各缔约方对国际私法领域的许多法律问题存在很大争议，经过多年努力亦无法达成共识，也无法形成综合性的国际私法公约。但是海牙国际私法会议仍然取得很多成果，迄今为止海牙国际私法会议共通过了41项公约，广泛涉及国际私法领域许多具体法律冲突问题，包括法律适用(准据法)、司法管辖权、判决的承认与执行、域外送达、域外取证等司法协助领域，已生效29项，未生效11项，失效1项。上述海牙国际私法会议公约中在全球影响较大、参加国较多的公约有：1965年《关于向国外送达民事或商事司法文书和司法外文书公约》、1970年《关于从国外调取民事或商事证据的公约》、1961年《取消外国公文书认证要求的公约》、1980年《国际性诱拐儿童民事方面的公约》、1993年《跨国收养方面保护儿童及合作公约》等。海牙国际私法会议成员是主权独立的国家以及区域一体化组织，因此，它们都是独立的法域，而且海牙国际私法会议缔约方中不少是联邦制国家、多法域国家。这些联邦制国家、多法域国家以及欧盟这样的国际组织，本身就是一个大法域，在大法域内部还可以细分为两个及两个以上的子法域，多法域并存的现象非常突出。所以，通过考察海牙国际私法会议的具体国际私法公约，总结归纳海牙国际私法会议解决缔约方之间跨国财产保全程序冲突的做法，对解决中国区际财产保全程序冲突有重要的参考价值。

(一)1958年《海牙国际有体动产买卖协议管辖权公约》

海牙国际私法会议在1958年4月15日制定《海牙国际有体动产买

卖协议管辖权公约》,该公约由法国起草,从该公约的名字可以看出,其主要目的是帮助国际买卖合同当事人之间约定管辖法院。该公约规定:如果当事人以合同方式约定了诉讼管辖法院,该法院就对该国际买卖合同纠纷享有专属(排他)管辖权。该公约文本中关于跨国财产保全程序主要有以下内容。该公约第 3 条规定:如果被告到某个缔约方的某个法院应诉,该法院按照公约的规定享有管辖权,并不是当事人合同约定的诉讼管辖法院,但是该法院按照其国内法是具有管辖权的法院,则视为被告接受该法院的管辖。但是,被告为了对此种管辖提出异议,或者为了维护已被扣押的或者有被扣押危险的标的物,或者为了要求解除扣押而出庭,则为例外情形。该公约的第 4 条规定:以上各条规定,并不妨碍缔约方法院关于临时保全措施的管辖权。从该公约文本的第 3 条的相关内容出发,可以看出该公约是认可财产保全程序管辖权的,即使国际买卖合同纠纷的当事人之间以合同方式约定了诉讼管辖法院,但是某缔约方法院根据其国内法认为自己有权采取财产保全措施,亦可不理会当事人之间约定的诉讼管辖法院条款,直接行使财产保全程序管辖权。但是该项跨国财产保全程序管辖权只针对有权采取财产保全措施的法院,并不是财产保全裁决法院对该跨国民商事案件享有实体管辖权,原因是该公约规定了被告对财产保全措施的异议权,当被告为了抗辩财产保全措施时,可以前去财产保全裁决法院出庭答辩,但不视为被告对该案件的实体请求出庭应诉答辩。所以,该公约认可财产保全程序管辖权为一项独立的程序管辖权。当然,该公约的文本亦暗含了被告默认实体管辖权的意思,即某个缔约方法院可以针对被告的财产采取财产保全措施。其引申出来的含义,就是被告不对财产保全裁决法院提出管辖权异议,而是针对原告的实体请求应诉答辩,则视为被告默认了财产保全裁决法院具有实体管辖权,或者被告明示接受财产保全裁决法院作为实体判决法院,那么财产保全裁决法院即获得了对该国际买卖合同纠纷案件的实体管辖权。该公约的第 4 条明确规定缔约方法院享有临时保全措施管辖权,说明海牙国际私法会议将跨国民商事案件的司法管辖权,划分为实体管辖权和程序管辖权。同时,海牙国际私法会议希望一个缔约方法院对跨国民商事案件行使实体管辖权,不影响另一个缔约方法院行使程序性管辖权,而程序性管辖权多数情况下是指临时保全措施的管辖权。该做法既不影响跨国民商事案件实体判决法院审理案件并作出实体判决,又不影响财产保全裁决法院单独采取财产保全措施,从而实现缔约方法院之间的跨国相互协助财产保全,达到确保一个缔约方法院对跨国民商事案件作出的实体判决生效后,可以在另一个缔约方法院得到有效执行的效果,这对当事人合法权益的保护力度更大。

(二)《儿童抚养义务判决的承认和执行公约》

海牙国际私法会议在1958年4月15日制定《儿童抚养义务判决的承认和执行公约》,该公约亦由法国起草,于1962年1月1日生效。目前该公约的缔约方有20个。从该公约的名字可以看出,其主要目的是在缔约方法院之间,达成对跨国儿童抚养权案件的判决给予承认与执行的共识,并形成一致意见。尽管这个公约的适用范围是跨国家事案件(international domestic cases),其中涉及儿童抚养义务的部分案件,但是不同缔约方法院之间能否相互承认与执行带有临时保全措施内容的儿童抚养义务判决呢?如果答案是肯定的,那么不同缔约方法院之间承认与执行带有临时保全措施内容的儿童抚养义务判决的审查判断标准是什么呢?如果这个审查判断标准能够被大多数国家和地区的法院接受,那么其对中国三法域之间做到相互认可和执行儿童抚养义务的判决中的临时保全措施而言,具有重要的参考意义。但是,截至目前,缔结或加入该公约的国家和地区并不算太多。下面考察该公约第2条规定的审查判断标准:某个缔约方域内作出的扶养义务判决,应在其他缔约方域内不经实质性复查而得到承认和宣告有执行力,但必须满足以下6项条件:(1)根据本公约的规定,判决是由主管机关作出的。(2)依照判决机关所属国家或地区的法律,被告已经被合法传唤或代理;但对于缺席审判,如果执行机关经了解情况认为,缺席当事人不知道诉讼程序或未能出庭辩护并无过失,可以拒绝承认与执行。(3)该项判决在作出判决的国家或地区有既判力;但对于先予执行的裁定以及各种临时保全措施,尽管允许提出异议,但执行机关仍可宣告执行,只要执行机关所属国家或地区允许作出和执行同样的裁定。(4)该判决不抵触援引国家或地区在相同当事人之间就相同标的作出的判决。(5)如在判决宣告前,已在援引国家或地区内发生了诉讼竞合(平行诉讼)的情况,可以拒绝承认与执行。(6)该项判决未明显违反援引国家或地区的公共秩序。上述6项标准是该公约规定的各缔约方之间承认与执行抚养儿童义务判决的审查判断标准,从理论上来说,只要符合这6项标准的判决,就应当得到缔约方的执行机关宣告执行。但是,儿童抚养义务判决中既包括实体判决内容又包括临时保全措施的,无论是实体判决内容还是临时保全措施内容,只要达到该公约规定的审查判断标准,也应当在各缔约方之间得到相互承认与执行。本书将这6项审查判断标准简要归纳为:缔约方法院之间对跨国儿童抚养权案件的实体管辖权无争议,判决作出前给予被告充分的时间和机会进行陈述和答辩,被请求执行方的法律允许执行该儿童抚养义务判决,被请求执行方法院对相同事实依据当地法律也可以作出相同判决;符合前述审查判断标准的一个外国儿童抚养义务判决,包括该判决包含的临时保全措施,都是可以在被请求执行方的执行机关宣告执行的。该公约规定的审查判断标准与布鲁塞尔体系规定的具有域外执行力的临时保全措施的标准非常接近,可以引申适用于缔约方法院之间相互承认与执行跨国财产保全措施中,或者引申适用于不同法域的法域之间相互认可和执行跨法域财产保全措施中。所以,该公约规定的各缔约方法院之间相互承认与执行跨国儿童抚养义务判决的审查判断标准,对进一步完善中国区际财产保全程序具有重要的参考意义。但是,该公约的相关内容后被1973年10月2日于海牙签订,1976年8月1日生效的1973年《海牙扶养义务判决的承认和执行公约》所取代。下文将进一步阐述后者文本中涉及的跨国财产保全程序的相关内容。

(三)1971年《海牙民商事案件外国判决的承认和执行公约》

海牙国际私法会议在1971年2月1日签订了1971年《海牙民商事案件外国判决的承认和执行公约》和1971年《海牙民商事案件外国判决的承认和执行公约附加议定书》,该公约及附加议定书于1979年8月20日生效。截至目前,该公约有5个缔约方,而附加议定书有4个缔约方。

1. 1971年《海牙民商事案件外国判决的承认和执行公约》

1971年《海牙民商事案件外国判决的承认和执行公约》的第2条规定已经将各缔约方之间相互承认与执行临时保全措施排除在外。该公约的第2条规定的各缔约方之间相互承认与执行判决的适用范围是各缔约方法院作出的所有判决,不论该法院对作出该判决的诉讼程序如何称谓,也不论对该判决本身如何称谓,例如称为判决、裁定或执行命令;但是该公约不适用于命令执行临时保全措施的决定,以及所有行政性机关所作的决定。可是该公约在第23条第4项中作出了例外规定:各缔约方有权在本公约第21条所述的协定中议定将本公约适用于命令执行临时保全措施的判决。要正确理解该公约第23条第4项的内容,必须先理解该公约第21条所述内容。该公约第21条规定的内容是:一个缔约方作出的判决不得根据上述条款规定在另一个缔约方得到承认与执行,除非该两方都是公约签字方并为此目的订立了一项补充协定。由此可见,该公约的主要目的是促进具有终局效力、带有执行内容或给付内容的跨国民商事案件实体判决,在缔约方之间得到相互承认与执行,而不是推动那些只具有临时效力的程序性判决(临时保全措施)在缔约方之间得到相互承认与执行。该公约给出的理由就是各缔约方关于临时保全措施的法律差异很大,无法达成能被各缔约方一致接受的方案。因此,该公约无法解决多边达成一致问题,但是该公约鼓励两个缔约方之间达成双边补充协定,鼓励两个缔约方之间相互承认与执行临时保全措施的判决或命令。这是一种求大同存小异的解决办法,该公约无法让全部缔约方之间相互承认与执行临时保全措施,但是该公约将解决相互承认与执行临时保全措施的方案交给那些有意向的缔约方自己协商解决。

2. 1971年《海牙民商事案件外国判决的承认和执行公约附加议定书》

在1971年《海牙民商事案件外国判决的承认和执行公约附加议定书》中，没有关于跨国财产保全程序的可操作性内容，只有对缔约方法院行使扣押管辖权作出的限制性解释。根据该附加议定书第4条的规定，该附加议定书第2条规定的承认判决方可以拒绝承认原审方管辖权的情形之一，就是被告在原审方境内有财产，或者经原告申请原审方扣押了被告的财产。但是这样的情形又可以再区分为两种情形：第一种情形是判决承认方的法律认可扣押管辖权的合法性，则可以承认原审方管辖权的合法性；第二种情形是判决承认方的法律不认可扣押管辖权的合法性，则不予承认原审方管辖权的合法性。但是例外的情形是，如果该诉讼是为财产的所有权或占有权而进行的，或者该诉讼是因与该财产有关的另一个问题而发生的，又或者该财产是作为诉讼标的之债的担保物；如果诉讼是因前述几种情形产生的，那么原审方的扣押管辖权一般应被承认其合法性。从该附加议定书规定的内容可以看出，扣押管辖权的认定标准在缔约方之间亦未能达成多边的普遍共识，也需要判决原审方与判决承认方之间都相互认可扣押管辖权的合法性。该附加议定书还鼓励有关缔约方之间相互承认与执行因行使扣押管辖权而作出的生效实体判决。

（四）1973年《海牙扶养义务判决的承认和执行公约》

海牙国际私法会议在1973年10月2日签订了1973年《海牙扶养义务判决的承认和执行公约》，该公约于1976年8月1日生效，目前该公约的缔约方有24个。从该公约的名字可以看出，该公约的适用范围是跨国扶养义务纠纷案件（international custody disputes）。该公约的文本中涉及跨国财产保全程序的相关内容，主要是关于缔约方之间如何实现相互承认与执行带有临时保全措施的跨国扶养义务案件判决。因此，在本节中除了论述跨国扶养义务案件实体判决的相互承认与执行，还着重论述跨国扶养义务判决中包含的临时保全措施的相互承认与执行。下面先了解该公约文本中,关于带有临时保全措施的跨国扶养义务案件判决的相互承认与执行的规定。该公约第4条规定,一缔约方所作出的判决,在下列两项条件均符合的情况下,应在其他缔约方得到承认与执行:第一项是该判决是由根据本公约第7条、第8条规定的有管辖权的机关作出的;第二项是本判决在原审方不会受到一般的审查。临时可执行的决定和临时保全措施,即使可受到一般的审查,但如果被请求方可以作出同样的判决并予以执行,其仍应为该方承认与执行。从该公约第4条的表述看,跨国扶养义务判决中包含的临时保全措施,能够在被请求方得到承认与执行的条件有三:第一,原审方法院的实体管辖权无争议;第二,该跨国扶养义务判决是终局判决,不会被随意推翻;第三,原审方法院与被请求方法院会就相同事实作出相同判决,也就是相同结果原则。虽然该公约规定的案件限定在跨国扶养义务判决包含的临时可执行的决定和临时保全措施,但其仍然与普通跨国民商事案件有一定的区别。该公约提出解决临时保全措施得到相互承认与执行的审查判断标准就是相同结果原则,即一个有管辖权的缔约方法院作出临时可执行的决定和临时保全措施,若想要获得另一个缔约方法院的承认与执行,除了两方法院对案件的管辖权归属无争议外,被请求方的法院依据同样的案件、同样的事实和同样的理由可作出同样的决定,那么该临时可执行的决定和临时保全措施就可以得到另一个缔约方法院的承认与执行。只有符合这样的前提条件,一个缔约方法院在跨国扶养义务案件中作出的临时可执行的决定和临时保全措施,才可以在另一个缔约方法院得到承认与执行。因此,如果将上述临时保全措施得到相互承认与执行的条件引申适用于跨国财产保全程序,本书认为如果缔约方之间对该跨国民商事案件实体管辖权无争议,一个缔约方法院作出的财产保全措施,与另一个缔约方法院对同样的案件、同样的事实和同样的理由按照本国法律作出的财产保全措施相同,那么符合这样条件的财产保全措施便可以在缔约方法院之间相互承认与执行。

(五)选择法院协议公约

1. 1965 年《海牙协议选择法院公约》

海牙国际私法会议先后有两个文本类似的选择法院协议公约,历史上第一个文本是海牙国际私法会议于 1965 年 11 月 25 日签订的 1965 年《海牙协议选择法院公约》;但是该公约的签字方数量未达到生效条件,因此,该公约至今未生效。该公约的内容主要是推动跨国民商事案件的当事人通过协议选择管辖法院,被当事人以协议条款约定选择的法院,获得对该跨国民商事案件的排他管辖权,其他法院不得再对该跨国民商事案件行使管辖权。关于跨国财产保全程序的相关内容,该公约第 6 条第 4 项规定,除被选择的一个或数个法院外,任何其他法院应拒绝管辖,但为了采取临时保全措施的情况除外。该公约文本第 6 条第 4 项的规定内容很明显表达了两点含义:一是跨国民商事案件的司法管辖权分为实体管辖权和程序性管辖权,程序性管辖权就是指临时保全措施管辖权,两者是可以相对分离的;二是跨国民商事案件的当事人订立协议选择了管辖法院,不影响其他未被选择的法院依据法院地法律采取临时保全措施。当事人向财产所在地的法院申请财产保全措施,财产保全裁决法院跨国协助采取财产保全不受当事人之间订立的诉讼管辖协议的约束;即使财产保全裁决法院没有对跨国民商事案件的实体管辖权,仍然可以单独行使财产保全程序管辖权。

2. 2005 年《选择法院协议公约》

海牙国际私法会议于 2005 年 6 月 30 日签订的 2005 年《选择法院协议公约》,已于 2015 年 10 月 1 日生效。欧盟(适用于除丹麦以外的成员国)、墨西哥、新加坡、美国、乌克兰等已签订 2005 年《选择法院协议公约》;2017 年 9 月 12 日,中国签订 2005 年《选择法院协议公约》,但全国人大常委会尚未批准该公约。该公约的核心内容是推动跨国民商事案件的当事人通过订立协议选择诉讼管辖法院,达到消除管辖权冲突的目的。被当事人选择管辖的法院作出的实体判决,可以在缔约方之间得到相互承认与执行。所以，该公约涉及管辖权的内容有三，第一，当事人选择的法院具有管辖权并且应当管辖该跨国民商事案件；第二，当事人选择的法院以外的其他法院应当拒绝行使管辖权；第三，当事人选择的法院作出的实体判决应当得到其他缔约方法院的承认与执行。国际私法界认为，海牙国际私法会议制定2005年《选择法院协议公约》的目标之一，是希望形成与《纽约公约》并行的国际司法协助体制。该公约希望在缔结或加入该公约的全部缔约方范围内，实现在任何一项跨国民商事合同中都能够添加载有选择法院的协议条款。如果实现这个目标，不仅能够统一各缔约方关于跨国民商事诉讼协议管辖的法律规则，使被当事人选择的诉讼管辖法院作出的实体判决在各缔约方之间既没有实体管辖权的争议，又可以在其他缔约方得到承认与执行，实现跨国民商事判决的自由流动；反过来还可促进当事人在跨国民商事合同中主动订立选择管辖法院的条款或协议。然而，在2005年《选择法院协议公约》没有制定之前，跨国民商事合同的当事人更多地选择国际仲裁条款以解决潜在的合同纠纷。2005年《选择法院协议公约》第4条规定缔约方法院作出的临时保全措施的裁决和命令不属于本公约规定的判决范围，不适用相互承认与执行的判决范围；同时，该公约第7条强调，该公约不适用于临时保全措施。但是该公约还是保留了一定的弹性原则，即既不要求也不禁止缔约方法院准许、拒绝或者终止临时保全措施，也不影响当事人请求或者法院准许、拒绝或者终止临时保全措施。从该公约涉及跨国财产保全程序的内容来看，其非常明确地表达了两点含义：一是该公约制定的目的，是通过协议管辖方式解决缔约方之间对跨国民商事案件实体管辖权的冲突，而临时保全措施的管辖权属于程序性管辖权，所以不在该公约的调整范围内；二是将临时保全措施的管辖权交给各缔约方依据本国法另行处理，缔约方既可依其他多边公约的规定，也可依双边条约的规定，或者依互惠关系处理跨国财产保全程序管辖权的问题，对此该公约采取不干预态度。

二、海牙国际私法会议解决跨国财产保全程序冲突的具体做法

上文考察了海牙国际私法会议的相关6部公约，但是相关公约涉及跨国财产保全程序内容的条款其实并不多，基本上是寥寥数语并且是点到为止，并没有设立专门的章节和条款来对跨国临时保全措施或跨国财产保全程序予以详细完备的规定。所以，本书要从海牙国际私法会议的相关公约文本的个别条款中，举一反三地理解海牙国际私法会议所倡导的国际私法原则和法律精神。包括相关公约文本条款设计背后的法律逻辑和法律传统是什么？海牙国际私法会议毕竟是一个国际私法领域的国际组织，各个缔约方关于临时保全措施的法律和程序千差万别，不可能用一个统一的国际私法公约来解决跨国财产保全程序问题。因此，海牙国际私法会议并没有强人所难，而是采取求同存异、因地制宜的原则，将这些问题交给各个缔约方去灵活处理。海牙国际私法会议的成员基本上是主权国家和经济一体化国际组织，它们都是独立的法域，所以，海牙国际私法会议解决的跨国民商事案件，不能等同于中国区际民事案件，也不能等同于英国区际民事案件和美国区际民事案件，但其中还是有一些做法值得参考和借鉴。下面，本书从海牙国际私法会议的相关公约中，总结归纳海牙国际私法会议解决缔约方之间跨国财产保全程序冲突的具体做法。

(一)海牙国际私法会议认可单独行使跨国财产保全程序管辖权

海牙国际私法会议的相关公约文本条款中，将跨国民商事案件的司法管辖权区分为实体管辖权和程序性管辖权，临时保全措施管辖权和跨国财产保全程序管辖权，都属于程序性管辖权的组成部分。所以，海牙国际私法会议的做法之一，就是把跨国财产保全程序管辖权视为一项程序性管辖权，其与同一件跨国民商事案件的实体管辖权可以相对分离，缔约方法院可以单独行使财产保全程序管辖权。但是海牙国际私法会议并没

有制定跨国财产保全程序的公约条款,而是将如何行使跨国财产保全程序管辖权交给各缔约方法院自行决定。缔约方法院既可以依多边公约、双边条约,又可以依互惠关系或者国内法采取财产保全措施。一个缔约方法院对跨国民商事案件行使实体管辖权的时候,该缔约方的管辖法院成为实体判决法院,可以按照主办财产保全模式,在实体判决法院的司法管辖区内采取财产保全措施;如果原告或保全申请人想要向另一个缔约方法院提起财产保全的申请,则另一个缔约方法院要根据与实体判决法院所在国家或地区之间存在的多边公约、双边条约、互惠关系,或者依国内法的规定,来决定是否单独行使跨国财产保全程序管辖权。如果另一个缔约方法院跨国协助采取财产保全措施,则成为财产保全裁决法院,在实体判决生效后,财产保全裁决法院将变成被请求执行的法院。所以,海牙国际私法会议倡导缔约方法院可以单独行使跨国财产保全程序管辖权,但是又不制定缔约方法院之间相互跨国协助财产保全的公约,完全由缔约方依据多边公约、双边条约、互惠关系或者依国内法的规定来决定是否跨国协助采取财产保全措施。但是,缔约方法院之间衡量是否跨国协助财产保全的着眼点,还是放在将来生效的实体判决能否在缔约方之间相互承认与执行上。一个缔约方的实体判决法院作出的生效实体判决,只有能够在另一个缔约方的财产保全裁决法院得到承认与执行时,财产保全裁决法院才愿意跨国协助财产保全。所以,海牙国际私法会议的公约是以消除缔约方之间的实体管辖权冲突为出发点和立足点的,从而推进缔约方法院之间跨国相互协助财产保全的国际司法协助。

(二)海牙国际私法会议认可扣押管辖权

从全球范围来看,任何一件跨国民商事案件都会面临漫长的诉讼周期,如果原告或保全申请人能够申请另一个缔约方法院跨国协助财产保全,那么在实体判决生效后,就能够得到有效执行。但是,从目前海牙国际私法会议相关公约的履行来看,缔约方法院之间相互承认与执行实体判决,即实体判决在缔约方之间自由流动还面临许多困难,即使海牙国际私法会议解决了实体管辖权无争议的部分实体判决的自由流动问题，仍然有许多领域存在实体管辖权有争议的跨国民商事案件判决不能在缔约方之间相互承认与执行。所以，实体判决在缔约方之间自由流动尚且有困难，更别说临时保全措施或财产保全措施在缔约方之间自由流动了。海牙国际私法会议缔约方之间相互承认与执行临时保全措施或财产保全措施确实存在许多障碍，临时保全措施或财产保全措施在缔约方之间不能自由流动。为了解决上述问题，海牙国际私法会议相关公约的条款设计了扣押管辖权的理论和做法，海牙国际私法会议通过认可扣押管辖权，解决临时保全措施或财产保全措施在缔约方之间不能流动的问题。海牙国际私法会议的扣押管辖权与欧盟的扣押管辖权大同小异，当然扣押管辖权也是以实体管辖权与程序性管辖权相对分离为理论基础的。在具体的跨国民商事案件中，特别是跨国运输合同纠纷和跨国海事纠纷案件中，涉案原告或保全申请人向一个缔约方法院申请扣押被告或被保全人位于该法院司法管辖区内的财产，如果该缔约方法院认为本法院享有扣押管辖权，而且本法院的扣押管辖权是一种程序性管辖权，不以本法院是否享有实体管辖权为前提，那么该缔约方法院可以成为扣押法院进而扣押被告或被保全人的财产。该缔约方法院成功扣押被告或被保全人的财产后，该法院即刻获得对该跨国民商事案件的实体管辖权，进而成为实体判决法院。原告或保全申请人可以向该缔约方法院提起民事诉讼，该缔约方法院亦可作出实体判决，等实体判决生效后再执行已经扣押的被告或被保全人的财产。海牙国际私法会议扣押管辖权的理论和做法是解决缔约方之间跨国财产保全程序冲突的有效方式，既解决缔约方之间的实体管辖权冲突问题，又解决缔约方之间跨国协助财产保全的冲突问题，为解决跨国财产保全程序冲突提供了一条可行的途径。跨国民商事案件的原告或保全申请人可以优先选择被告或被保全人财产所在地的缔约方法院作为该跨国民商事案件的扣押法院，原告或保全申请人先申请扣押法院采取财产保全措施，等扣押法院成功扣押了被告或被保全人的财产后，再向扣押法院提起民事诉讼。这样可以保证将来实体判决生效后，扣押法院直接执行被告或被保全人的财产，不用再申请另一个缔约方法院承认与执行实体判决，节省当事人的诉讼成本和被请求方法院的司法资源。

（三）海牙国际私法会议有条件认可临时保全措施的域外执行力

海牙国际私法会议相关公约的文本条款中规定，某些特定领域的跨国家事案件例如跨国扶养义务案件判决中的临时保全措施，在符合特定条件的情形下，可以在缔约方法院之间得到相互承认与执行。换言之，一个缔约方法院作出的跨国扶养义务判决包含的临时保全措施，只要符合海牙国际私法会议相关公约规定的特定条件，便具有域外执行力，可以在另一个缔约方法院得到承认与执行。但是，跨国抚养义务这类家事案件仅仅是跨国民商事案件的一小部分，现实中有大量的跨国民商事案件集中在国际贸易领域和国际运输领域。所以，跨国扶养义务判决中包含的临时保全措施，虽然说可以在缔约方之间自由流动，但是对于推动全部跨国民商事判决在缔约方之间自由流动的影响力不大。海牙国际私法会议相关公约的文本条款中关于缔约方法院之间相互承认与执行跨国扶养义务案件的临时保全措施的做法，既可推动缔约方法院赋予财产保全措施域外执行力，又可推动缔约方法院之间相互承认与执行财产保全措施，让财产保全措施可以在缔约方之间自由流动。根据海牙国际私法会议相关公约的文本条款的规定，跨国扶养义务案件中的临时保全措施具有域外执行力的标准有四：（1）作出临时保全措施的原判决法院对案件有实体管辖权；（2）已经传唤被告出庭答辩应诉，不是在被告缺席的情况下作出的裁决和命令；（3）被请求方法院可根据同样的案件、同样的事实和同样的理由，作出相同的裁决和命令；（4）承认与执行该临时保全措施不违反被请求方国家或地区的法律和公共秩序。海牙国际私法会议完全可以将上述标准推广适用于跨国财产保全程序领域，解决缔约方之间相互承认与执行财产保全措施的问题。海牙国际私法会议也可以倡导缔约方之间参照上述标准，在缔结国际司法协助多边公约和双边条约的时候，或者按照互惠关系开展国际司法协助的时候，实现缔约方之间相互承认与执行符合上述标准的财产保全措施,为财产保全措施产生域外执行力打下坚实的法理基础。

第五节 联合国国际贸易法委员会模式

联合国国际贸易法委员会(United Nations Commission on International Trade Law,UNCITRAL)解决跨国财产保全程序冲突的模式简称联合国国际贸易法委员会模式,接下来先从了解该国际组织的成员国之间的司法协助关系了解联合国国际贸易法委员会模式。联合国国际贸易法委员会成立于1966年,成立的背景是全世界各国各地区经济相互依存度日益提高,需要建立更完善的法律框架便利国际贸易和国际投资。联合国大会以其1966年12月17日第2205(XXI)号决议设立联合国国际贸易法委员会,通过拟订并促进成员国使用和采纳一些重要商法领域的法律文件,履行促进国际贸易法逐步统一和现代化的任务,从而在建立该框架方面发挥重要作用。这些商法领域是:跨国法律争议解决、国际合同惯例、跨国运输、跨国破产、国际电子商务、国际支付、国际担保交易、国际采购和国际货物销售。上述这些法律文件经由涉及各种参与者的国际谈判达成,参与者包括联合国国际贸易法委员会的成员国、非成员国和受到邀请的政府间组织和非政府组织。由于该过程具有很强的包容性,这些法律文件得到广泛接受,为不同法律传统和处于不同经济发展阶段的国家提供了适当的解决办法。联合国国际贸易法委员会现有60个成员国,这些成员国都是主权国家也是独立的法域,而联合国国际贸易法委员会本身是一个国际组织不能被视为一个相对独立的法域。为了更好地进行学理论述,本节将联合国国际贸易法委员会各成员国法院管辖的涉及其他成员国的民事案件称为联合国国际贸易法委员会跨国民商事案件,主要是指联合国国际贸易法委员会各成员国之间的跨国民商事案件。联合国国际贸易法委员会各成员国法院采取的临时保全措施包含财产保全措施,因此,在本节内容中将联合国国际贸易法委员会各成员国法院采取的临时保全措施表述为财产保全措施,以更加贴近主题。

一、联合国国际贸易法委员会关于跨国财产保全程序的相关内容

联合国国际贸易法委员会设立之后一直被视为联合国组织机构在国际贸易法领域的核心法律机构,其发挥的主要作用有七:(1)通过调整从事国际贸易法事务的各组织之工作,并鼓励此等组织相互合作;(2)促使更多国家加入国际贸易公约,接受现有的示范法律;(3)与各国际组织合作,拟订和推广国际贸易公约、示范法律,并且编纂国际贸易术语词典并推广各国;(4)统一国际贸易法方面的公约及示范法律的解释,并且消除差异;(5)搜集和推广国际贸易法方面各国法律与司法判例的文献资料;(6)与其他联合国机构保持密切合作;(7)采取其认为有裨职务执行之任何其他行动。从联合国国际贸易法委员会发挥的积极作用来看,它涉及的相关法律主要是指示范法律及仲裁规则,它涉及的公约主要是指国际贸易法领域的公约。通过考察联合国国际贸易法委员会相关的示范法律、仲裁规则和国际贸易公约等,总结归纳这些示范法律、仲裁规则和国际贸易公约中涉及跨国财产保全程序的相关内容在一定程度上可为我国区际财产保全程序的进一步完善提供参考。

(一)《联合国国际商事仲裁示范法》

联合国国际贸易法委员会 1985 年制定了《联合国国际商事仲裁示范法》,它建议各国从统一仲裁程序法的愿望并结合国际商事仲裁实践的特点出发,在制定本国仲裁法的时候,对该示范法予以适当的考虑。《联合国国际商事仲裁示范法》第 9 条是关于仲裁协议和法院的临时保全措施

的规定,该条规定:在仲裁程序开始前或进行期间,当事一方请求法院采取临时保全措施和法院准予采取这种措施,均与仲裁协议不相抵触。同时,《联合国国际商事仲裁示范法》第17条是关于仲裁庭裁定采取临时保全措施的权力的规定,该条规定:除非当事各方另有协议,仲裁庭经当事一方请求,可以裁定当事任何一方就争议的标的采取仲裁庭可能认为有必要的任何临时性保全措施。仲裁庭可以要求当事任何一方提供有关此种措施的适当担保。从上述内容可以看出,《联合国国际商事仲裁示范法》处理临时保全措施的立场有四:(1)临时保全措施与仲裁程序是相对独立的两个程序,也就是说仲裁裁决程序是针对实体仲裁请求作出裁决的程序,临时保全措施是针对程序性请求作出裁决的程序。国际商事仲裁的当事人既可以向法院申请临时保全措施,又可以向仲裁庭申请临时保全措施,均不影响仲裁裁决程序的正常进行;而且临时保全措施都是为了对将来执行生效的仲裁裁决提供保证或担保。(2)该示范法未明确规定哪个地域的法院有权接纳仲裁临时保全措施申请,从国际仲裁理论上来说,仲裁所在地法院、当事人所在地法院或者财产所在地法院都有资格成为财产保全裁决法院,该示范法应当是留待法院所在国依照其国内法或其加入的国际公约作出具体处理。(3)国际商事仲裁庭有权依当事人的申请作出临时保全措施,但作出后的临时保全措施是由当事人自愿自觉执行,还是由当事人申请法院强制执行,该示范法没有作出明确规定。(4)国际商事仲裁庭作出的临时保全措施是否具有域外执行力?也就是说当事人能否向一个外国法院或域外法院申请强制执行仲裁庭作出的临时保全措施?该示范法未作具体规定。国际商事仲裁庭作出的临时保全措施,不是理所当然地具有域外执行力,而是既要看被请求执行的法院所在国的法律是否允许承认与执行国际商事仲裁临时保全措施,又要看被请求协助的法院所在国的法律是否允许协助域外仲裁当事人采取临时保全措施。在联合国国际贸易法委员会成员国之间相互承认与执行国际商事仲裁临时保全措施的国际公约现实中是没有的,因此可以考察联合国国际贸易法委员会在国际商事仲裁领域影响力最大的公约即《纽约公约》。但令人遗憾的是,《纽约公约》没有涉及任何承认与执行临时保全措施的内容。这说明世界上大多数国家的主流观点认为生效的实体仲裁裁决可以在缔约国之间得到承认与执行,但任何一个缔约国法院都没有义务协助域外法院或域外仲裁机构执行其作出的临时保全措施。

(二)《联合国国际贸易法委员会仲裁规则》

联合国国际贸易法委员会制定的《联合国国际贸易法委员会仲裁规则》,最初于 1976 年通过,经过 2006 年和 2010 年两次修订,现行有效的文本是 2010 年修订版。截至目前,全世界有 44 个国家与地区的 57 个国际仲裁机构(中心)以《联合国国际贸易法委员会仲裁规则》为基础或受其启发后,制定本仲裁机构的仲裁规则,或者根据《联合国国际贸易法委员会仲裁规则》管理国际仲裁程序或提供国际仲裁服务以及担任《联合国国际贸易法委员会仲裁规则》规定的指定国际仲裁机构。《联合国国际贸易法委员会仲裁规则》第三章仲裁程序的第 26 条规定了临时保全措施,该条规定:经一方仲裁当事人请求,仲裁庭可准予临时保全措施。临时保全措施是仲裁庭在下达决定争议的终局裁决之前的任何时候,下令一方当事人采取的任何临时保全措施,并且不限于以下 4 种情况:(1)争议未决之前维持或恢复现状;(2)采取行动防止或者避免采取行动造成当前或即将发生的损害,或者对仲裁过程本身的妨碍;(3)为其后使用资产执行仲裁裁决提供一种资产保全手段;(4)保全与解决争议可能有关的实质性证据。此外,任何一方当事人向司法机构提出临时保全措施请求,不得视为与仲裁协议不符,或视为放弃仲裁协议。由此可见,《联合国国际贸易法委员会仲裁规则》对国际仲裁程序中的临时保全措施的立场与观点与《联合国国际商事仲裁示范法》基本一致,即临时保全措施与仲裁裁决程序是相对独立的两个程序,临时保全措施解决当事人的程序请求问题,仲裁裁决程序解决当事人的实体仲裁请求问题。国际商事仲裁庭有权力依当事人的申请采取临时保全措施,当事人也有权向司法机构

（法院）申请协助采取仲裁临时保全措施，这些均不影响仲裁程序的正常进行。国际商事仲裁庭作出的临时保全措施是否具有域外执行力，以及能否得到一个外国法院或域外法院的承认与执行，对于这些问题《联合国国际贸易法委员会仲裁规则》同样未作出具体规定。仲裁庭作出临时保全措施，如果仲裁当事人不肯自觉执行，另一方当事人能否申请法院强制执行，特别是仲裁当事人能否向一个外国法院申请强制执行，在《联合国国际贸易法委员会仲裁规则》中仍然没有具体规定。相信这些问题也是留待仲裁机构所在国的法院，依照其国内法或其参加的国际条约进行处理。这些情况说明，世界上大多数国家的主流观点认为，任何一国法院没有义务配合域外司法机构或仲裁机构执行临时保全措施。

（三）《汉堡规则》

联合国国际贸易法委员会制定的《汉堡规则》（Hamburg Rules）的全称是1978年《联合国海上货物运输公约》。该公约是联合国国际贸易法委员会受联合国贸易和发展会议的委托，对《海牙规则》（Hague Rules）和《维斯比规则》（Visby Rules）进行全面的实质性修改，于1978年3月31日在德国汉堡通过的国际公约。因此，该公约被称为《汉堡规则》，于1992年11月1日生效。本书节选《汉堡规则》第21条管辖权的内容，以该条相关内容来论述该公约涉及的跨国财产保全程序内容。《汉堡规则》第21条管辖权共有4款内容，下面对其进行逐一分析。《汉堡规则》第21条第1款规定，按本公约规定，在有关国际货物运输的司法程序中，原告可以选择以下法院提起诉讼，法院地法律规定该法院有管辖权，并且下列地点之一位于该法院司法管辖区内：（1）被告的主要营业所，或如无主要营业所时，其通常住所；（2）合同订立地，但该合同须是通过被告在该地的营业所、分支机构或代理机构订立的；（3）装货港或卸货港；（4）海上运输合同中指定的任何合同履行地点。《汉堡规则》第21条第2款规定：有第1款的上述各项规定，如果载货船舶或属于同一船舶所有人的任何其他船舶，在一个缔约国的任何一个港口或地点，按照该国适用的法律和国际法被扣押,就可在该港口或者地点的法院提起诉讼。但是,在这种情况下一经被告请求,原告必须将诉讼转移到由原告选择的本条第1款所指的管辖法院之一,以便法院对索赔作出判决。但在诉讼转移之前,被告必须提供足够的保证金,以确保可以支付在诉讼中可能最后判给原告的金额。一切有关保证金是否足够的问题,应由扣押港口或地点的法院裁定。《汉堡规则》第21条第3款规定:按照本公约,有关货物运输的一切法律诉讼,不得在本条第1款或第2款没有规定的地点提起。本款的规定不妨碍缔约国采取临时保全措施的管辖权。根据《汉堡规则》第21条第4款的规定,就本条而言,当事人按照本条第2款的规定,将诉讼转移到同一个国家的另一法院,或转移到另一个国家的法院,不应视为提起新的诉讼。上述内容说明,《汉堡规则》认可扣押管辖权的做法,特别是在跨国海事案件中,扣押管辖权被许多国家的法院接受。根据扣押管辖权的理论,被告的船舶被任何一个缔约国法院扣押后,原告可以向扣押港口或地点的法院提起诉讼。《汉堡规则》规定的扣押管辖权应当被理解为扣押法院享有对该跨国海事案件的实体管辖权,扣押法院从而成为实体判决法院。如果被告对扣押法院的实体管辖权提出抗辩,可以在提供充足保证金后,申请将案件移送给符合《汉堡规则》规定的其他有管辖权的法院审理。因此,《汉堡规则》给予被告一定的抗辩权,在一定程度上限制了扣押管辖权的绝对性。另外,《汉堡规则》认可缔约国法院的临时保全措施的管辖权与跨国海事案件的实体管辖权相对分离,当然临时保全措施的管辖权也不完全等同于扣押管辖权。换言之,原告即使已经向某一个缔约国法院申请扣押被告的船舶,仍然可以申请扣押法院对被告的其他财产采取临时保全措施;或者原告向其他缔约国法院申请对被告名下的其他财产采取临时保全措施,其他缔约国法院有权根据法院地法或公约的规定,行使临时保全措施的管辖权。因此,《汉堡规则》解决跨国财产保全程序的做法是认可扣押管辖权,同时给予被告一定的抗辩权;此外,《汉堡规则》认可缔约国法院采取临时保全措施,不以享有对跨国海事案件的实体管辖权为前提,缔约国法院依原告的申请,扣押被告的船舶和船载货物，扣押法院不受有无该跨国海事案件实体管辖权的约束。

（四）《鹿特丹规则》

联合国国际贸易法委员会制定的《鹿特丹规则》（Rotterdam Rules）的全称是《联合国全程或者部分海上国际货物运输合同公约》，该公约是在2008年12月11日于纽约举行的联合国大会第六十七次全体会议上正式通过的。并且该次会议决定在2009年9月23日于荷兰鹿特丹举行签字仪式，开放供成员国签订，因而该公约又被称为《鹿特丹规则》。从内容上看，该公约是当前国际海上货物运输规则之集大成者，有人说该公约是一部教科书式的国际海运公约，它不仅涉及包括海运在内的多式联运，在船货两方的权利义务之间寻求新的平衡点，而且引入了如电子运输单据、批量合同、控制权等新的内容。此外，该公约还特别增设了管辖权和仲裁的内容，是对《海牙规则》《维斯比规则》《汉堡规则》提炼总结的升级版。本书节选《鹿特丹规则》第十四章管辖权第66条至第74条的部分内容，来论述该公约涉及跨国财产保全程序的相关内容。《鹿特丹规则》第66条规定，原告对承运人提起诉讼，如双方无符合公约规定的排他性法院选择协议，则原告根据本公约规定的下列地点之一的法院拥有管辖权：（1）承运人的住所地；（2）运输合同约定的收货地；（3）运输合同约定的交货地；（4）货物的最初装船港或者货物的最终卸船港。如果当事人之间的合同载有指定管辖法院的条款，则被选择的法院具有排他性管辖权。《鹿特丹规则》第68条规定，对海运履约方的诉讼，原告有权在下列地点之一拥有管辖权的管辖法院，根据本公约对海运履约方提起司法程序：（1）海运履约方的住所；（2）海运履约方接收货物的港口、海运履约方交付货物的港口，或者海运履约方执行与货物有关的各种活动的港口。《鹿特丹规则》第70条规定，关于扣押以及临时保全措施，本公约的规定概不影响对临时保全措施，包括对扣押的管辖权。除非符合下列条件，否则临时保全措施执行地所在国的法院不享有裁定案件实体的管辖权：（1）符合本章的要求；（2）一项国际公约在该国适用，该国际公约作此规定。《鹿特丹规则》第 72 条规定,争议产生后的协议和被告应诉时的管辖权有 2 项:第一,争议产生后,争议各方当事人可以协议约定在任何管辖法院解决争议;第二,被告在一个管辖法院应诉,未根据该法院的规则提出管辖权异议的,该法院拥有管辖权。在上述相关内容中,《鹿特丹规则》第 70 条的规定是整部公约关于跨国财产保全程序的最核心内容。《鹿特丹规则》将跨国海事案件的实体管辖权、临时保全措施管辖权、扣押管辖权三者相对分离。任何一个《鹿特丹规则》的缔约国法院依照该公约,对被告的船舶或货物采取临时保全措施,不影响原告向该公约规定的有实体管辖权的缔约国法院起诉。还有《鹿特丹规则》亦认可扣押管辖权,任何一个缔约国法院对被告的船舶或货物扣押之后成为扣押法院,若原告向扣押法院起诉,被告向扣押法院应诉并且放弃管辖权异议,则扣押法院顺理成章地拥有实体管辖权成为实体判决法院。扣押法院作出的实体判决可以执行已经扣押的被告的船舶和货物,该扣押法院作出的实体判决亦可以在缔约国之间得到承认与执行。因此,《鹿特丹规则》基本上继承了《汉堡规则》解决跨国财产保全程序冲突的做法,即认可扣押管辖权,并给予被告抗辩权,但是被告不抗辩则视为默许接受扣押法院的实体管辖权。同时《鹿特丹规则》认可缔约国法院的临时保全措施管辖权,不以其享有对跨国海事案件的实体管辖权为前提,缔约国法院依原告的申请扣押被告的船舶和船载货物,不受扣押法院有无案件实体管辖权的约束。

二、联合国国际贸易法委员会解决跨国财产保全程序冲突的具体做法

在联合国国际贸易法委员会制定的示范法律、仲裁规则和国际贸易公约中,涉及跨国财产保全程序内容的条款其实并不多,即使有也是寥寥数语且一笔带过,没有专门的章节和条款对跨国财产保全程序作出详细完备的规定。所以,要从示范法律、仲裁规则和国际贸易公约的相关条款含义,来理解联合国国际贸易法委员会的缔约精神以及相关规则设计背

后的法律逻辑和法律传统。联合国国际贸易法委员会毕竟是一个国际组织,无论是该国际组织的成员国还是相关公约的缔约国都是独立法域,它们关于临时保全措施的法律和程序千差万别,联合国国际贸易法委员会不可能出台一套统一示范法律、仲裁规则或国际贸易公约,来解决各成员国或缔约国之间国际商事仲裁案件和跨国海事案件中的临时保全措施问题,也就是本书所述跨国财产保全程序问题。然而,联合国国际贸易法委员会并没有强人所难,而是提供一个各成员国或缔约国都可以接受的示范法律规则文本和公约文本供各成员国或缔约国采用。虽说联合国国际贸易法委员会解决的国际商事仲裁案件和跨国海事案件不能等同于中国区际民事案件,也不能等同于英国区际民事案件和美国区际民事案件,但是国际商事仲裁案件和跨国海事案件涉及的跨国财产保全程序的相关内容,对完善中国区际财产保全程序在一定程度上可以提供参考。因此,接下来本书从联合国国际贸易法委员会相关示范法律、仲裁规则和国际贸易公约中,总结归纳联合国国际贸易法委员会解决各成员国或缔约国之间跨国财产保全程序冲突的具体做法。

(一)国际商事仲裁庭作出临时保全措施具有域外执行力

根据《联合国国际商事仲裁示范法》和《联合国国际贸易法委员会仲裁规则》中涉及跨国财产保全程序的相关规定,在国际商事仲裁案件中,仲裁庭作出的临时保全措施,在符合一定条件的前提下,可以得到一个外国法院或域外法院的承认与执行;也就是说,国际商事仲裁庭作出的临时保全措施,在某种程度上具有域外执行力。当然《联合国国际商事仲裁示范法》和《联合国国际贸易法委员会仲裁规则》的适用范围限定在国际商事仲裁案件领域,并没有作出扩大解释。虽说国际商事仲裁程序也属于解决跨国民商事纠纷的法律程序,但是国际商事仲裁程序与跨国民商事诉讼程序毕竟有明显的不同。尽管两者有明显的不同,但两者都涉及跨国财产保全程序的问题,因此国际商事仲裁庭解决跨国财产保全程序问题的做法,对跨国民商事诉讼程序解决跨国财产保全程序问题,还是有一定的参考价值的。《联合国国际商事仲裁示范法》和《联合国国际贸易法委员会仲裁规则》赋予国际商事仲裁庭可以根据仲裁规则作出临时保全措施的权力。从理论上说,该临时保全措施是否具有域外执行力,不取决于国际商事仲裁庭适用的程序、事实、理由、证据等,而是取决于能否得到一个外国法院或域外法院的承认与执行。假设一个外国法院或域外法院愿意承认与执行国际商事仲裁庭作出的临时保全措施,被请求执行的法院审查判断一个非本国商事仲裁机构作出的临时保全措施的标准是什么呢?这在《联合国国际商事仲裁示范法》和《联合国国际贸易法委员会仲裁规则》中没有依据可循,而是需要被请求执行的法院依据国内法或国际公约在个案审查中进行自由裁量。国际商事仲裁案件的管辖权基础是当事人之间的仲裁协议,所以,仲裁管辖权是不存在争议的。据此,本书认为国际商事仲裁庭作出的临时保全措施能否得到一个外国法院或域外法院的承认与执行,关键在于被请求执行的法院能否按照相同结果原则,来审查判断本国的商事仲裁机构如果根据同样的案件、同样的事实和同样的理由,能否作出相同的临时保全措施。如果答案是肯定的,则应当予以承认与执行;如果答案是否定的,则应当拒绝承认与执行。当然,国际商事仲裁庭所在国与被请求执行的法院所在国之间,如果存在相互承认与执行国际商事仲裁庭作出的临时保全措施的多边公约、双边条约或者存在互惠关系,那么国际商事仲裁庭作出的临时保全措施得到一个外国法院或域外法院的承认与执行,将会更加方便、快捷、高效。

(二)联合国国际贸易法委员会认可单独行使临时保全措施管辖权

联合国国际贸易法委员会的两个国际公约《汉堡规则》和《鹿特丹规则》,都对跨国海事案件的司法管辖权进行区分,将跨国海事案件的司法管辖权分为实体管辖权和临时保全措施管辖权,当然临时保全措施管辖权包含了财产保全程序管辖权。所以,根据《汉堡规则》和《鹿特丹规则》的相关规定,缔约国法院可以单独行使临时保全措施管辖权,这意味着缔约国法院也可以单独行使财产保全程序管辖权。但是《汉堡规则》和《鹿特丹规则》并没有制定跨国财产保全程序的公约文本,而是将如何行使跨国财产保全程序管辖权交给各缔约国法院自行决定。缔约国法院既可以依多边公约、双边条约,又可以依互惠关系或者国内法采取财产保全措施。一个缔约国法院对跨国海事案件行使实体管辖权的时候,该法院成为实体判决法院,可以按照主办财产保全模式,在实体判决法院的司法管辖区内采取财产保全措施;如果原告或保全申请人想要向另一个缔约国法院提起财产保全的申请,则另一个缔约国法院要根据与实体判决法院所在缔约国之间存在的多边公约、双边条约、互惠关系,或者依国内法的规定,来决定是否单独行使跨国财产保全程序管辖权。如果另一个缔约国法院跨国协助采取财产保全措施,则成为财产保全裁决法院,在实体判决生效后,财产保全裁决法院将变成被请求执行的法院。所以,《汉堡规则》和《鹿特丹规则》在公约文本中规定,缔约国法院可以单独行使跨国财产保全程序管辖权,但是又不制定缔约国法院之间相互跨国协助财产保全的具体公约条款,将自由裁量权完全交由缔约国依据多边公约、双边条约、互惠关系或者国内法的规定来决定。但是,缔约国法院之间衡量是否跨国协助财产保全的着眼点,还是放在将来生效的实体判决能否在缔约国之间相互承认与执行。《汉堡规则》和《鹿特丹规则》的缔约国基本上遵循两部公约对跨国海事案件的实体管辖权划分标准,所以,这两部公约的缔约国之间相互承认与执行跨国海事案件的实体判决,应当不存在实体管辖权冲突的问题。一个缔约国的实体判决法院作出的跨国海事案件的生效实体判决,只有能够在另一个缔约国的财产保全裁决法院得到承认与执行,财产保全裁决法院才愿意跨国协助财产保全。所以,《汉堡规则》和《鹿特丹规则》这两部公约也是以消除缔约国之间跨国海事案件的实体管辖权冲突为出发点和立足点的,从而推进缔约国法院之间跨国相互协助财产保全的国际司法协助。

(三)联合国国际贸易法委员会认可扣押管辖权

联合国国际贸易法委员会的两个国际公约《汉堡规则》和《鹿特丹规

则》,都认可缔约国法院在跨国海事案件中享有扣押管辖权。从全球范围来看,任何一个跨国海事案件都会面临漫长的诉讼周期,如果原告能够申请另一个缔约国法院跨国协助财产保全,那么在实体判决生效后,就能够得到有效执行。但是,从目前缔约国对《汉堡规则》和《鹿特丹规则》相关条款的履行来看,大多数缔约国愿意相互承认与执行跨国海事判决,跨国海事判决在缔约国之间自由流动比较容易。《汉堡规则》和《鹿特丹规则》重点在于解决跨国海事案件的实体管辖权冲突问题,通过最大限度地消除跨国海事案件的实体管辖权冲突,较好地解决了跨国海事判决在缔约国之间自由流动的问题。但是,跨国海事案件的临时保全措施或财产保全措施仍然不能在缔约国之间自由流动。《汉堡规则》和《鹿特丹规则》为了解决临时保全措施或财产保全措施在缔约国之间不能自由流动的问题,都在条款中设计了扣押管辖权的理论和做法。《汉堡规则》和《鹿特丹规则》通过认可扣押管辖权,解决临时保全措施或财产保全措施在缔约国之间不能自由流动的问题。《汉堡规则》和《鹿特丹规则》的扣押管辖权与欧盟、海牙国际私法会议的扣押管辖权大同小异,其扣押管辖权也是以实体管辖权与程序性管辖权相对分离为理论基础的。在具体的跨国海事案件中,涉案原告或保全申请人向一个缔约国法院申请扣押被告或被保全人位于该法院司法管辖区内的船舶和货物,该缔约国法院可以行使扣押管辖权,不以该法院是否享有跨国海事案件的实体管辖权为前提。该缔约国法院作为扣押法院扣押被告或被保全人的船舶和货物后,即刻获得对该跨国海事案件的实体管辖权,成为实体判决法院。原告或保全申请人可以向该缔约国法院起诉,该缔约国法院作为实体判决法院并作出实体判决,判决生效后再执行已经扣押的被告或被保全人的船舶和货物。《汉堡规则》和《鹿特丹规则》扣押管辖权的理论和做法是解决缔约国之间跨国财产保全程序冲突的有效方式,既解决缔约国之间的实体管辖权冲突问题,又解决缔约国之间跨国协助财产保全的冲突问题,为解决跨国财产保全程序冲突提供了一条可行的途径。跨国海事案件的原告或保全申请人可以优先选择被告或被保全人的船舶和货物所在地的缔约国法院作为该跨国海事案件的扣押法院，原告或保全申请人先申请扣押法院采取财产保全措施，等扣押法院成功扣押了被告或被保全人的船舶和货物后，再向扣押法院提起民事诉讼。这样可以保证将来实体判决生效后，在扣押法院直接执行被告或被保全人的船舶和货物，不用再申请另一个缔约国法院承认与执行实体判决，从而节省当事人的诉讼成本和被请求执行的法院的司法资源。

第六节　国际海事委员会和国际海事组织模式

国际海事委员会（Comité Maritime International，CMI）和国际海事组织（International Maritime Organization，IMO）解决跨国财产保全程序冲突的模式简称国际海事委员会和国际海事组织模式，接下来先从了解这两个国际组织的成员之间的司法协助关系了解国际海事委员会和国际海事组织。国际海事委员会和国际海事组织是当今世界影响力比较大的两个国际组织。国际海事委员会于 1897 年成立，总部设在比利时安特卫普，是一个非营利性的非政府国际组织，其宗旨是为全球海商法的各方面统一做出贡献。为此目的，它推动各国建立国家海商法协会，并与其他国际组织合作。国际海事委员会实行会员制，由各国海商法协会组成，现有会员 52 个。迄今国际海事委员会的主要工作是就相关的各类国际海事公约提出建议、拟订草案、参加审议，国际上现行的不少海事法国际公约均出于此机构。国际海事组织是联合国负责海上航行安全和防止船舶造成海洋污染的一个专门机构，总部设在英国伦敦。该组织最早成立于 1959 年 1 月 6 日，原名为政府间海事协商组织。1982 年 5 月更名为国际海事组织，其作用是创建一个监管公平的平台和有效的航运业框架，并普遍采用实施。国际海事组织实行理事会的成员制，国际海事组织的使命是通过合作促进航运安全、环保、高效和可持续。国际海事委员会和国际海事组织制定的部分海事法国际公约涉及成员法院在跨国海事案件中扣押船舶和船载货物等内容，因此，这类海事法国际公约中涉及跨国财产保全程序的相关内容，对在一定程度上完善中国区际财产保全程序有一定参考性。国际海事委员会的会员所在国和国际海事组织的成员是主权国家和经济一体化组织，它们都是独立的法域，而国际海事委员会和国际海事组织本身是国际组织不能被视为一个相对独立的法域。为了更好地进行学理论述，本节主要论述国际海事委员会会员所在国和国际海事组织成员法院管辖的跨国海事案件，以及它们在跨国海事案件中解决跨国财产保全程序冲突的做法。国际海事委员会会员所在国和国际海事组织成员法院采取的临时保全措施包含财产保全措施，因此，在本节内容中将国际海事委员会会员所在国和国际海事组织成员法院采取的临时保全措施表述为财产保全措施，以更加贴近主题。

一、国际海事委员会关于跨国财产保全程序的相关内容

国际海事委员会制定的海事法国际公约中，有两部涉及在跨国海事案件中扣押船舶和货物的内容，一部是1952年《统一海船扣押某些规定的国际公约》，另一部是1952年《关于船舶碰撞中民事管辖权若干规则的国际公约》。这两部海事法国际公约均于1952年5月10日在比利时首都布鲁塞尔召开的第九次海洋法外交会议上通过。香港和澳门在回归祖国前曾加入这两部公约，但是在回归后，中央人民政府未明确香港特别行政区和澳门特别行政区回归后不能继续适用这两部公约；因此，这两部公约实际上对香港特别行政区和澳门特别行政区仍然有效。

(一)1952年《统一海船扣押某些规定的国际公约》

根据1952年《统一海船扣押某些规定的国际公约》的相关规定，缔约

方法院在跨国(地区)海事案件中扣押船舶系指通过司法程序滞留船舶，以保全海事请求，但不包括执行或满足某项判决中对船舶的扣押，即不适用于对生效实体判决民事执行阶段的船舶扣押。该公约规定悬挂缔约方之一的旗帜的船舶，可因任何海事请求而在任何缔约方的司法管辖区内被扣押，但不得因其他请求而被扣押，而海事请求必须符合本公约规定的情形。通过节选该公约的部分条文，论述1952年《统一海船扣押某些规定的国际公约》对扣押管辖权的具体规定，以及缔约方法院如何在跨国(地区)海事案件中行使扣押管辖权。该公约第4条规定：船舶只能由执行扣押的缔约方法院或有关的司法机构扣押。该公约第7条规定实施扣押的4个条件：(1)实施扣押的国家或地区的法院具有依据案件事实审理的管辖权；(2)如果在某司法管辖区内扣押船舶的法院不具有依据案件事实审理该案的管辖权，则根据本公约第5条的规定，为使船舶获释而提供的保证金或其他担保，应明确规定是为了满足任何有管辖权审理案件的法院最终可能作出的判决而提供的，扣押船舶的国家或地区的法院或其他有关的司法机构，应规定请求人须向具有此种管辖权的法院提起诉讼的期限；(3)如果当事各方协议将争议提交船舶被扣押的某司法管辖区内法院以外的法院审理，或提交仲裁，则船舶被扣押的司法管辖区内的法院或其他有关的司法机构应规定请求人提起诉讼或仲裁程序的期限；(4)如在上述两款中所述的任何一种情况下，原告在规定期限内未提起诉讼或仲裁程序，则被告可申请释放船舶，或发还保证金或其他担保。根据1952年《统一海船扣押某些规定的国际公约》的上述规定，缔约方法院在跨国(地区)海事案件中行使扣押管辖权的时候，可区分为两种情形：第一种情形是扣押法院具有对该跨国(地区)海事案件的实体管辖权，扣押被告的船舶没有什么争议，按照诉讼程序进行实体审判；第二种情形是扣押法院不具有对该海事案件的实体管辖权，在扣押被告船舶后，如果原告与被告双方当事人同意扣押法院成为实体判决法院，则扣押法院顺理成章地享有实体管辖权，可以对该跨国(地区)海事案件进行审理作出判决。但是，前述实体管辖权也不是绝对依据扣押法院所在地法，而是仍需符合1952年《统一海船扣押某些规定的国际公约》关于跨国(地区)海事案件实体管辖权的规定。如果被告不认可缔约方法院的扣押管辖权,或者扣押法院根据所在地法不具有实体管辖权,则仍允许被告申请将该跨国(地区)海事案件移送有实体管辖权的其他法院,或者原告另行向有实体管辖权的其他法院起诉,又或者原告与被告双方达成仲裁协议,选择以仲裁方式解决双方的跨国(地区)海事纠纷。无论当事人作出哪一种选择,都不影响扣押法院行使扣押管辖权。该公约规定的扣押管辖权为解决缔约方法院在跨国(地区)海事案件中扣押船舶,提供了一个方便、快捷、高效的解决方案,可作为解决跨国(地区)财产保全程序冲突的重要参考文件。

(二)1952年《关于船舶碰撞中民事管辖权若干规则的国际公约》

根据1952年《关于船舶碰撞中民事管辖权若干规则的国际公约》的相关规定,缔约方法院管辖船舶碰撞引发的跨国(地区)海事案件,也一定会涉及缔约方法院扣押船舶以及采取财产保全措施,扣押被告或被保全人的其他财产。本书节选1952年《关于船舶碰撞中民事管辖权若干规则的国际公约》的部分条文,以此论述涉及缔约方法院扣押船舶以及采取财产保全措施的相关内容。该公约第1条规定:关于海船与海船或海船与内河船舶发生碰撞的案件,只能向下列法院提起诉讼:(1)被告惯常居所地或营业地的法院;(2)扣押过失船舶或得依法扣押的属于被告的任何其他船舶所在地的法院,或本可进行扣押,而已提供保释金或其他担保物的地点的法院;(3)碰撞发生于港口或内河水域以内时,则在碰撞发生地点的法院。最终向上述所列举的哪一个法院起诉,应由原告决定。该公约第2条规定:本公约第1条的规定,在任何情况下都不得妨碍当事双方向其已选定的法院,就船舶碰撞事件提起诉讼或将该案件提请仲裁的权利。从1952年《关于船舶碰撞中民事管辖权若干规则的国际公约》的上述规定来看,缔约方法院在管辖船舶碰撞引发的跨国(地区)海事案件中,有权力扣押肇事船舶或者扣押被告的其他船舶。因此,该公约认可缔约方法院享有扣押管辖权,可以扣押被告或被保全人的船舶或肇事船舶,然后扣押法院有权审理该船舶碰撞案件的实体诉讼。当然,这项扣押管辖权并不是绝对的司法管辖权,原告与被告既有权利协议选择诉讼管辖法院,又有权利协议选择仲裁机构。如果双方当事人选择扣押船舶的法院以外的其他法院或者仲裁机构作为解决双方争议的机构,则需要提供保证金或保释金作为解除扣押船舶的条件。1952 年《关于船舶碰撞中民事管辖权若干规则的国际公约》规定的扣押管辖权,无论当事人作出哪一种选择,都不影响扣押法院行使扣押管辖权。该公约规定的扣押管辖权为解决缔约方法院在跨国(地区)海事案件中扣押船舶,提供了一个方便、快捷、高效的解决方案,可作为解决跨国(地区)财产保全程序冲突的重要参考文件。

二、国际海事组织关于跨国财产保全程序的相关内容

国际海事组织制定的海事法国际公约中,只有一部涉及在跨国海事案件中扣押船舶和货物的内容,就是 1999 年《国际扣船公约》。该公约于 1999 年 3 月 12 日在瑞士日内瓦,由联合国贸易和发展会议(United Nations Conference on Trade and Development, UNCTAD)和国际海事组织共同举行的外交会议上讨论通过。该公约规定的扣押船舶是指缔约方法院在管辖跨国海事案件中,经缔约方法院发出命令,为保全海事请求而对船舶作出的任何滞留或对其离开作出的任何限制,但不包括为执行或履行法院判决或其他可执行文书而扣押船舶,后者实际上是民事执行阶段的财产保全而非民事诉讼阶段的财产保全。本书节选 1999 年《国际扣船公约》的部分条文,以论述该公约规定的在跨国海事案件中,缔约方扣押船舶及采取其他财产保全措施的相关内容。该公约第 2 条规定,关于扣押船舶的权力的 4 个条件是:(1)只有实施扣押的缔约方法院依职权才能扣押船舶或释放被扣押的船舶;(2)船舶只能因海事请求而不能因任何其他请求被扣押;(3)为获得担保,可以扣押船舶,即使根据有关合

同中的管辖权条款或仲裁条款或其他条款，引起扣船的海事请求应由非扣船实施地国法院审理，或应付诸仲裁或应适用另一国家的法律；(4)在不违反本公约规定的情况下，有关船舶的扣押或释放的程序，应受扣船实施地国或扣船请求地国法律的制约。该公约第7条规定了相关法院对案件实体诉讼有管辖权的6个条件：(1)扣船实施地国法院或用以使船舶获释的担保的提供地国法院，应具有审理案件实体诉讼的管辖权，但各当事方有效的约定或已经有效的约定将争议提交接受管辖权的另一国家法院或付诸仲裁者除外。(2)虽有本条第1款的规定，扣船实施地国法院或用以使船舶获释的担保的提供地国法院，可拒绝行使该管辖权，只要该国法律允许此种拒绝并且另一国的法院接受管辖权。(3)如果扣船实施地国法院或用以使船舶获释的担保的提供地国法院，不具有对案件实体诉讼的管辖权；或按本条第2款的规定拒绝行使管辖权，则此种法院可以在接到请求后规定一个期限，在此期限内海事请求人应向主管法院提起诉讼或提请仲裁庭仲裁。(4)如果未在按本条第3款规定的期限内提起诉讼或仲裁，则法院在接到请求后，应下令释放被扣押的船舶或提供的担保。(5)如在按本条第3款规定的期限内提起了诉讼或仲裁，或在没有此种规定时向另一国家的主管法院提起了诉讼或向仲裁庭提起了仲裁，则由此产生的有关被扣押的船舶或提供的用以使船舶获得释放的担保的任何最终裁决应得到承认与执行，条件是此种诉讼或仲裁已合理通知被告，而且被告有合理的机会就案情提出辩护，并且此种承认与公共政策无抵触。(6)本条第5款中所载的任何规定，均不限制按扣船实施地国法律或用以使船舶获释的担保的提供地国法律赋予国外判决或仲裁裁决更大的效力。不得不说，1999年《国际扣船公约》对缔约方法院在跨国海事案件中适用扣押管辖权的具体规定阐述得比较详细完备，比1952年《统一海船扣押某些规定的国际公约》还要完善。1999年《国际扣船公约》认可扣押管辖权，缔约方的扣押法院在扣押被告或被保全人的船舶后，顺理成章地拥有案件实体管辖权，可以对案件进行审理并作出判决。但是，前述实体管辖权也不是绝对依据扣押法院的国内法，仍需符合1999年《国际扣船公约》关于跨国海事案件实体管辖权的规定。如果被告不认可缔约方法院的扣押管辖权，则该公约允许被告申请将该跨国海事案件移送有实体管辖权的其他法院，或者原告另行向有实体管辖权的其他法院起诉，又或者原告与被告双方达成仲裁协议，选择以仲裁方式解决双方的跨国海事纠纷。无论当事人作出哪一种选择，都不影响扣押法院行使扣押管辖权。该公约规定的扣押管辖权为解决缔约方法院在跨国海事案件中扣押船舶，提供了一个方便、快捷、高效的解决方案，可作为解决跨国财产保全程序冲突的重要参考文件。

三、国际海事委员会和国际海事组织解决跨国财产保全程序冲突的具体做法

国际海事委员会和国际海事组织作为全世界十分有影响力的两个国际海事组织，通过制定海事法国际公约来协调各缔约方的海事法冲突；当缔约方法院管辖跨国海事案件存在的实体管辖权冲突的时候，解决跨国海事纠纷当事人之间的争议，促进国际航运业和国际贸易的发展。从国际海事委员会和国际海事组织制度的相关海事法国际公约来看，它们认为在跨国海事案件中，解决跨国财产保全程序冲突的关键做法，是支持缔约方法院享有扣押管辖权。赋予缔约方法院扣押管辖权的做法，体现在1952年《统一海船扣押某些规定的国际公约》、1952年《关于船舶碰撞中民事管辖权若干规则的国际公约》、1999年《国际扣船公约》这三部公约当中，其基本思路都是围绕缔约方法院如何适用扣押管辖权，来解决跨国财产保全程序冲突的问题。这三部公约都认可缔约方法院或司法机构，对国际海运合同当事人的船舶和货物享有扣押管辖权。原告或保全申请人申请缔约方法院扣押被告或被保全人船舶和货物的门槛也较低，只要符合海事请求的相关规定，缔约方法院基本上都会批准扣押被告或被保全人的船舶和货物；扣押法院从而取得对该跨国海事案件的实体管辖权，可以审理案件并且作出实体判决；该实体判决既可在扣押法院得到执行，

也可在缔约方之间自由流动,得到其他缔约方法院的承认与执行。当然,这三部公约规定的扣押管辖权不是绝对的司法管辖权,三部公约都允许原告和被告通过协议选择诉讼管辖法院或者选择仲裁机构,又或者允许原告向扣押法院所在国的另一个法院或另一个缔约方法院起诉,或者被告不接受扣押法院管辖时,可在提供保证金后申请将案件移送另一个缔约方法院并由该法院行使实体管辖权。所以,扣押管辖权是缔约方法院获得实体管辖权的一种方式,但不影响当事人之间协议选择诉讼管辖法院或协议选择仲裁,也不影响当事人依照该公约的规定以及扣押法院所在国的国内法,另行向有实体管辖权的其他法院转移诉讼。同时,扣押管辖权不妨碍原告在实体判决法院受理该跨国海事案件后,继续申请该法院对被告或被保全人的其他财产采取财产保全措施;扣押管辖权受到的限制就是被告的船舶和货物不得因同一案件或同一理由被反复扣押或多次扣押。因此,扣押管辖权是国际海事委员会和国际海事组织解决跨国财产保全程序的核心措施和成熟做法,美中不足的就是这三部公约均未对缔约方法院之间相互跨国协助扣押船舶和货物作出规定。

第七节　对国际具体做法的评述

在本章内容中,通过考察英国、美国等多法域国家、联邦制国家的相关制度安排,充分了解它们在解决本国的区际财产保全程序冲突时的具体做法;同时通过考察欧盟、海牙国际私法会议、联合国国际贸易法委员会、国际海事委员会和国际海事组织等区域一体化组织和国际组织,充分了解它们解决本国际组织成员之间跨国财产保全程序冲突的具体做法。

一、以英国、美国和欧盟为代表的第一种类型

第一种类型以英国、美国、欧盟为代表,它们的共同特征都是拥有行

使最高立法权和司法终审权的中央机构，以此作为协调解决内部各法域之间法律冲突的机制，并且实现各法域之间的人员、商品、服务、资金、信息的自由流动。各法域的法院之间相互认可司法文书，并且相互实现顺畅、方便、快捷的司法文书域外送达，其中最重要的因素是它们有一个强有力的中央机构作为权威协调机构。

（一）英国模式的主要做法

英国模式可概括为以本土各法域交互强制执行判决为基础，各法域的法院跨法域相互协助财产保全，并辅之以具有域外执行力的马利华禁制令，来解决英国区际财产保全程序的冲突。

（二）美国模式的主要做法

美国模式可概括为以《美国联邦宪法》授权联邦法院专属管辖美国区际民事案件为基础，以美国联邦执法局负责执行联邦法院授予财产保全的命令、令状和手令为保障，并且美国联邦法院和美国联邦执法局的管辖范围为全美国，从而解决美国区际财产保全程序的冲突。

（三）欧盟模式的主要做法

欧盟以各成员国让渡部分国家主权为基础，使欧盟具有立法权、行政权、司法权。欧盟通过缔结条约和立法，在欧盟成员国之间形成国际私法领域的欧盟法律布鲁塞尔体系，欧盟成员国都有权依据布鲁塞尔体系跨国协助财产保全。同时欧盟认可扣押管辖权，以及有条件赋予成员国法院的财产保全措施域外执行力，从而解决欧盟各成员国之间跨国财产保全程序的冲突。

二、以海牙国际私法会议、联合国国际贸易法委员会、国际海事委员会和国际海事组织为代表的第二种类型

第二种类型以海牙国际私法会议、联合国国际贸易法委员会、国际海

事委员会和国际海事组织为代表,它们的共同特征是没有一个行使最高立法权和司法终审权的中央机构,无法以有权威的中央机构来解决各缔约方之间的法律冲突。各缔约方之间并未形成人员、商品、服务、资金、信息的自由流动,各缔约方法院之间也并未相互认可司法文书,域外送达并不顺畅、方便、快捷。其中最重要的因素是各缔约方自愿接受国际公约的约束,按照国际公约的要求在某种特定领域的跨国民商事案件和国际商事仲裁中,达成互惠互利的国际司法协助关系。

(一)海牙国际私法会议的主要做法

海牙国际私法会议以国际私法公约为基础,各缔约方均认可跨国民商事案件的实体管辖权与程序性管辖权相对分离,认可扣押管辖权,有条件认可特定跨国民商事案件的临时保全措施具有域外执行力,从而解决海牙国际私法会议各成员之间跨国财产保全程序的冲突。

(二)联合国国际贸易法委员会的主要做法

联合国国际贸易法委员会以国际商事仲裁示范法律、仲裁规则和国际贸易公约为基础,有条件认可国际商事仲裁庭作出的临时保全措施的域外执行力,各缔约方均认可跨国海事案件实体管辖权与程序性管辖权相对分离,同时各缔约方法院认可扣押管辖权,从而解决各缔约方之间跨国财产保全程序的冲突。

(三)国际海事委员会和国际海事组织的主要做法

国际海事委员会和国际海事组织以海事法国际公约为基础,以扣押管辖权为核心,辅之以赋予当事人选择诉讼管辖法院和选择仲裁的权利,认可跨国海事案件实体管辖权与程序性管辖权相对分离,从而解决各缔约方之间跨国财产保全程序的冲突。以上为多种解决区际财产保全程序冲突的模式和解决跨国财产保全程序冲突的模式。

第五章　中国区际财产保全程序冲突的解决方案

本书的主要研究对象是中国三法域的法院所适用的区际财产保全程序，涉及两方面的研究成果，一方面是区际相互协助财产保全，另一方面是区际相互认可和执行财产保全的裁决和命令，两者都将填补区际民事司法协助领域的空白。毕竟，中国三法域之间的区际私法和区际民事司法协助是世界上独一无二的模式。中国三法域之间的区际法律冲突是法系冲突和基本政治制度冲突的叠加，而世界上其他联邦制国家或多法域国家基本上是单一的法系冲突，并无叠加的基本政治制度冲突。同时，区际私法与区际民事司法协助是一国内部的法律冲突，不能等同于区域一体化组织和国际组织的成员之间，因国际法律冲突而产生的国际私法和国际民事司法协助。所以，在上述背景下开展区际财产保全程序的研究是一项创新和突破研究。本书提出中国区际财产保全程序冲突的解决方案，其重要意义有四点：(1)如果区际财产保全的裁决和命令可实现在中国三法域之间自由流动，则中国三法域之间既可实现对民事诉讼权利的平等保护,又可实现对民事实体权利的平等保护,从而实现对区际民事案件当事人的无差别待遇。(2)因为实现了区际民事案件当事人的无差别待遇,所以这将极大地保障中国三法域的区际交易安全,从而促进区际民商事关系的发展。尤其是在粤港澳大湾区,中国三法域的法院可为区际人员、货物、服务、资金、技术等经济要素的自由流动提供强有力的司法保障。(3)促使中国三法域的法院之间形成充分信任和充分尊重的良性循环状态,特别是被请求执行的域内法院,在面对一个域外法院采取财产保全的裁决和命令时,能够给予其认可和执行的待遇。这必须是双方法院建立在充分信任和充分尊重的基础上才有可能实现的,否则,域内法院会质疑域外法院采取的财产保全措施,不认可域外法院的实体管辖权和财产保全措施的可执行性,那么被请求执行的法院就会拒绝执行。(4)有利于中国三法域的区际私法专家学者交流学习。当前,从关于区际私法的著作文献看,内地最多,澳门特别行政区次之,香港特别行政区最少。从表面上看,可能是因为专家学者对区际私法研究不够热情,但实际上并不是这样。事实上是因为香港和澳门在回归祖国前,就已经习惯了多法域的环境并且形成了自己独特的法律体系和司法传统。因此,香港特别行政区法律和澳门特别行政区法律本身自带区际私法功能和区际民事司法协助功能,只是因为中国三法域的区际私法专家学者之间交流甚少,才相互了解不深、理解不透、雾里看花。换言之,是由于中国三法域之间的区际私法融合得还不够紧密。所以,希望通过本书的研究成果,促进中国三法域的区际私法专家学者加强交流学习,既可以相互取长补短共同进步,也可以通过思想观念的碰撞产生新的理论、新的制度、新的机制。综上所述,本书的研究对中国三法域的区际私法特别是区际民事司法协助具有十分重要的理论和实践意义,在更远的将来,随着中国倡导的"人类命运共同体"价值观得到越来越多国家和地区的认同,特别是《区域全面经济伙伴关系协定》的,[1]期待有一天中国三法域的法

---

[1] 参见李鸿阶:《〈区域全面经济伙伴关系协定〉签署及中国的策略选择》,载《东北亚论坛》2020年第3期。

院采取财产保全的裁决和命令，也有机会在成员之间自由流动，推进各成员的法院之间相互承认与执行。

第一节　解决中国区际财产保全程序冲突的思路

本书研究的最终目的是解决中国区际财产保全程序的冲突，提出完善中国区际财产保全程序的方案，这也是当代中国区际私法专家学者和从事区际司法实务的专业人员应当思考的问题之一。通过本书的论述，读者可以明白当前中国存在的区际法律冲突问题的根源在何处，而只有追根溯源，才能把问题的症结梳理清楚，才可以对症下药地提出解决问题的最好方案。中国区际财产保全程序的冲突问题，其背后的根源仍然是中国的区际法律冲突问题。所以，要立足我国国情，通过参考其他法域的相关做法，拿出具有中国特色的解决方案，来完善中国区际司法协助中区际财产保全程序领域的相关制度。

一、中国区际财产保全程序的法律障碍

司法实践中还存在阻碍中国区际财产保全程序的法律障碍，这些法律障碍更多来源于三个法域的法律差异。然而在众多法律差异中，影响最大的法律差异因素就是社会主义法律和资本主义法律之间的差异。但在司法实践中，法律差异并不能阻碍我们解决问题，理由是世界上许多国际私法公约的缔约方中，既有社会主义国家，又有资本主义国家，这并未阻碍它们共同成为国际私法公约的缔约方，原因是它们为了共同利益可以做到求同存异、互惠互利、实现共赢。所以，法律差异无法克服的障碍，只要想解决就一定有办法消除。因此，只要中国三法域之间达成区际私法共识并消除法律冲突的障碍，那么中国区际财产保全程序冲

突的问题就迎刃而解了。只有中国三法域都高度重视以下5个方面的法律障碍,由中国三法域的相关主管部门采取切实有效的行动,逐步取消管制和消除限制,才能保障中国三法域的法院顺利办理区际财产保全案件。

(一)中国三法域的法院的司法文书不能直接相互认可

长期以来,中国三法域的法院的司法文书不能直接相互认可。目前中国三法域的法院的司法文书只能达到间接相互认可程度,但这是远远不够的。根据目前相关区际民事司法协助安排的要求,中国三法域的法院的司法文书虽然免除认证认可程序,但也必须由指定的机关层层转递,中间环节多,效率非常低下。中国三法域的法院之间还没有实现一个法域的法院完全充分信任与尊重另一个法域的法院的司法文书,仍然处于间接相互认可的标准。

(二)中国三法域的法院之间不能直接送达法院的司法文书

长期以来,中国三法域的法院之间不能直接送达法院的司法文书。如果说中国三法域中的任何一个法域的律师,手持域内法院的司法文书到本国的另一个法域送达当事人,由于任何一个法域的律师执业资格都有法域或地域的限制,所以律师不可以跨法域执业。

(三)中国三法域的人员不能自由流动

中国三法域的人员不能自由流动。香港和澳门回归祖国之后,虽然中国三法域的出入境主管部门逐渐放宽了人员流动的管制,但是内地与两个特别行政区之间仍然存在出入境管制,仍未达到人员自由流动的标准。假如人员不能自由流动,相关区际财产保全案件的当事人和诉讼代理人就不能直接跨境从事民事诉讼活动,或者跨境从事民事诉讼活动会因受到诸多限制而困难重重。

（四）中国三法域的资金不能自由流动

中国三法域的资金不能自由流动。内地、香港特别行政区、澳门特别行政区之间不允许资金自由流通。如果区际财产保全案件的当事人和诉讼代理人想要向一个域外法院缴纳诉讼费或保证金，或者接收一个域外法院的执行款，或者向域外当事人支付和解款等资金，则会因此而显得困难重重。一方面，中国三法域之间人员不能自由流动，出入境人员亦不得直接携带大额现金出入境；另一方面，中国三法域的银行跨境转账汇款都受到管制。所以，当事人和诉讼代理人跨境办理与民事诉讼有关的缴费和接收诉讼款项事务也是困难重重。

（五）中国三法域的财产信息不能自由流动

中国三法域的财产信息不能自由流动。例如公司商事登记信息，不动产登记信息，特殊动产如车辆、船舶、飞机等登记信息，还有银行存款、票据、股票、债券、基金、保险等有价证券的相关信息，无论是通过公开途径可以查询的公开财产信息，还是需要向有权机关或登记机关调取的登记财产信息，在中国三法域都不能自由流动，自然也就无法查证属实。这是中国三法域的法院办理区际财产保全案件的阻碍，也是当事人和诉讼代理人申请区际财产保全的阻碍。

二、中国区际财产保全程序冲突的解决路径

本书通过对产生中国区际财产保全程序冲突的原因、难点、障碍等进行分析，以小见大、见微知著地让读者充分认识到区际财产保全程序冲突的根源，在于各种法律因素和非法律因素的交织缠绕，其中既有宏观因素法律问题，又有微观因素法律问题；既有域内因素法律问题，又有域外因素法律问题；既有国家大政方针政策，又有具体办案操作规程。所以，这是综合原因的综合结果，要解决中国区际财产保全程序冲突并非易事。

正所谓牵一发而动全身,不谋全局者不足以谋一域,必须统筹兼顾,选择最合适、最可行的解决路径。因此,中国区际财产保全程序冲突的解决应通过“服务党和国家大局,先易后难、循序渐进,统筹兼顾、变通适用”三大路径完善。

第二节 解决中国区际财产保全程序冲突的制度设计

为解决中国区际财产保全程序冲突的问题,应当既把可能性与可行性结合起来,又把短期目标和长期目标结合起来,从完善中国三法域各自的财产保全程序入手,提出解决中国区际财产保全程序冲突的方案设计。

一、中国三法域达成财产保全程序管辖权的共识

本书在上文多次论述财产保全程序管辖权是一项程序性管辖权,可以与跨国或跨法域民商事案件的实体管辖权相对分离。这种做法得到世界上许多国际组织、国家和地区的认可,因此,区际财产保全程序管辖权作为一项相对独立的程序性管辖权,可以与区际民事案件的实体管辖权相对分离。这种做法必须在中国三法域的法院之间达成共识,并且努力消除可能存在的任何争议。除此之外,以中国三法域的法院可以单独行使区际财产保全程序管辖权为基础,还有以下三项配套措施,也需要由中国三法域的法院达成共识。

(一)区际财产保全程序管辖权可与区际民事管辖权相对分离

第一个要达成共识的是区际财产保全程序管辖权可与区际民事管辖权相对分离。只有中国三法域的法院全部做到区际财产保全程序管辖权与区际民事管辖权相对分离,才有可能推进中国三法域的法院实现区际

相互协助采取财产保全,才有可能推进原告或保全申请人有权向中国三法域中的任何一个法域的法院申请采取财产保全措施。在司法实践中,财产保全程序的适用范围非常广,除了普通民事诉讼程序外,特别民事程序如破产程序,以及其他程序例如仲裁程序和刑事附带民事赔偿程序等,都可以适用财产保全程序。

(二)中国三法域的区际财产保全程序应当完善上诉程序

第二个要达成共识的是中国三法域的区际财产保全程序应当完善上诉程序。保全申请人和被保全人作为财产保全程序的双方当事人,都应当享有获得法院公平对待、及时通知,以及异议抗辩的诉讼权利,这也是程序正义的要求。有权利必有救济是法治社会的基本要求,应当赋予双方当事人上诉权,以免其遭受法院的不公正待遇,保障当事人有途径获得权利救济。在中国三法域的财产保全程序中,无论该上诉程序的具体名称是什么,比如可以称为复议、复核、异议和上诉,都必须由财产保全裁决法院的上一级法院进行审理并作出上诉裁定。本书认为要包含上诉程序在内的财产保全程序,才能达到程序正义的要求,才是具有公信力的一项相对独立的民事程序,才最有可能获得域外执行力。香港特别行政区法域、澳门特别行政区法域的财产保全程序中,都包含上诉程序,但内地法域的财产保全程序缺乏上诉程序。因此,内地法域应当通过修订《民事诉讼法》的相关内容,尽快推进中国三法域的财产保全程序都包含上诉程序。

(三)中国三法域应当尽早统一区际民事管辖权的认可标准

第三个要达成共识的是中国三法域应当尽早统一区际民事管辖权的认可标准。所谓实现中国三法域的法院对区际民事管辖权没有争议,即无论由哪一个法域的法院对区际民事案件作出实体判决,都可以得到另外两个法域的法院的认可和执行。在区际民事管辖权没有争议的前提下,中国三法域中的任何一个域内法院都愿意跨法域协助另一个域外法院采取财产保全措施,这是因为另一个法域的法院作出的实体判决将来可以在域内法院得到认可和执行。域内法院因此可以成为被请求执行的法院,不用担心采取财产保全措施后,相关联的区际民事案件的实体判决在财产保全裁决法院不能得到认可和执行。只有在不会导致财产保全裁决法院承担法律责任和不利后果的前提下,才可能实现中国三法域的法院跨法域相互协助财产保全。中国三法域对区际民事管辖权的认可标准达成共识是关键一步,关系到当事人是否可以单独向任何一个法域的法院申请协助采取财产保全措施。

二、中国三法域达成财产保全程序准据法的共识

民事程序性请求以法院地法为准据法是一项国际私法原则,[1]该原则得适用于中国三法域之间的区际私法领域。关于中国三法域的法院适用财产保全程序的准据法,中国三法域的法院应当达成以下两点共识。

(一)财产保全程序必须公平适用法院地法

财产保全程序必须公平适用法院地法,只有程序公正才能保障实体公正。中国三法域的法院适用法院地法办理区际财产保全案件,应当公平对待其他法域的当事人和诉讼代理人,这也是程序正义的要求。目前中国三法域之间的开放程度是不同的,内地对香港特别行政区和澳门特别行政区的开放程度,在一定程度上大于香港特别行政区和澳门特别行政区对内地的开放程度。例如,港澳居民出入内地不受限制,内地居民出入港澳却受到限制。当然这样做有一定的合理性,因为香港特别行政区和澳门特别行政区地域狭小,完全对内地居民开放,会造成一定的混乱与冲击;而内地幅员辽阔,对港澳居民开放,则不会造成混乱与冲击。还有就是三法域的法院办理财产保全案件涉及的担保和保证金问题,尤其是

---

〔1〕 参见冯霞:《中国区际私法论》,人民法院出版社2006版,第384页。

原告或保全申请人提供担保,[1]以及被告或被保全人向法院缴存保证金或提供担保以替代保全措施这些环节,另一个法域的当事人不可能比本地的当事人更有优势和更加便利。所以,域内法院必须给予另一个法域的当事人同等的待遇和便利,否则会因困难重重而阻却当事人和诉讼代理人跨法域申请财产保全措施,即不能让同等待遇成为纸上谈兵。

(二)统一财产保全措施域外执行力的审查判断标准

中国三法域的法院必须统一财产保全措施域外执行力的审查判断标准。域内法院依据法院地法律批予财产保全的裁决和命令并在本法院的司法管辖区内执行,在中国三法域是没有争议的;存在争议的领域是域内法院采取财产保全的裁决和命令是否具有域外执行力?如果将来中国三法域的法院愿意相互认可和执行财产保全的裁决和命令,那么域内法院认可和执行另一个域外法院采取财产保全的裁决和命令的审查判断标准是什么?中国三法域的法院必须统一财产保全措施域外执行力的审查判断标准,对于域内法院在采取财产保全措施时应当适用正当程序原则,应当理解为财产保全裁决法院接纳原告或保全申请人的请求后,在正式采取一项财产保全措施前,应当将与区际财产保全案件有关的法律文件依法有效地送达被告或被保全人,并给予其合理的通知和答辩机会;区际财产保全案件必须经过审案法庭的聆讯、听审、听证或开庭审理,核心是审案法庭必须听取被告或被保全人充分的陈述和答辩,不得在缺席审判的情况下采取财产保全措施,因为对席审判得到的结果更加公正合理。对于相同结果原则,应当理解为一个域外法院按照正当程序原则采取的财产保全措施,如果想要得到域内法院的认可和执行,还需要被请求执行的域内法院根据法院地法来审查判断,对于域外法院采取的财产保全措施,本地法院能否对同样的案件、同样的事实和同样的理由,批予采取同样的财产保全措施。如果答案是肯定的,那么就可以得到认可和执行;如果答

[1] 参见鲁军:《财产保全担保的司法实践和重塑》,载《法制与社会》2010 年第 5 期。

案是否定的，那么就不可以得到认可和执行。正当程序原则和相同结果原则应当作为中国三法域的法院统一财产保全措施域外执行力的审查判断标准。

三、中国三法域达成扣押管辖权的共识

上文已论述，扣押管辖权的理论和实践在世界上得到很多国家和地区以及国际组织的认可，扣押管辖权的含义在上文已有充分论述，在此不再赘述。尽管两个特别行政区基本法都有中央人民政府有权将某些国际公约适用于香港特别行政区和澳门特别行政区的相关规定，但是适用于香港特别行政区和澳门特别行政区的国际公约，只是规范两个特别行政区政府与其他外国、国际组织之间的法律关系，不适用于中国三法域之间的区际私法。由于中国三法域的区际法律冲突不适用国际公约来调整，所以，中国三法域之间达成扣押管辖权共识的问题，完全可以依靠修订完善域内法来解决；同时可以参照国际公约中的国际私法原则，将之引入区际私法领域。

（一）香港特别行政区和澳门特别行政区可继续适用有关公约

历史上英国和葡萄牙都是1952年《统一海船扣押某些规定的国际公约》和1952年《关于船舶碰撞中民事管辖权若干规则的国际公约》的缔约方。在回归祖国之前香港跟随英国加入了这两个公约，澳门跟随葡萄牙也加入了这两个公约；但是在回归之后，根据《香港特别行政区基本法》第153条的规定和《澳门特别行政区基本法》第138条的规定，中国缔结的国际协议，中央人民政府可根据情况和香港特别行政区或澳门特别行政区的需要，在征询香港特别行政区政府或澳门特别行政区政府的意见后，决定是否适用于香港特别行政区或澳门特别行政区。中国尚未参加但已适用于香港特别行政区或澳门特别行政区的国际协议仍可继续适用。中央人民政府根据情况和需要授权或协助香港特别行政区或澳门

特别行政区政府作出适当安排,使其他与其有关的国际协议适用于香港特别行政区或澳门特别行政区。然而,香港和澳门回归祖国之后并没有退出上述两个公约,而且中央人民政府未明确这两个公约不适用于香港特别行政区和澳门特别行政区,所以,香港特别行政区和澳门特别行政区仍然认可这两个公约规定的国际海事案件中的扣押管辖权。

(二)内地适时加入有关公约

内地虽然没有参加上述的两个公约,但是《海事诉讼特别程序法》认可扣押管辖权,并且该法处处带有这两个公约的痕迹,内地海事法院在司法实践中也适用扣押管辖权。中国三法域的法院统一认可扣押管辖权,实际上是为解决区际财产保全程序冲突,打开了一个非常便捷高效的途径。例如,任何一个法域的当事人,只要查明被告或被保全人在其他的法域有财产,就可以直接向财产所在地的法域的法院申请财产保全。因为中国三法域的法院都认可扣押管辖权,扣押法院在成功扣押了被告或被保全人的财产后,便对该区际民事案件享有实体管辖权;扣押法院作出的实体判决可以执行被扣押的财产,扣押法院作出的实体判决也可以在中国三法域自由流动,可以在任何一个法域的法院得到认可和执行。这样的制度安排,既避免了区际民事管辖权的争议,又确保了实体判决得到有效执行。中国三法域达成扣押管辖权的共识亦不是难题,可以通过先由内地加入上述两部国际公约并由中央人民政府宣告适用于香港特别行政区和澳门特别行政区的方式,解决中国三法域全部认可扣押管辖权的理论问题,再通过由中国三法域修订各自法域的民事诉讼法或者民事程序规则的方式,解决中国三法域的法院认可扣押管辖权的司法实务问题。

第三节　通过区际民事司法协助安排解决冲突问题

中国三法域之间达成区际民事司法协助安排,也是解决区际财产保全程序冲突问题的选项之一。相比较而言,中国三法域通过修订各自域内法的方式改变自己域内的民事诉讼法或者民事程序规则,比在中国三法域之间针对区际财产保全程序达成区际民事司法协助安排来说难度要低。关于修订域内法的途径,只需要中国三法域都以开放包容的心态,互通有无、取长补短,就可以做到达到修改法律的目的。但是,中国三法域之间达成相互认可和执行财产保全措施的区际民事司法协助安排,就不像修订自己的域内法那么简单和容易了,这需要中国三法域之间相互配合、求同存异、互惠互利,才能达成各方满意的区际民事司法协助安排。因此,中国三法域之间想要一步到位,全面达成相互认可和执行财产保全措施的区际民事司法协助安排是有一定难度的,本书认为中国三法域的法院必须从易到难、分步实施、多措并举。

一、仲裁领域相互协助财产保全的区际民事司法协助安排

区际仲裁案件的管辖权基础是当事人之间达成仲裁协议或仲裁条款,所以,区际仲裁机构作出的仲裁裁决基本上没有管辖权争议。区际仲裁裁决可以在中国三法域之间自由流动,中国三法域之间均达成了相互认可和执行仲裁裁决的区际民事司法协助安排。从理论上说,中国三法域中的任何一个法域的仲裁机构作出的区际仲裁裁决生效后,当事人可以向任何一个法域的法院申请认可和执行仲裁裁决;任何一个法域的法院在仲裁裁决作出之前或申请执行之前,都可以协助采取财产保全措施。

(一)内地应修订《仲裁法》

从目前中国三法域的现行域内法来看,区际仲裁案件的当事人有权申请仲裁机构所在地法域的法院协助采取财产保全措施,但是当事人在仲裁前或仲裁中申请另一个法域的法院协助采取财产保全措施,还只是部分可行,并不是完全可行。截至目前,只有最高人民法院和香港特别行政区政府于 2019 年 4 月 2 日在香港特别行政区签订的《关于内地与香港

特别行政区法院就仲裁程序相互协助保全的安排》。该安排于 2019 年 10 月 1 日生效，是中国三法域首个区际仲裁领域相互协助财产保全的区际民事司法协助安排。然而，根据《香港特别行政区仲裁条例》的相关规定，香港特别行政区高等法院不但接纳本地仲裁案件当事人向法院申请财产保全，同时接纳包括内地在内的香港特别行政区以外的仲裁案件的当事人向法院申请财产保全，香港特别行政区以外的仲裁案件包括其他外国仲裁案件。所以，《香港特别行政区仲裁条例》对接纳内地仲裁案件当事人的财产保全申请没有任何障碍。可是相比之下，《仲裁法》却没有接纳另一个法域的仲裁案件或者外国仲裁案件的当事人向法院申请财产保全，只有《海事诉讼特别程序法》中规定，内地海事法院管辖海事请求保全案件，可以协助外国法院或仲裁机构采取海事请求保全措施；只可惜内地海事法院只管辖海事请求保全案件，不管辖其他普通财产保全案件。还有，根据《澳门特别行政区仲裁法》的相关规定，澳门特别行政区法院不论该仲裁案件是由本地仲裁机构管辖的，还是由澳门特别行政区以外的仲裁机构管辖的，都接纳仲裁案件当事人的财产保全申请。澳门特别行政区以外的仲裁机构包括中国内地、中国香港特别行政区等的仲裁机构。因此，从《香港特别行政区仲裁条例》和《澳门特别行政区仲裁法》来看，它们都允许域内法院接纳另一个法域的仲裁案件当事人的财产保全申请，唯有内地的《仲裁法》没有这样的规定。最高人民法院在《关于内地与香港特别行政区法院就仲裁程序相互协助保全的安排》中，以司法解释的形式认可了内地人民法院可以接纳香港特别行政区法域的仲裁案件当事人的财产保全申请。内地立法机关也应当适时启动修订《仲裁法》的工作，让该司法解释有上位法的支持。

(二)推进仲裁领域达成相互协助财产保全的安排

中国三法域应当在区际仲裁领域全面达成跨法域相互协助财产保全的区际民事司法协助安排，为中国三法域之间全面达成跨法域相互协助财产保全的区际民事司法协助安排奠定良好的开端。内地也应当适时启动修订《仲裁法》的程序，完善接纳另一个法域仲裁案件或者外国仲裁案件的当事人申请财产保全的制度安排，以及内地仲裁庭有权采取临时保全措施的相关规定。随着时代发展和法治的进步，可以推进中国三法域的法院在区际仲裁案件领域，全面达成跨法域相互协助财产保全、证据保全、行为保全，以及中国三法域的仲裁庭都有权授予当事人临时保全措施；而中国三法域的仲裁庭授予当事人的临时保全措施，也可以在中国三法域的法院得到认可和执行。

二、协议管辖民事案件领域相互协助财产保全的区际民事司法协助安排

中国三法域的域内法，都认可当事人通过诉讼管辖协议选择的法院，具有排他性的实体管辖权。2017 年 9 月 12 日，中国签署 2005 年《选择法院协议公约》。但该公约未经全国人大常委会批准，未对内地生效，因此，该公约是否适用于香港特别行政区和澳门特别行政区，也尚未有定论。

（一）中国三法域应同时适用 2005 年《选择法院协议公约》

若 2005 年《选择法院协议公约》同时适用于中国三法域没有法律障碍，将来全国人大常委会批准该公约后，中央人民政府可根据《香港特别行政区基本法》第 153 条和《澳门特别行政区基本法》第 138 条的规定，在征询香港特别行政区政府、澳门特别行政区政府的意见后，决定将 2005 年《选择法院协议公约》适用于香港特别行政区和澳门特别行政区。若中国三法域同时适用该公约，如果这得以实现，将大力推进中国三法域之间解决区际法律冲突的问题。特别是在区际民事司法协助领域，当事人协议选择的中国三法域的法院作出的生效民事判决，可以在任何一个法域的法院得到认可和执行。也就是说协议选择的法院作出的生效民事判决可以在中国三法域之间自由流动。理由是被当事人以诉讼管辖协议选择的法院作出的生效民事判决，在中国三法域不存在实体管辖权争议。

在这样的前提下,中国三法域的任何一个法院如果接纳原告或保全申请人提起的跨法域协助采取财产保全措施的申请,便可成为财产保全裁决法院。其他法域的法院只要作出生效民事判决,就可以请求财产保全裁决法院认可和执行,而财产保全裁决法院也愿意跨法域协助采取财产保全措施。

(二)推进协议管辖民事案件领域达成相互协助财产保全的安排

从理论上说,中国三法域的法院对当事人协议管辖的区际民事案件,在起诉前和起诉后跨法域相互协助财产保全没有法理障碍,这不但有利于促进当事人订立诉讼管辖协议,而且协议管辖的区际民事案件的实体判决的稳定性和可预见性也更强。在司法实践中,在中国三法域之间,根据《香港特别行政区高等法院条例》和《香港特别行政区高等法院规则》的相关规定,即使不是当事人协议管辖的域外民事案件,香港特别行政区法院同样允许当事人就香港特别行政区以外的民事案件,单独向香港特别行政区法院申请跨法域协助采取财产保全措施;同理,根据《澳门民事诉讼法典》的相关规定,即使不是当事人协议管辖的域外民事案件,澳门特别行政区法院同样允许当事人就澳门特别行政区以外的民事案件,单独向澳门特别行政区法院申请跨法域协助采取财产保全措施;唯独只有内地的《民事诉讼法》,无论是不是当事人协议管辖的域外民事案件,都不允许当事人就内地以外的民事案件,单独向内地人民法院申请跨法域协助采取财产保全措施。内地的例外之处就是《海事诉讼特别程序法》允许当事人就内地以外的海事案件,单独向内地海事法院申请跨法域协助采取海事请求保全措施。上文述及的内地与香港特别行政区达成《关于内地与香港特别行政区法院就仲裁程序相互协助保全的安排》的其中一个重要原因,就是区际仲裁机构作出的仲裁裁决基本上没有管辖权争议;同理,当事人协议管辖的区际民事案件在中国三法域之间也不存在实体管辖权争议。既然内地与香港特别行政区在区际仲裁领域都可以达成跨法域相互协助财产保全的区际民事司法协助安排,那么中国三法域在当事人协议管辖的区际民事案件领域,也应当可以达成跨法域相互协助财产保全的区际民事司法协助安排。

三、综合性财产保全程序的区际民事司法协助安排

若区际仲裁案件领域和当事人协议管辖的区际民事案件领域,在中国三法域之间都达成跨法域相互协助财产保全的区际民事司法协助安排,那么中国三法域之间达成综合性财产保全程序的区际民事司法协助安排,就应当提上中国三法域的法院的议事日程。若中国三法域之间的综合性财产保全程序的区际民事司法协助安排,应当涵盖以下5个方面的内容,这些内容基本上涵盖了区际仲裁案件领域和区际民事案件领域,若是能得以成功实现,将基本上解决中国三法域之间区际财产保全程序冲突的问题。

(一)接纳域外当事人单独向域内法院申请协助采取财产保全措施

中国三法域的法院都应当接纳另一个法域的当事人单独向域内法院申请跨法域协助采取财产保全措施的申请,只要法院地法允许域内法院授予当事人相应的财产保全措施即可。该域内法院不得要求当事人必须向域内法院起诉或向本地仲裁机构提起仲裁,是跨法域协助采取财产保全措施的前置条件。即使当事人之间存在诉讼管辖协议或者仲裁协议,也不影响任何一个法域的法院单独行使区际财产保全程序管辖权。

(二)域外原告有权向域内法院申请扣押被告的财产

无论被告的财产在中国三法域中的哪一个法域,原告都有权向被告财产所在地的法院申请扣押被告的财产;同时原告有权向扣押被告财产的法院主张扣押管辖权,扣押法院在成功扣押被告的财产后,即获得对该区际民事案件的实体管辖权;扣押法院对该区际民事案件作出的生效实体判决可以在中国三法域自由流动,可得到中国三法域的任何一个法域

的法院的认可和执行。

(三)给予另一个法域的当事人平等待遇

中国三法域的法院都应当给予另一个法域的当事人平等待遇,一视同仁地设置原告或保全申请人提起财产保全申请的担保条件,另一个法域的当事人不应当承担额外的诉讼费用和高于域内当事人标准的担保金。中国三法域都应当允许本地保险机构提供诉讼保全责任保险服务,并对另一个法域的原告或保全申请人实行无差别待遇。对于被告或被保全人向法院缴存保证金或提供担保替代财产保全措施,应当按照相同的程序和条件审批,不应当设置额外的条件。

(四)仲裁临时保全措施可以向法院申请强制执行

中国三法域的仲裁机构的仲裁庭、紧急仲裁庭、临时仲裁庭在审理区际仲裁案件时,依据其仲裁规则作出的临时保全措施,一般情况下由仲裁庭、紧急仲裁庭、临时仲裁庭责令仲裁当事人自愿执行。只有该临时保全措施经过正当程序审理,即经过审案仲裁庭的聆讯、听审、听证或开庭审理,审案仲裁员充分听取双方当事人陈述和答辩后,其作出的临时保全措施才可以向仲裁机构所在地法院申请强制执行。如果仲裁当事人向一个域外法院申请强制执行临时保全措施,被请求执行的临时保全措施还必须符合相同结果原则,即被请求执行的法院所在地的仲裁机构可以对同样的案件、同样的事实和同样的理由作出同样的临时保全措施。只有这样另一个法域的法院才可以接纳仲裁当事人提起的执行临时保全措施的申请。审案仲裁庭缺席裁决作出的临时保全措施,不具有申请法院强制执行的效力,无论是向域内法院申请还是向域外法院申请。

(五)财产保全措施可以向域外法院申请认可和执行

中国三法域的法院在管辖区际民事案件的过程中,依据法院地法授予当事人的财产保全措施,通常情况下由财产保全裁决的执行机构负责强制执行。只有财产保全裁决法院经过正当程序授予当事人的财产保全措施,即经过审案法庭的聆讯、听审、听证或开庭审理,审案法庭充分听取双方当事人陈述和答辩后作出的财产保全措施,才可以向一个域外法院申请认可和执行。同时被请求执行的财产保全措施还必须符合相同结果原则,即被请求执行的法院认为根据法院地法对同样的案件、同样的事实和同样的理由可以作出同样的财产保全措施,只有这样另一个法域的法院才可以接纳当事人的申请。如果是审案法庭缺席裁决的财产保全措施,则不具有域外执行力,不能向一个域外法院申请认可和执行。

由上述5方面内容构成的综合性财产保全程序的区际民事司法协助安排,基本上涵盖了区际仲裁案件领域和区际民事案件领域,若是能得以成功实现,将基本上解决中国三法域之间区际财产保全程序冲突的问题。

第四节　中央立法机关释法解决区际法律冲突

为解决中国三法域之间的区际法律冲突,有不少中国区际私法领域的学者提出通过由全国人大制定一部区际民事法律适用法的途径,来统一中国三法域之间处理区际民事案件的法律原则,以及统一区际民事管辖权和区际民事司法协助等内容,从而一劳永逸地解决包括区际财产保全程序冲突在内的全部区际法律冲突问题。然而当前,最高人民法院只可采用两部特别行政区基本法规定的模式,即通过中国三法域之间的协商,达成区际民事司法协助安排的模式解决前述问题。本书中提出的解决中国三法域区际财产保全程序冲突问题的学术意见和建议,将来如果得到实现,则可基本上解决相关区际法律冲突问题。与此同时,中国区际财产保全程序冲突所折射出来的深层次问题,亦值得我们深入思考。

一、立法解释应明确区际民事司法协助的范围

区际司法协助的主要法律依据是《香港特别行政区基本法》第 95 条的规定，即“香港特别行政区可与全国其他地区的司法机关通过协商依法进行司法方面的联系和相互提供协助”以及《澳门特别行政区基本法》第 93 条的规定，即“澳门特别行政区可与全国其他地区的司法机关通过协商依法进行司法方面的联系和相互提供协助”。本书认为立法机关即全国人大常委会可以针对《香港特别行政区基本法》第 95 条和《澳门特别行政区基本法》第 93 条规定的区际司法协助作出解释。当然，全国人大常委会并不需要对有关各方如何进行协商作出立法解释，而是可以完全尊重参与协商的有关各方的自主权。这里的有关各方指内地的最高人民法院、最高人民检察院、公安部、司法部、国家安全部以及香港特别行政区政府、澳门特别行政区政府。建议全国人大常委会应当对内地与香港特别行政区、澳门特别行政区相互提供司法协助的内容和范围进行立法解释，以明确两部特别行政区基本法规定的相互提供协助的具体含义和事项是什么。按照涉及领域的不同，区际司法协助主要可分为区际民事司法协助和区际刑事司法协助两部分内容。由于区际刑事司法协助的内容与本书研究的主题无直接关系，在此不予过多论述；而区际民事司法协助与本书研究的主题密切相关，解决中国三法域区际财产保全程序冲突的问题，也是区际民事司法协助的内容之一。

二、立法解释应完善区际民事司法协助的内容

希望日后全国人大常委会能够制定一部综合性的区际司法协助立法解释。该综合性的区际司法协助立法解释的民事司法协助部分，必须包含现行最高人民法院与香港特别行政区、澳门特别行政区达成的 5 个领域的区际民事司法协助的全部内容，这 5 个领域是：(1) 区际相互委托送

达法院的司法文书和其他法律文件;(2)区际相互委托调取民商事证据;(3)区际相互认可和执行仲裁裁决;(4)区际相互认可和执行民商事案件判决;(5)区际相互协助仲裁程序的保全措施。虽然这5个领域的区际民事司法协助安排具有法律效力,但如果能被纳入立法解释,则会极大地提升其权威性。

除此之外,在巩固上述5个领域的区际民事司法协助内容的基础上,本书认为还应当拓展8个新领域的区际民事司法协助内容:(1)区际相互协助采取财产保全措施;(2)区际相互认可和执行财产保全措施;(3)区际相互认可和执行仲裁庭作出的临时保全措施;(4)区际相互认可法院直接邮寄送达司法文书;(5)区际相互认可法院的全部司法文书和其他法院的公文;(6)区际相互认可保险机构出具的诉讼保全险文书;(7)区际相互开放法院接收境外汇款和向境外汇款;(8)区际相互许可法院为参加跨境诉讼的当事人、诉讼代理人和其他诉讼参与人发出证明,供其办理出入境证件。本书提出的上述新增的8个领域区际民事司法协助内容,虽然有些内容超越了区际民事司法协助的范围,涉及跨境金融和出入境管理的相关事务,但是,全国人大常委会作为中央立法机关,有权对涉及内地与两个特别行政区之间相互提供区际司法协助的相关事项作出立法解释,不必受限于本书研究的区际财产保全程序。希望这部综合性的区际司法协助的立法解释能够早日出台,彻底解决中国三法域之间的区际法律冲突,从源头上消除阻碍区际司法协助的因素,为更好地促进中国三法域之间开展区际司法协助奠定基础。

第五节　解决区际财产保全程序冲突的评判

本章内容提出了解决中国区际财产保全程序冲突的方案,不过,在司法实践中,存在许多阻碍财产保全领域的区际民事司法协助的法律障碍,如中国三法域的法院的司法文书不能直接相互认可,中国三法域之间不能直接送达法院的司法文书,中国三法域的人员不能自由流动,中国三法域的资金不能自由流动,中国三法域的信息不能自由流动。所以,必须要统筹兼顾,选择最合适、最可行的解决路径,先易后难和循序渐进地步步抓好落实。既要将国际私法原则变通适用在区际私法领域,又要主动服务国家改革开放、“一带一路”倡议、粤港澳大湾区建设和“两个一百年”奋斗目标的大局。为此,本书提出解决中国区际财产保全程序冲突的制度和方案设计包括:中国三法域的法院都认可区际财产保全程序管辖权作为一项相对独立的程序性管辖权;中国三法域的法院采取财产保全措施都必须公平适用法院地法;中国三法域的法院都统一财产保全措施域外执行力的审查判断标准;中国三法域的法院都统一认可扣押管辖权。在实现上述目标的前提下,中国三法域可以分两步推进区际仲裁案件和当事人协议管辖的区际民事案件这两大领域的案件,达成跨法域相互协助财产保全的区际民事司法协助安排。接下来就是促成中国三法域的法院达成综合性财产保全程序的区际民事司法协助安排。最后通过中央立法机关即全国人大常委会制定一部综合性的区际司法协助的立法解释,从源头上解决区际法律冲突的问题。

结　语

一、中国区际财产保全程序冲突解决方案的可行性

本书通过对中国三法域的区际财产保全程序进行比较研究,分析它们之间的联系与区别,得出的结论是在当前法律和司法环境下,中国三法域的区际财产保全程序存在许多差异,只有区际仲裁案件能实现跨法域相互协助财产保全,区际民事案件领域不能跨法域相互协助财产保全。中国三法域的法院不能相互认可财产保全措施的域外执行力,中国三法域的法院作出财产保全的裁决和命令不能在中国三法域之间自由流动,也不能相互认可和执行,但还是存在一些区际民事司法协助的法律基础的。通过考察英国、美国等多法域国家、联邦制国家和欧盟、海牙国际私法会议、联合国国际贸易法委员会、国际海事委员会、国际海事组织等区域一体化组织、国际组织的经验和做法,分析了它们解决区际财产保全程序冲突和跨国财产保全程序冲突的模式,总结提炼出许多有益的做法。这些有益的做法分别是:将财产保全程序管辖权与实体管辖权相对分离;不以

拥有实体管辖权作为法院行使财产保全程序管辖权的前置条件，有关法院可以单独跨法域协助采取财产保全措施；认可扣押管辖权并且不受当事人之间诉讼管辖协议和仲裁协议的约束；按照正当程序原则和相同结果原则，有关法院可以有条件地认可和执行仲裁庭作出的临时保全措施，一个域内法院也可以有条件地承认与执行一个域外法院作出的区际财产保全措施。本书结合中国的国情和法律环境，提出了解决中国区际财产保全程序冲突的方案，拿出具有中国特色的方案来解决中国区际财产保全程序冲突的问题，并且填补涉及财产保全的区际民事司法协助领域中的空白。

二、中国区际财产保全程序冲突解决方案的创新性和局限性

具言之，本书对区际私法和区际民事司法协助领域的创新性贡献有4点：(1)研究领域创新。本书突破了区际民事司法协助的传统研究领域即区际民事判决的相互认可和执行、区际仲裁裁决的相互认可和执行、区际民事司法文书的相互委托送达、区际民事证据的相互委托调查取证、区际仲裁程序相互协助保全等领域，拓展到区际相互协助财产保全以及区际相互认可和执行财产保全的裁决和命令，这是从未有前人开拓的新领域。(2)研究方向创新。区际私法学界的大多数人士认为，域内法院采取财产保全的裁决和命令，只具有域内执行力，不具有域外执行力；其中一个重要的理由就是它不具有终局效力，所以，它无法得到一个域外法院的认可和执行。本书将区际财产保全措施是否具有域外执行力作为研究内容，深入研究其能够在中国三法域之间自由流动的条件，这是一个新的研究方向。(3)研究理论创新。本书以区际私法理论为基础理论，同时在本书中提出实体管辖权、执行管辖权与财产保全程序管辖权三权分离的理论，以及提出扣押管辖权理论。如果上述理论得到中国三法域的立法机关和司法机关的认同，那么中国三法域的法院在管辖区际民事案件和区际民事司法协助案件的过程中，便可以将财产保全程序管辖权视为

一项单独的程序性管辖权,从而解决区际相互协助财产保全及区际相互认可和执行财产保全的裁决和命令的问题。同时为了方便区际民事案件当事人实现诉讼请求,无论被告或被扣押人的财产位于中国三法域中的哪一个法域,原告或扣押申请人都有权向该法域的法院单独提起扣押财产的申请并且主张扣押管辖权;扣押法院基于成功扣押被告或被扣押人的财产,获得对该区际民事案件的实体管辖权,这也是本书研究理论的创新。(4)研究机制创新。虽然本书提出假说即中国三法域的法院之间可以实现区际相互认可和执行财产保全的裁决和命令,但该假说成立的前提是中国三法域的法院作为被请求执行的法院的时候,必须统一执行程序的审查判断标准。为此,本书建议创新被请求执行的法院的审查判断标准,把"正当程序原则"和"相同结果原则"作为一个被请求执行的法院去审查判断一个域外法院采取财产保全的裁决和命令能否得到认可和执行的标准。正当程序原则指任何一个法域的法院接纳原告或保全申请人的请求后,在正式采取一项财产保全措施前,应当将与财产保全程序有关的法律文件依法有效地送达被告或被保全人,并给予其合理的通知和答辩机会;同时必须经过审案法庭的聆讯、听审、听证或开庭审理,核心是审案法庭必须听取被告或被保全人充分的陈述和答辩,不得在缺席审判的情况下采取财产保全措施,因为对席审判得到的结果更加公正合理。相同结果原则指一个有实体管辖权的法院或仲裁机构采取临时保全措施若想要获得一个域外法院的认可和执行,除了该跨法域案件的实体管辖权无争议外,还需要被请求执行的法院依据同样的案件、同样的事实和同样的理由,可以作出同样的临时保全措施,那么该临时保全措施就可以在一个域外法院得到认可和执行。把正当程序原则和相同结果原则引入区际相互认可和执行财产保全的裁决和命令的审查判断标准,也是本书对于中国三法域之间区际民事司法协助的一项机制创新。

本书撰写过程中,主要引用的文献包括内地法律法规和司法解释,香港特别行政区的成文法与附属立法、规则和实务指示,澳门特别行政区的法典和法律,以及英国、美国、欧盟、海牙国际私法会议、联合国国际贸易法委员会、国际海事委员会和国际海事组织等国家、区域一体化组织与国际组织的法律、条约、公约、示范法、规则等法律文件。因此，本书偏重于成文法律的比较研究，在引用中国三法域的法院的司法判例的时候，只用于证明法院判例的真实性，未作深入的案例分析。同时本书的专业方向既包含国际私法又包含区际私法，但本书的篇章中没有深入地说理和分析国际私法理论，主要精力放在区际私法理论以及对中国三法域及相关国家、国际组织的跨法域财产保全程序规则的对比研究上，偏向司法实务较多。本书局限性产生的原因，一方面是本书作者学识有限，对财产保全程序领域的区际民事司法协助的课题，在研究深度和广度上不足，故本书的解决方案只不过是一家之言；另一方面是财产保全程序领域的区际民事司法协助这个研究领域，几乎没有前人的研究成果可供借鉴，亦无法与前人的研究成果开展纵向比较，此为本书的最大局限之处。

后 记

本书是由我的博士学位论文改编而成。“不忘初心,砥砺前行,做最好的自己,不负韶华”,这句话鼓舞着我一路负重前行。在我来澳门大学法学院攻读博士学位的第7年,我终于博士毕业并且迎来了一个重要的机会。人生犹如白驹过隙,回首攻读博士学位之路感慨万千,这一路走来历尽艰辛坎坷,但我却痴心不改地渴望学习,追求自由,领悟公平正义,感悟法律哲学和生命的意义。也许就是最高学历“博士研究生”的吸引,让我时时刻刻保留着这份“坚忍执着”。每每仰望星空,我就在想,我会不会就是那只“关不住的鸟”(Some birds aren’t meant to be caged, because their feathers are just too bright)呢?在这里,我要衷心地感谢我的导师、前辈、领导、同事、同学、家人、好友以及所有帮助过我的人,是诸位的关心、支持、鼓励、指导才让我顺利地完成博士学位论文,你们的关怀都历历在目,令我常怀感恩之心。

首先,我最想感谢我的导师涂广建教授。能成为涂教授的博士生是非常幸运的事,完全改变了我的人生轨迹,让我获得了来之不易的学习机会。每当我想起收到博士录取通知书时的场景,我都感动至极,我对导师的感恩之情无法用简单的言语表达万一。德才兼备的涂教授带我入门,授我学识,指我方向,要求我先从开眼界、长见识开始,从广泛阅读国际私法的专著和论文入手,更好地了解学科前沿知识,打通知识体系间的壁垒,实现融会贯通,为我所用。同时涂教授建议我根据自己的律师职业特点,选定合适的研究方向和研究领域,并在博士学位论文的选题、开题报告和后续的撰写过程中,给了我大量的悉心指导。我要深深地感谢涂老师!是您的倾心帮助,为我开启了学术之门,您严谨、低调、正直、儒雅的治学风范,永远是我辈学习的楷模。

其次,我想感谢澳门大学法学院的范剑虹教授和杜立助理教授,他们在我博士学位论文开题报告的答辩过程中,对我的论文开题报告给予了诸多宝贵意见和帮助,让我收获了大量建设性意见,使我文中观点的论据更加充分,也令我少走了许多弯路。此外,我还要感谢澳门大学法学院的授课老师,他们有法学院唐晓晴院长、邱庭彪助理院长、税兵教授、翟小波副教授、亚历山大·斯维特利西尼(Alexandr Svetlicinii)副教授、萧义宣副教授等学院领导及老师们。感谢各位老师对我提出的国(区)际私法热点问题给予耐心的解答与回应,诸位学院领导和老师们的帮助我将永远铭记在心。

再次,我想感谢我的博士生同学们。2015 年 1 月,我来到风光旖旎的澳门大学横琴校区,在这里我遇到了一起攻读法学博士学位的同学郭颖华、高斌、江星苒、范雪珂、卢颂馨、于沛鑫、王星、冯颖琨、黄耀佳、赖冠儒、苏丽莎(Teresa)等,共同的理想与梦想让我们在澳门大学法学院相遇。我们相互取长补短、答疑解惑、分享心得、交流经验,从如何修满学分到如何发表期刊论文;从如何查找英文文献到如何准备博士学位论文开题报告;从如何申请科研项目到如何做访问学者等。我们一起上课,一起参加各种学术会议,课余时间我们一起聚餐吃饭;各位亲爱的同学,是你们让我收获了最珍贵的同学友谊和美好的校园时光。此外,还有其他曾经帮助过我的室友同学,无法一一提及名字,在此一并谢过。

复次,我非常感谢我的家人,我的全部家人都是我博士梦想的坚定支持者。我的父母双亲虽然已经退休多年并在家养老,但二老义无反顾地支持我实现梦想,大力支持我做自己想做的事。他们虽然被多种老年病缠身,但仍然坚持锻炼身体和吃中药膳,目的是不让我担心他们的身体。我至亲的姐姐、姐夫一有空就去照顾父母,分担他们的生活琐事,目的也是不让我操心家里老人,让我集中精力攻读博士学位。我的妻子和女儿都以我攻读博士为荣,我的妻子除了上班外,承担了几乎全部的家务,以支持我专心撰写博士论文。我的女儿已经上中学,她非常懂事,她知道自己的爸爸忙于求学,没有太多的时间来照顾她,因此,她从小就培养自己独立学习和独立生活的能力。面对家人的无私支持,我备感歉意,我必将不辜负你们的期望和厚爱,实现自己的梦想来回馈你们。

最后,我既要感谢广东精诚粤衡律师事务所的合伙人和律师同事,又要感谢我原工作单位的老领导和我的好友。攻读博士学位是我渴望多年的梦想,在接到录取通知书时,我做了一个人生重大抉择:因为当时我是一名珠海公安民警,按照有关政策不能出境留学,但是我却不想失去攻读博士学位的机会,于是我毅然辞去了公职。好友乐云推荐我去广东精诚粤衡律师事务所做执业律师,以解决我的后顾之忧。该律所首席合伙人律师张文晶、李练伉俪非常愉快地接纳了我的入职,并同意我自由安排学习与工作,以最大力度支持我攻读博士学位。这样我一边在珠海做执业律师,一边攻读澳门大学法学博士,其他合伙人律师同事都非常支持我,从来不给我增加负担和压力,我十分感谢他们。在报读澳门大学法学博士课程时,我原单位的老领导王放达局长、中山大学法学院谢石松教授为我写了攻读博士学位的推荐信;当我申请辞去警察职务时,我的老领导朱今明副局长也对我的决定给予支持与理解,感谢他们的帮助。在攻读博士学位期间,丁旭明、陶玉峰、吴兵、李德军、李琪等好友给予了我鼓励,在此深表谢意;还有许多好友通过不同方式向我表达了关心,无法一一列举名字,在此一同谢过。

光阴荏苒,攻读博士学位的 7 年,对我而言是充满激情、热情、快乐、希望的 7 年。我会铭记包括导师、前辈、领导、同事、同学、家人、好友等在内的所有帮助过我的人,是你们用爱心点亮了我的未来,我收获的不仅是一个学历,也是一份沉甸甸的期望。我一定以博士学位为起点,一方面继续深耕学术以求有所建树,另一方面学以致用,用自己的法律知识在律师执业过程中去帮助更多的人,以实现一名法律人应有的价值和社会责任。